FELICES PARA SIEMPRE

VIAJE DEL ALTAR

DESCUBRA LAS LECCIONES BÍBLICAS SOBRE EL MATRIMONIO Y LOS SECRETOS EXITOSOS PARA VIVIR FELIZMENTE DESPUÉS DE...

DR. ABRAHAM PETERS.

VOTOS PARA EL ALTAR ...

Yo, ABRAHAM, te tomo, SARAH, como esposa legalmente. Con profunda alegría te recibo en mi vida para que juntos seamos uno. Como lo es Cristo para su cuerpo, la iglesia, así seré para ti un esposo amoroso y fiel. Siempre realizaré mi liderazgo sobre ti, como lo hace Cristo sobre mí, sabiendo que Su Señoría es uno de los deseos más sagrados de mi vida. Te prometo mi amor más profundo, mi mayor devoción, mi más tierno cuidado. Prometo que viviré primero para Dios en lugar de para los demás o incluso para ti. Prometo que llevaré nuestras vidas a una vida de fe y esperanza en Cristo Jesús. Siempre honrando la guía de Dios por su espíritu a través de la Palabra, y así durante toda la vida, sin importar lo que nos depare, te prometo mi vida como un esposo amoroso y fiel.

Te amo, y sé que Dios ha ordenado este amor. Por eso deseo ser tu marido. Juntos seremos recipientes para Su servicio de acuerdo con Su plan, para que en todas las áreas de nuestra vida Cristo tenga la preeminencia. A través de las presiones del presente y las incertidumbres del futuro, prometo serte fiel. Prometo amarte, guiarte y protegerte como Cristo lo hace con Su Iglesia, y mientras ambos estemos vivos. De acuerdo con Efesios 5 y con su poder habilitante, prometo esforzarme por mostrarte el mismo tipo de amor que Cristo mostró a la Iglesia cuando murió por ella, y amarte como parte de mí mismo porque a sus ojos seremos uno.

Te llevo a ser mi esposa nupcial. Para tenerte y sostenerte, desde este día en adelante, para bien, para mal, para ser más rico, para ser más pobre, en la enfermedad o en la salud, para amarte y cuidarte hasta que la muerte nos separe. Y a tí te prometo mi fidelidad.

Leemos en Génesis: "Por tanto, el hombre dejará a su padre ya su madre y se unirá a su esposa", y en Proverbios "Todo aquel que encuentra una mujer, encuentra algo bueno". Él ha ordenado que el marido sea la cabeza de la esposa. Él me instruye, como el que será tu esposo, amarte como Cristo ama a la Iglesia. Es mi deseo y placer seguir esta enseñanza bíblica. Con todo mi corazón, te hago esta promesa.

Te amo. Hoy es un dia muy especial. Hace mucho tiempo tú eras solo un sueño y una oración. Este día, es como un sueño hecho realidad, el Señor mismo ha contestado esa oración. Por hoy, tú como mi alegría, conviértete en mi corona. Agradezco a Jesús por el honor de pasar el tiempo contigo. Gracias por ser lo que eres para mí. Con nuestro futuro tan brillante como las promesas de Dios, te cuidaré, te honraré y te protegeré. Yo pongo mi vida por ti, mi amistad y mi amor. Hoy me doy a ti.

Te amo y sé que este amor es de Dios. Por eso, quiero ser tu esposo para que podamos servir a Cristo juntos. A través de todas las incertidumbres y pruebas del presente y del futuro, prometo serte fiel y amarte. Prometo guiarte y protegerte como lo hace Cristo en su iglesia, mientras ambos vivamos. La Palabra de Dios nos da el ejemplo perfecto de este amor en la muerte de Cristo por la Iglesia. Intentaré siempre, con la ayuda de Dios, mostrarte este mismo tipo de amor, porque sé que a sus ojos ambos seremos uno.

Cuando nos presentamos ante Dios y el hombre, haciendo público nuestro compromiso mutuo, deseo dar a conocer que reconozco ante todo la autoridad de Dios sobre mi vida que se ejerce desde Su corazón amoroso. Él me ha elegido para ser uno de los suyos, y ahora es mi vida. También reconozco que Él me ha bendecido y que me ha confiado tu vida como un regalo gratuito que no me he ganado. En reconocimiento de estas cosas, me propongo amarte con Su amor, satisfacer tus necesidades a través de Su habilitación y guiarte como Él me guía, siempre y cuando nos dé vida juntos, sin importar las circunstancias. Como el Salmo 34: 3 expresó mi corazón cuando te pedí que te casaras conmigo, ahora expresa mi corazón: "Oh, magnifica al Señor conmigo y exaltemos juntos su nombre".

Te tomo por esposa, ante Dios que nos reunió; amarte y cuidarte como Cristo amó a la Iglesia y se entregó a sí mismo por ella, para guiarte y compartir todas las experiencias de la vida contigo siguiendo a Dios a través de ellos. Que, a través de Su gracia, podamos crecer juntos a la semejanza de Jesucristo, nuestro Salvador y Señor.

Te tomo como mi esposa para tenerte y sostenerte, desde este día en adelante, para bien, para mal, para más rico, para más pobre, en enfermedad y en salud, para amarte y cuidarte, hasta que la muerte nos separe, o el Señor viene por los suyos, y aquí te prometo mi fidelidad.

Te doy este anillo, llévalo con amor y alegría. Te elijo para que seas mi esposa, para tenerte y sostenerte a partir de este día, para bien o para mal, para ser más rico para los más pobres, en la enfermedad y en la salud, para amarte y cuidarte, mientras ambos vivamos.

Yo, en fe, honestidad y amor, te llevo a ser mi esposa para compartir contigo el plan de Dios para nuestras vidas unidas en Cristo. Y con la ayuda de Dios, para fortalecerme y guiarme, seré un líder espiritual fuerte para nosotros en nuestra vida, para bien, para mal, en la enfermedad y en la salud, en las alegrías y en los dolores, hasta que la muerte nos separe. Te doy todo lo que tengo y mi amor. (Te prometo todo esto) En el nombre de nuestro Señor Jesucristo. Con este anillo, sello mi voto de amor hacia ti y oro para que pueda cumplir el lugar de Dios en nuestro hogar, en el Nombre del Padre, del Hijo y del Espíritu Santo.

Te amo y le agradezco al Señor por el amor que ha unido nuestros corazones y nuestras vidas en un compañerismo espiritual del matrimonio. Te amaré, honraré y te cuidaré siempre. Al entrar en los privilegios y alegrías de la relación más sagrada de la vida, y comenzar juntos la gran aventura de construir un hogar cristiano, veré a Cristo como Jefe de nuestro hogar como lo he visto a Él como Jefe de la Iglesia. Te amaré en la enfermedad como en la salud, en la pobreza, en la riqueza, en el dolor y en la alegría, y seré fiel a ti por la gracia de Dios, confiando en Él, mientras ambos vivamos.

Como estamos ante Dios y el hombre haciendo público nuestro compromiso mutuo, deseo dar a conocer que reconozco la autoridad de Dios sobre mi vida, que se ejerce desde su corazón amoroso. Él me ha elegido para ser uno de los suyos, y desde entonces ha sido mi vida. También reconozco que Él me ha bendecido y que me ha confiado tu vida como un regalo no ganado. En reconocimiento de estas cosas, te tomo, para ser mi esposa. Me propongo amarte con Su amor, satisfacer tus necesidades a través de Su habilitación y guiarte como Él me guía, siempre que Él me dé vida, sin importar las circunstancias. Espero establecer un hogar donde Cristo sea glorificado. Con ese fin, prometo permitirle a Dios que te use en mi vida como Él ve mejor al incorporarme en Su persona. Le agradezco por tu amor y amistad.

Por la Gloria de Dios Padre, a través de Jesucristo, hago este pacto de matrimonio contigo, el tesoro más bello y precioso. El Señor ha dejado en claro que estoy hecho para ti y tú para mí, para cumplir el propósito que Dios nos ha creado para que cumplamos. Al hacer, pacto contigo, como lo hace Jesús con la Iglesia, para ser tu siervo toda mi vida, para lavarte los pies y sacrificar todos mis pensamientos y deseos egocéntricos para servirte a ti, a nuestra familia y al Señor Jesus. Me comprometo contigo a dirigir y guiar a nuestra familia como Cristo hace a la Iglesia, edificándote en amor, limpiándote con el lavado con agua a través de la Palabra, para presentarte radiante, sin mancha ni mancha, delante de Jesús. Al hacerlo, te protegeré y lucharé por ti contra todos los ataques del enemigo, enseñandote y guiándote por la Verdad como la única manera de mantener nuestro camino libre de trampas. Haré intercesión por usted y nuestra familia todos los días de mi vida, como lo hace Cristo, el Sumo Sacerdote de Dios, para la Iglesia. Al imitar a Cristo como tu esposo, también me dedicaré a proveerte a ti y a nuestra familia, física y espiritualmente, confiando en Dios y trabajando duro para que nuestra familia tenga una vida que sea verdaderamente vida. Por encima de todas las cosas, elijo amarte con alegría, paz, paciencia, amabilidad, bondad, fidelidad, gentileza y autocontrol, especialmente cuando alcanzamos nuestros momentos más oscuros, al igual que Cristo mostró su amor supremo en la cruz cuando miró hacia abajo y en el amor pidió que nos perdonaran, porque no sabíamos lo que hiciamos. Te entrego mi propia vida, sin retener nada, para que tú y yo podamos ser uno en pensamiento, palabra y acción. Ahora Aquel que es capaz de evitar que tropieces, y presentarte impecable ante la presencia de Su gloria con gran alegría, a Dios nuestro Salvador, quien solo es sabio, sea la gloria y majestad, dominio y poder, tanto ahora como para siempre. Amén.

NOVIA

Yo, SARAH, te tomo, ABRAHAM, para que seas mi marido legalmente. Con la alegría más profunda llego a mi nueva vida contigo. Como me prometiste tu vida y tu amor, también con todo mi corazón te doy mi vida, y confianza me entrego a tu autoridad en cuanto al Señor. Como es la iglesia en su relación con Cristo, así lo seré para ti. Viviré primero a nuestro Dios y luego a ti, amándote, obedeciéndote, cuidándote y buscando siempre complacerte. Dios me ha preparado para ti y por eso te fortaleceré, te ayudaré, te consolaré y te animaré. Por lo tanto, a lo largo de la vida, no importa lo que nos espera, te prometo mi vida como esposa obediente y fiel.

Te amo, y sé que me amas. Por eso deseo ser tu esposa. Por años he orado para que Dios me guíe a Su elección y estoy segura de que Su voluntad se está cumpliendo esta noche. A través de las presiones del presente y las incertidumbres del futuro, prometo serte fiel. Te amaré, serviré y te obedeceré mientras ambos estemos vivos. Cristo nos dijo que la esposa debe someterse a su propio marido como al Señor. Porque como Cristo es la cabeza de su iglesia, así es el marido la cabeza de su esposa. Me someto a ti.

Te tomo, para que seas mi marido. Tenerte y darme, desde este día en adelante, para bien, para mal, en la riqueza, y en la pobreza, en la enfermedad y en la salud, para amarte y cuidarte, "hasta que la muerte nos separe". Y te prometo mi fidelidad.

El Señor me instruye para ser tu esposa y me someta a ti como a él. Nuestro Padre creó a la mujer para ser ayuda del hombre. Es mi deseo y placer seguir esta enseñanza bíblica. Con todo mi corazón te hago esta promesa.

Te amo y sé que me amas. Estoy seguro de que Dios te ha elegido para ser mi esposo. Es mi oración y deseo que encuentres en mí la ayuda que Dios diseñó especialmente para ti, y en confianza me someteré a tu autoridad como a nuestro Señor. Por lo tanto, te prometo mi vida como una esposa obediente, fiel y amorosa. Adonde tú vayas iré, dónde me alojaré, tu pueblo será mi pueblo y tu Dios mi Dios.

Te amo. Oro para que Dios me guie a su elección. Le alabo que esta noche se cumpla su voluntad. A través de las presiones del presente y las incertidumbres del futuro, prometo mi fidelidad, a seguirte a través de todas las experiencias de la vida mientras sigues a Dios, para que juntos podamos crecer a la semejanza de Cristo y nuestro hogar sea una alabanza para él.

En este día especial, recuerdo el versículo Santiago 1:17 que dice: "Todo lo bueno que se otorga y todo regalo perfecto proviene de lo alto, que viene del Padre de las Luces con quien no hay variaciones ni sombras cambiantes". Con un regalo como tú, sé que muchas nuevas responsabilidades me enfrentan. En I Corintios, explica: "Se requiere que un administrador sea digno de confianza". No puedo hacer esto con mi propia fuerza, pero por la gracia y el poder de Dios trabajando dentro de mí, deseo ser digno de confianza como tu esposa al seguir tu guía sumisamente, incluso en lo que respecta a Cristo, amarte y servirte en todas las circunstancias, siempre y cuando Él me dé vida en esta tierra.

Te doy este anillo, llévalo con amor y alegría. Te elijo para que seas mi esposo: para atenderte y apoyarte, desde este día en adelante. Para bien, para mal, en la riqueza y en la pobreza; en la enfermedad y en la salud; Tenerte y valorarte, mientras ambos vivamos. Y aquí, te prometo mi fidelidad para mostrarte el mismo tipo de amor que Cristo mostró a la Iglesia cuando murió por ella, y amarte como parte de mí mismo porque a Sus ojos seremos uno.

Y con este anillo, te tomo como esposo, ante Dios que nos unió, te amo, te quiero, me someto a ti en todas las cosas y te sigo a través de todas las experiencias de la vida mientras sigues a Dios. Que a través de su gracia podamos crecer juntos a la semejanza de Jesucristo, nuestro Salvador y Señor.

Te tomo, para ser mi esposo, para sostenerte y apoyarte, desde este día en adelante, para bien, para mal, en la riqueza y en la pobreza, en la enfermedad y en salud, para amar la tierra para apreciarla, hasta que la muerte nos separe o hasta que el Señor venga por los suyos, y aquí te prometo mi fidelidad.

Te amo y le agradezco al Señor por el amor que ha unido nuestros corazones y nuestras vidas en un compañerismo espiritual del matrimonio. Te amaré, honraré, cuidaré y obedeceré siempre. A medida que entremos en los privilegios y alegrías de la relación más sagrada de la vida y comenzamos juntos la gran aventura de construir un hogar cristiano, te veré como jefe de nuestro hogar, como he visto a Cristo como Jefe de la Iglesia. Te amaré en la enfermedad como en la salud, en la pobreza, en la riqueza, en el dolor y en la alegría, y seré fiel a ti por la gracia de Dios, confiando en Él, mientras ambos vivamos.

Te tomo como mi marido. Con la mayor alegría llego a mi nueva vida contigo. Hoy me acuerdo de Santiago I: 17 que dice: "Toda cosa buena que se otorga y todo regalo perfecto proviene de lo alto, que desciende del Padre de las luces con quien no hay variación ni sombra cambiante". Además del don de la salvación, tú eres el don más precioso que Dios me ha dado. Sé que junto con las nuevas alegrías que Dios me ha dado, enfrento nuevas responsabilidades que no puedo cumplir con mis propias fuerzas. Pero por la gracia y el poder de Dios trabajando dentro de mí, deseo ser digna de confianza como tu esposa, servirte y amarte en todas las circunstancias, obedecerte, permitir que Dios te use para construir Sus cualidades en mí, siempre y cuando Dios nos dé vida en esta tierra. Alabo a Dios continuamente por ti y por tu amor y amistad.

Yo, en fe, honestidad y amor, te tomo como mi marido. Para compartir contigo en el plan de Dios para nuestras vidas unidas en Cristo. Para ser una compañera de ayuda amorosa para ti con la ayuda y la fortaleza de Dios que lo busco, sin importar la prueba; la enfermedad, la salud; alegrías o tristezas, hasta que la muerte nos separe. Me comprometo hoy todo lo que soy con todo mi amor; te prometo, en el nombre de nuestro Señor y Salvador Jesucristo. Ante Él, ofrezco este anillo como símbolo y sello de mi amor por ti y como símbolo de unidad. Oro para cumplir fielmente mi lugar como tu compañera de ayuda; ser obediente al propósito de Dios para mí en tu vida y en nuestras vidas juntos. Para defenderte en oración y someter mi corazón a ti; estar siempre a tu lado, para que la presencia del Señor resida en nuestro hogar, en el Nombre de Jesucristo.

-Muestra de los votos matrimoniales de varias solemnizaciones de matrimonio.

TABLA DE CONTENIDO

Introducción

Las soluciones bíblicas para resolver problemas en el matrimonio.

El matrimonio es la relación más íntima que pueden experimentar dos seres humanos, solo superada por una relación con Dios. El matrimonio saca lo mejor y lo peor de la mayoría de las personas, ya que dos personas separadas luchan por vivir como "una sola carne" (Mateo 19: 6; Marcos 10: 8). La raíz de la mayoría de los problemas matrimoniales es el egoísmo. Cuando uno o ambos socios eligen vivir como si sus necesidades merecieran la máxima consideración, el conflicto resulta.

Hay versos específicos que abordan el comportamiento de los esposos y esposas. Algunos de ellos son 1 Pedro 3: 1-8, Colosenses 3: 18-19 y Tito 2: 3-5. Aunque no aborda el matrimonio directamente, Filipenses 2: 3-13 es una excelente receta para resolver problemas matrimoniales. Este pasaje nos dice que adoptemos la actitud que Cristo demostró cuando dejó de lado sus derechos y privilegios como el Hijo de Dios y vino a la tierra como un humilde servidor. Los versículos 3 y 4 dicen: "No hagas nada por ambición egoísta o vanidosa, pero con humildad considera a los demás mejor que a ti mismo. Cada uno de ustedes debe mirar no solo a sus propios intereses, sino también a los intereses de los demás". Cuando esa exhortación se aplica al matrimonio, casi cualquier obstáculo se puede superar.

Ciertamente, buscar el consejo de un pastor o consejero matrimonial cristiano es algo bíblico (Proverbios 19:20). Obtener asesoramiento es una excelente manera de aclarar conceptos erróneos sobre los roles del matrimonio, ver una situación desde otro punto de vista y distinguir entre los estándares de Dios y los del mundo.

Efesios 5: 21-33 da instrucciones específicas para esposos y esposas. Un esposo debe amar a su esposa "como Cristo ama a la iglesia y se entregó a sí mismo por ella" (versículo 25). Tal amor sacrificado crea una atmósfera en la que una esposa puede someterse más fácilmente al liderazgo de su esposo. Cuando un esposo se compromete a demostrar amor por su esposa, y una esposa se compromete a permitir que su esposo lidere, el matrimonio funcionará.

También es aconsejable prestar mucha atención a los versos justo antes de las instrucciones específicas de matrimonio. Efesios 5: 19–21 dice: "No se emborrachen con vino, porque eso es disipación, sino que se llenen del Espíritu, hablándose unos a otros en salmos e himnos y canciones espirituales, cantando y haciendo melodías con su corazón al Señor. "siempre dando gracias por todas las cosas en el nombre de nuestro Señor Jesucristo a Dios, incluso al Padre; y estén sujetos unos a otros en el temor de Cristo".

Observe todos los comandos que preceden a la instrucción de matrimonio. Todos los cristianos deben

- rehusarse a emborracharse
- ser lleno del Espíritu
- animarse mutuamente
- cantar himnos y canciones de alabanza
- Tener una actitud de adoración continua.
- vivir en un espíritu de gratitud
- someterse graciosamente el uno al otro

Echamos de menos la verdad vital cuando pasamos directamente a la instrucción de matrimonio sin aplicar las pautas prácticas en los versículos anteriores. Cuando cada cónyuge aplica esas verdades a su vida personal y se esfuerza por hacer de su relación con el Señor el foco principal, los problemas matrimoniales quedan en segundo plano. Cuando dos cristianos comprometidos se proponen buscar el corazón de Dios y seguir su voluntad, pase lo que pase, no hay problema que no puedan resolver.

Claves para hacer el matrimonio disfrutar del amor, la paz y la armonía duradera.

¿Qué puede hacer una pareja casada para asegurar que su matrimonio dure? El primer y más importante tema es el de la obediencia a Dios y su Palabra. Este es un principio que debe estar vigente antes de que comience el matrimonio. Dios dice: "¿Caminan dos juntos a menos que hayan acordado hacerlo?" (Amós 3: 3). Para el creyente nacido de nuevo, esto significa no comenzar una relación cercana con alguien que no sea también un creyente. "No te unas con los no creyentes. ¿Qué tienen en común la justicia y la maldad? ¿O qué compañerismo puede tener la luz con la oscuridad? "(2 Corintios 6:14). Si se siguiera este principio, se ahorraría mucho dolor y sufrimiento más adelante en los matrimonios.

Otro principio que protegería la longevidad de un matrimonio es que el esposo debe obedecer a Dios y amar, honrar y proteger a su esposa como lo haría con su propio cuerpo (Efesios 5: 25–31). El principio correspondiente es que la esposa debe obedecer a Dios y someterse a su propio esposo "como al Señor" (Efesios 5:22). El matrimonio entre un hombre y una mujer es una imagen de la relación entre Cristo y la iglesia. Cristo se entregó a sí mismo por la iglesia, y la ama, honra y protege como su "novia" (Apocalipsis 19: 7–9).

Sobre la base de un matrimonio piadoso, muchas parejas encuentran formas prácticas de ayudar a que sus matrimonios duren: pasar tiempo de calidad juntos; diciendo, "Te amo" a menudo; ser amable; mostrando afecto; ofreciendo cumplidos; teniendo citas; escribir notas; dando regalos; y estar listo para perdonar, por ejemplo. Todas estas acciones están abarcadas por las instrucciones de la Biblia para los esposos y esposas.

Cuando Dios trajo a Eva a Adán en el primer matrimonio, ella fue hecha de su "carne y hueso" (Génesis 2:21) y se convirtieron en "una sola carne" (Génesis 2: 23–24). Convertirse en una sola carne significa más que solo una unión física. Significa una reunión de la mente y el alma para formar una unidad. Esta relación va mucho más allá de la atracción sensual o emocional y entra en el ámbito de la "unidad" espiritual que solo se puede encontrar cuando ambas partes se rinden ante Dios y entre sí. Esta relación no se centra en "yo y mi" sino en "nosotros y nuestro". Este es uno de los secretos para un matrimonio duradero.

Hacer que un matrimonio dure toda la vida es algo que ambas partes deben priorizar. Parejas cuyos últimos matrimonios celebran su compromiso mutuo. Muchas parejas se aseguran de no hablar de divorcio, incluso con ira. Solidificar la relación vertical de uno con Dios contribuye en gran medida a garantizar que la relación horizontal entre un esposo y una esposa sea duradera y que honre a Dios.

Una pareja que desea que su matrimonio dure debe aprender a lidiar con los problemas. La oración, el estudio de la Biblia y el aliento mutuo son buenos. Y no hay nada de malo en buscar ayuda externa; de hecho, uno de los propósitos de la iglesia es "estimularnos unos a otros hacia el amor y las buenas obras" (Hebreos 10:24). Una pareja que lucha debe buscar el consejo de una pareja cristiana mayor, un pastor o un consejero matrimonial bíblico.

Si el matrimonio es tan difícil, ¿por qué debería considerarlo?

"El matrimonio debe ser honrado por todos" (Hebreos 13: 4). Un matrimonio bíblico, que consiste en un hombre y una mujer en un compromiso amoroso y de por vida, es una institución honorable y piadosa. Las modas van y vienen, y el mundo tiene sus prejuicios, pero el plan de Dios para el matrimonio sigue siendo la piedra angular de la sociedad.

Desafortunadamente, algunas personas están perdiendo su fe en el matrimonio como institución. Algunos, incluso aquellos que se llaman cristianos, denigran el matrimonio como "un juego de tontos" que seguramente terminará en arrepentimiento. Algunos tienen la opinión desilusionada de que hacer un compromiso de por vida es una locura, ya que la otra persona va a cambiar: no sabemos cómo será nuestro cónyuge dentro de veinte o incluso cinco años. Él o ella podría ser una persona completamente diferente: ¿debemos cumplir con un voto que hicimos en nuestra juventud?

Si el matrimonio fuera solo para satisfacer los deseos personales de un hombre o una mujer, entonces, y solo entonces, la descripción del santo matrimonio como "tonta" podría ser válida. Pero un matrimonio piadoso no es egoísta. El voto matrimonial no es un compromiso de por vida para ser amado. Es un voto de dar amor. El matrimonio es un compromiso de dar amor por la vida. Es una determinación vivir para el beneficio de la otra persona, estar al lado y detrás del ser querido. Dar y dar y dar, incluso hasta el punto de dar la propia vida (Efesios 5:25).

Aún más fundamentalmente, el hombre no inventó el matrimonio. Dios lo hizo Cuando Dios hizo a la humanidad hombre y mujer, los colocó en el Edén y los unió en matrimonio, tenía un propósito en mente. El propósito más básico era que el matrimonio produciría más personas que llevaran el nombre de Dios y reflejaran su imagen (Génesis 1: 26–28; 2: 22–24). La reproducción humana fue el primer mandato declarado de Dios para Adán y Eva unidos. El matrimonio, la primera y más fundamental institución de Dios, está diseñado para ser la base de la unidad familiar.

Además, para reflejar de manera adecuada y completa la imagen completa de Dios, la humanidad fue creada en dos géneros, "masculino y femenino" (Génesis 1:27). El reflejo completo del carácter de Dios en la humanidad requiere ambos géneros, hombre y mujer. El matrimonio es el medio por el cual los dos géneros están más íntimamente conectados. Cuando el hombre y la mujer se unen en matrimonio, juntos reflejan una imagen de Cristo y la iglesia (Efesios 5: 22–32). El matrimonio es mucho más que felicidad romántica, compañía o relaciones sexuales.

Los creyentes encuentran verdadera alegría en la sociedad matrimonial cuando Dios es su guía. Sí, la luna de miel terminará. Sí, ambos cónyuges demostrarán ser algo diferentes de lo que se presentaron al cortejar. Sí, tarde o temprano, tanto el esposo como la esposa se sentirán decepcionados por algo el uno del otro. Sí, la gente cambia, y no siempre para mejor. Pero Dios tuvo una buena idea cuando inventó el matrimonio: "muy bueno", según Génesis

1:31. Dios incluso usa el matrimonio como una metáfora de su relación con su pueblo (Oseas 2: 19–20).

El matrimonio revelará debilidades en cada individuo. Las pruebas y los desafíos vendrán. La fuerza de los votos será probada. Pero vivimos por fe (2 Corintios 5: 7). El matrimonio es la institución de Dios para la humanidad. Si lo inventó, si lo diseñó para cumplir sus propósitos, y si está en ello, entonces es bueno. No debemos abandonar la idea del matrimonio solo porque algunas personas no han sacado de él lo que imaginaban que harían. Después de todo, no son los tomadores de este mundo quienes encuentran satisfacción, sino los dadores (Hechos 20:35). Aquellos que por la gracia de Dios emulan la entrega de sacrificio de Cristo encontrarán que el matrimonio es bueno. Costará algo; en realidad, ¡costará todo! Pero, al darnos a nosotros mismos, encontramos el significado más elevado de la vida en Cristo.

Nada de esto significa que cada creyente debe casarse. Dios sabe que es mejor para algunos no casarse, y algunas situaciones hacen que el matrimonio sea indeseable. Ver 1 Corintios 7. Una persona soltera da amor abnegado de otras maneras y aún refleja el carácter de Dios. El matrimonio no es para todos, pero el matrimonio en sí es una institución piadosa que debe tenerse en cuenta.

El matrimonio no debería ser miserable, y no lo será si entendemos lo que Dios quiere que sea el matrimonio y si seguimos Sus instrucciones. Un matrimonio bíblico y piadoso brinda una vida de oportunidades para que dos personas se bendigan mutuamente y a su familia en el nombre de Jesucristo. Nuestro Señor bendijo la boda de Sus amigos en Caná con su alegre apoyo (Juan 2: 1–5), y aún hoy bendice la unión matrimonial.

¿Qué dice la Biblia sobre los problemas familiares?

Los problemas familiares no son nada nuevo. En un mundo caído, aquellos a quienes deberíamos amar más, nuestras familias, a menudo se convierten en los que más luchamos. La Biblia no pasa por alto el pecado, y registra una serie de problemas familiares, comenzando con el cambio de culpa de Adán, con su esposa como objetivo (Génesis 3:12). La rivalidad entre hermanos surge en las historias de Caín y Abel, Jacob y Esaú, y José y sus hermanos. Los celos entre las esposas, una de las consecuencias negativas de la poligamia, se encuentran en las historias de Hannah, Leah y Rachel. Eli y Samuel trataron con niños descarriados. Jonathan fue casi asesinado por su padre, Saúl. David se descorazonó por la rebelión de su hijo Absalón. Oseas experimentó dificultades conyugales. En cada uno de estos casos, las relaciones fueron dañadas por el pecado.

La Biblia tiene mucho que decir sobre las relaciones, incluida la dinámica familiar. La primera institución que Dios estableció para la interacción humana fue una familia (Génesis 2: 22–24). Creó una esposa para Adán y se unió a ellos en matrimonio. Citando este evento, Jesús dijo más tarde: "Lo que Dios ha unido, que nadie se separe" (Mateo 19: 6). El plan de Dios era que un hombre y una mujer permanecieran casados hasta que uno de ellos muera. Él desea bendecir esa unión con los niños que serán criados "en la crianza y amonestación del Señor" (Efesios 6: 4; ver también Salmo 127: 3). La mayoría de los problemas familiares surgen cuando nos rebelamos contra el diseño de Dios: la poligamia, el adulterio y el divorcio causan problemas porque se desvían del plan original de Dios.

La Biblia da instrucciones claras sobre cómo deben tratarse los miembros de la familia. El plan de Dios es que los esposos amen a sus esposas de la misma manera que Cristo ama a su iglesia (Efesios 5:25, 33). Las esposas deben respetar a sus esposos y someterse a su liderazgo (Efesios 5: 22–24, 33; 1 Pedro 3: 1). Los niños deben obedecer a sus padres (Efesios 6: 1–4; Éxodo 20:12). ¿Cuántos problemas familiares se resolverían si los esposos, esposas e hijos simplemente siguieran esas reglas básicas?

Primero Timoteo 5: 8 dice que las familias deben cuidar de sí mismas. Jesús tuvo palabras duras para aquellos que evadieron sus responsabilidades financieras con sus padres ancianos al afirmar que dieron todo su dinero al templo (Mateo 15: 5–6).

La clave para la armonía en las familias no es la que naturalmente queremos aplicar. Efesios 5:21 dice "someterse unos a otros por reverencia a Cristo". La sumisión está en oposición directa al deseo de nuestra carne de gobernar y salirse con la suya. Defendemos nuestros derechos, defendemos nuestras causas, defendemos nuestras opiniones y hacemos valer nuestras propias agendas siempre que sea posible. El camino de Dios es crucificar nuestra carne (Gálatas 5:24; Romanos 6:11) y someternos a las necesidades y deseos de los demás siempre que podamos. Jesús es nuestro modelo para ese tipo de sumisión a la voluntad de Dios. Primero Pedro 2:23 dice: "Cuando le lanzaron sus insultos, él no tomó represalias; cuando sufrió, no hizo amenazas. En cambio, se confió al que juzga con justicia ".

La mayoría de los problemas familiares podrían reducirse si todos siguiéramos las instrucciones que se encuentran en Filipenses 2: 3– 4: "No hagas nada por ambición egoísta o vanidad. Más bien, con humildad valore a los demás por encima de ustedes mismos, no mirando a sus propios intereses, sino a cada uno de ustedes a los intereses de los demás ". Cuando adoptamos el espíritu de humildad y tratamos a los demás como Jesús los trataría, podemos resolver a muchos de nuestra familia. y problemas de relación.

Cómo manejar conflictos matrimoniales o conflictos en cualquier otra relación

Debido a la naturaleza caída del hombre, el conflicto matrimonial es un hecho de la vida, incluso para los creyentes en Cristo. La comunicación amorosa no es natural ni fácil para nadie. Para los no creyentes, el remedio para los conflictos es difícil porque sin Cristo los humanos no tienen la capacidad de un amor desinteresado (Efesios 4: 22-32). Los cristianos, sin embargo, tienen la Biblia para recibir instrucciones en las relaciones. La aplicación de principios bíblicos a las relaciones nos permitirá manejar el conflicto matrimonial de manera más efectiva.

El primer y más importante principio para resolver conflictos en las relaciones, especialmente en el matrimonio, es amarse unos a otros como Cristo nos amó (Juan 13:34) y se entregó a sí mismo por nosotros. Efesios 5: 21—6: 4 describe las relaciones dentro de las familias: debemos someternos unos a otros con amor y poner las necesidades de los demás por encima de las nuestras. Esto es especialmente cierto en el matrimonio donde el esposo debe amar a su esposa como Cristo amó a la iglesia y cuidar de ella mientras cuida su propio cuerpo. A su vez, una esposa debe someterse a su esposo y respetarlo (Efesios 5: 22–33).

Esta parece ser una directiva bastante simple, excepto por la tendencia natural de los humanos a ser reactivos en las relaciones, en lugar de ser proactivos. Las esposas generalmente están ansiosas por someterse a los esposos que los aman como Cristo amó a la iglesia, y los esposos generalmente están más que dispuestos a amar a las esposas que los respetan y se someten a ellos. Ahí yace el problema. Cada uno espera que el otro haga el primer movimiento. Pero los mandamientos de Dios para los esposos y esposas no son condicionales. La sumisión no depende del amor, y el amor no depende del respeto. Dar el primer paso en la obediencia, independientemente de las acciones del otro, contribuye en gran medida a romper el conflicto y establecer nuevos patrones de comportamiento.

Con eso en mente, cuando surge un conflicto matrimonial, el primer paso es el autoexamen (2 Corintios 13: 5). Después de haber llevado nuestras preocupaciones al Señor y haber sido honestos con nosotros mismos acerca de nuestros propios fracasos o deseos egoístas, entonces podemos acercarnos a los demás con nuestras preocupaciones. Además, Dios diseñó a los creyentes para satisfacer las necesidades de los demás pacíficamente (Colosenses 3:15). Todos necesitamos gracia para nuestros propios errores y debemos tener gracia para los demás al comunicar nuestras necesidades y preocupaciones (Colosenses 4: 6).

Comunicar la verdad en el amor es la clave para ser escuchado porque solo cuando comunicamos a los demás su valor a nuestros ojos, podrán aceptar verdades duras (Efesios 4:15). Las personas que se sienten atacadas y criticadas solo se pondrán a la defensiva y en ese punto, la comunicación inevitablemente se rompe. Por el contrario, las personas que sienten que nos preocupamos por ellos y queremos cosas buenas para ellos confiarán en que nos comunicaremos con ellos con amor y preocupación por su bienestar. Así que decir la verdad en el amor es absolutamente esencial para la resolución de conflictos. Esto es particularmente cierto en el matrimonio, donde el contacto cercano continuo con un cónyuge que nos ha decepcionado a menudo saca lo peor de nosotros. Los sentimientos heridos producen palabras duras que, a su vez, producen más sentimientos heridos. Practicar la disciplina de pensar cuidadosamente y orar antes de hablar puede romper este círculo vicioso. La comunicación piadosa se puede expresar en términos simples al recordar tratar a los demás de la manera que queremos que nos traten (Lucas 6:31). Dios dijo que benditos son los pacificadores, y esa es siempre la meta para los cristianos (Mateo 5: 9).

Hay muchos aspectos de las relaciones, los conflictos y la comunicación, y la Biblia está llena de sabiduría para la vida santa. Aquí hay comandos bíblicos específicos de cómo debemos tratarnos unos a otros:

Para resolver el conflicto matrimonial, debemos:

Estar en paz unos con otros - Marcos 9:50

Amaos los unos a los otros - Juan 13:34; Romanos 12:10; 1 Pedro 4: 8; 1 Juan 3:11, 23; 4: 7, 11, 12

Edifíquense unos a otros - Romanos 14:19; Efesios 4:12; 1 Tesalonicenses 5:11

Ser de la misma mente el uno con el otro - Romanos 12:16

Dar preferencia el uno al otro - Romanos 12:10

Saludarnos unos a otros - Romanos 16:16

Estima a los demás como mejor que tú - Filipenses 2: 3

Servirse unos a otros - Gálatas 5:13

Recíbanse unos a otros - Romanos 15: 7

Dedíquense unos a otros - Romanos 12:10

Regocíjate o llora unos con otros - Romanos 12:15

Amonestarse unos a otros - Romanos 15:14; Colosenses 3:16

Cuidarse unos a otros - 1 Corintios 12:25

Mostrar tolerancia el uno hacia el otro - Romanos 15: 1-5; Efesios 4: 2; Colosenses 3:13

Sean amables y se perdonen los unos con los otros - Efesios 4:32; Colosenses 3:13

Someterse el uno al otro - Romanos 12:10; Efesios 5:21; 1 Pedro 5: 5

Consuélese unos a otros - 1 Tesalonicenses 4:18

Aliéntense unos a otros - 1 Tesalonicenses 5:11; Hebreos 3:13

Sean compasivos los unos con los otros - 1 Pedro 3: 8

Oren los unos por los otros - James 5:16

Confiesa tus faltas el uno al otro - James 5:16

Aceptarse unos a otros - Romanos 14: 1; 15: 7

Para resolver el conflicto matrimonial, no debemos:

Estar orgullosos el uno contra el otro - 1 Corintios 4: 6

Juzguense unos a otros - Romanos 12:16

Mentir unos a otros - Colosenses 3: 9

Sea parcial el uno con el otro - 1 Timoteo 5:21

Provocar o envidiar unos a otros - Gálatas 5:26

Lujuria uno tras otro - Romanos 1:27

Odiarse unos a otros - Tito 3: 3

Llevarse unos a otros a la corte - 1 Corintios 6: 1-7

Se usan unos a otros - Gálatas 5:15

CAPÍTULO UNO

VIAJE DESDE EL ALTAR

E l MATRIMONIO se puede comparar con un viaje, una odisea que presenta muchas sorpresas, algunas exquisitas, otras dolorosas. El "terreno" imprevisto puede presentar obstáculos inesperados, algunos de los cuales pueden parecer insuperables. Sin embargo, muchas personas hacen este viaje con éxito y felizmente, con solo pequeños contratiempos. De hecho, el éxito en el matrimonio no se mide tanto por los altibajos del viaje como por la forma en que las parejas lidian con esos altibajos.

La Biblia es como un mapa para el viaje a través del matrimonio en las grandes enseñanzas de Cómo Construir un Matrimonio Exitoso. ¿Qué crees que puede hacer que el viaje a través del matrimonio sea más exitoso y agradable? Muchas parejas sienten la necesidad de un "mapa de ruta conyugal" para dirigirlos en el camino. El "mapa" más confiable y autorizado del matrimonio lo proporciona el creador del matrimonio: Dios Todopoderoso. Su Palabra inspirada, la Santa Biblia, sin embargo, no es un hechizo mágico. Más bien, contiene una dirección práctica que las parejas casadas deben seguir para disfrutar de un matrimonio exitoso. — Salmo 119: 105; Efesios 5: 21-33; 2 Timoteo 3:16.

Identifiquemos algunas de las señales bíblicas, principios bíblicos clave, que pueden ayudarlo a guiarlo en un exitoso y feliz viaje matrimonial.

Trate el matrimonio como sagrado. "Lo que Dios juntó, no lo separe el hombre" (Mateo 19: 6). El Creador instituyó el arreglo matrimonial cuando presentó al primer hombre, Adán, a su esposa, Eva. (Génesis 2: 21-24) Cristo Jesús, quien había sido testigo ocular de este evento durante su existencia prehumana, confirmó que la unión matrimonial de Adán y Eva tenía la intención de ser el comienzo de una relación duradera. Él dijo: "¿No leíste que el que los creó desde el principio los hizo hombres y mujeres y dijo: 'Por esta razón, un hombre dejará a su padre ya su madre y se unira a su esposa, ¿y los dos serán una carne'? De modo que ya no son dos, sino una sola carne. Por lo tanto, lo que Dios juntó no lo separe el hombre" (Mateo 19: 4-6).

Al decir "lo que Dios ha unido", Jesús no estaba sugiriendo que los matrimonios se hagan en el cielo. Más bien, estaba confirmando que la relación matrimonial fue instituida por Dios mismo y, por lo tanto, debía ser tratada como sagrada.

Por supuesto, los esposos y las esposas no querrían estar "unidos" en una convivencia fría y sin amor. Más bien, quieren disfrutar de un matrimonio contento en el que ambos pueden prosperar. Se pueden "unir" felizmente si aplican los consejos prácticos del Creador que se encuentran en la Biblia.

Debido a que todos somos imperfectos, los malentendidos y las diferencias son inevitables. Sin embargo, a menudo, un matrimonio exitoso depende menos de la compatibilidad que de cómo las parejas lidian con la incompatibilidad. Por lo tanto, una de las habilidades más esenciales en el matrimonio es la capacidad de resolver los desacuerdos de una manera amorosa, porque el amor "une todo en perfecta armonía" (Colosenses 3:14).

Hablar respetuosamente "Existe el que habla sin pensar como con las puñaladas de una espada, pero la lengua de los sabios es una curación" (Proverbios 12:18). Los investigadores han descubierto que la mayoría de las conversaciones terminan en la forma en que comienzan. Por lo tanto, si una conversación comienza respetuosamente, es más probable que termine de esa manera. A la inversa, usted sabe lo doloroso que puede ser cuando un ser querido le habla sin pensar. Por lo tanto, haga un esfuerzo de oración para hablar con dignidad, respeto y afecto. (Efesios 4:31)

"Aunque nos veamos las debilidades de cada uno", explica una esposa japonesa que ha estado casada durante 44 años, "Tratamos de respetarnos mutuamente en palabras y actitudes. Eso nos ha ayudado a construir un matrimonio exitoso ".

Los siguientes pasos lo ayudarán cuando necesite discutir un problema

Programe un horario cuando ninguno de los dos esté cansado.

Evita criticar; ser positivos el uno hacia el otro

Evite interrumpir; turnarse para escuchar y hablar.

Reconozca los sentimientos de su cónyuge.

Expresa empatía por los demás, incluso cuando no estés de acuerdo.

Ser razonable y flexible.

Discúlpate humildemente cuando te equivocas.

Expresar aprecio y cariño.

Cultiva la bondad y la compasión. "Conviértanse en amables los unos con los otros, con ternura compasiva" (Efesios 4:32). Cuando hay fuertes desacuerdos, es fácil que la ira genere ira.

En Alemania, una mujer, felizmente casada por 34 años, admite: "No es fácil mantener la calma bajo el estrés, tiendes a decir cosas que molestan a tu pareja, que solo empeoran las cosas".

Al esforzarse por ser amable y compasivo, sin embargo, puede hacer mucho para ayudar allanar el camino hacia un matrimonio pacífico.

Mostrar humildad. "No hagas nada fuera de lo contencioso o del egoísmo, sino con modestia teniendo en cuenta que los demás son superiores". (Filipenses 2:3) Muchos conflictos surgen porque los compañeros de matrimonio tratan con orgullo de culpar a sus compañeros por los problemas en lugar de buscarlos humildemente. Maneras de hacer las cosas mejor el uno para el otro. La humildad mental puede ayudarlo a reprimir el impulso de insistir en estar en lo correcto en un desacuerdo.

No te apresures a ofenderte. "No se apresure en su espíritu para ofenderse" (Eclesiastés 7:9). Trate de evitar la inclinación a refutar el punto de vista de su compañero o saltar a su propia defensa si su compañero cuestiona algo que ha dicho o hecho. En su lugar, escucha y reconoce las expresiones de tu compañero. Piensa cuidadosamente antes de responder. Muchas parejas aprenden demasiado tarde en la vida que ganar un corazón es una victoria mayor que ganar una discusión.

Sepa cuándo callar. "Sé rápido al escuchar, despacio al hablar, despacio sobre la ira" (Santiago 1:19). La buena comunicación es sin duda una de las señales más importantes en el camino hacia la felicidad conyugal. ¿Por qué, entonces, dice la Biblia que hay "un tiempo para guardar silencio"? (Eclesiastés 3: 7) Este puede ser un momento para escuchar de manera activa y con propósito, una parte vital de la comunicación que implica descubrir qué siente realmente su compañero de matrimonio y por qué se siente de esa manera.

Señales Probadas a lo Largo del Viaje desde el Altar para un Matrimonio Exitoso

Aferrarse a las verdades bíblicas que fortalecen el matrimonio.

Haz tiempo para tu matrimonio y tu pareja.

Promover el calor, el amor y el cariño.

Ser de confianza y comprometido.

Se amable y respetuoso

Comparte la carga de trabajo en casa.

Contribuir a conversaciones mutuamente satisfactorias.

Comparte el humor y la relajación.

Sigue trabajando para fortalecer tu matrimonio.

Escucha con empatía. "Regocíjate con las personas que se regocijan; llora con la gente que llora" (Romanos 12:15) La empatía es indispensable para la comunicación intencional porque te permite sentir las emociones más profundas de tu cónyuge. Puede ayudar a crear una atmósfera en la que las opiniones y sentimientos de cada uno sean tratados con respeto y dignidad. "Cuando hablamos de nuestros problemas", confiesa una mujer en Brasil, casada por 32 años, "Siempre escucho con mucha atención para que pueda entender sus pensamientos y sentimientos". Cuando su cónyuge habla, es su "momento de guardar silencio". Y escuchar con empatía.

Hacer un hábito de expresar aprecio. "Muéstrate agradecido" (Colosenses 3:15). Los matrimonios fuertes se caracterizan por esposos y esposas que se aseguran de que su cónyuge se sienta apreciado. Sin embargo, en la rutina diaria de la vida matrimonial, algunos compañeros de matrimonio descuidan este aspecto vital de la comunicación y simplemente asumen que su cónyuge se siente valorado. La mayoría de las parejas podrían darse ese sentimiento de aprecio si simplemente pensaran hacerlo.

Las esposas en particular necesitan la confianza amorosa de su esposo y expresiones de aprecio. Los esposos pueden hacer mucho para mejorar la salud de su matrimonio y el bienestar de su esposa, así como a usted mismo, al hacer un comentario sobre las acciones y cualidades positivas de su esposa.

Tanto las garantías verbales como las no verbales son esenciales. Cuando los esposos le dan a su esposa un suave beso, un toque amable y una sonrisa cálida, dice algo más que "Te amo". Le hace sentir segura el saber que ella es especial para ti y que la necesitas. Dale una llamada telefónica o un mensaje de texto y dile: "Te estoy extrañando" o "¿Cómo va tu día?" Si desde tus días de cortejo, has comenzado a dejar de hacer esas expresiones, es una práctica que vale la pena revivir. Continúa aprendiendo lo que toca el corazón de tu cónyuge.

Las palabras de la madre del Rey Lemuel del antiguo Israel son muy apropiadas: "Su esposo la alaba: 'Muchas mujeres lo han hecho bien, pero usted las supera a todas'" (Proverbios 31: 1, 28, 29) Cuando fue la última vez que alabó a su esposa? O esposo?

Sé rápido para perdonar. "No se ponga el sol sobre vuestro enojo" (Efesios 4:26). En el matrimonio no puedes escapar de tus faltas o las de tu cónyuge. En consecuencia, la voluntad de perdonar es esencial. Una pareja sudafricana, casada hace 43 años, ha encontrado este consejo bíblico muy útil. "Tratamos de poner en práctica el principio que se encuentra en Efesios 4:26, y tratamos de ser rápidos para perdonarnos el uno al otro, sabiendo que agrada a Dios. Entonces nos sentimos bien con la situación, nos acostamos con la conciencia limpia y dormimos bien ".

Un antiguo proverbio observa sabiamente: "Es la belleza. . . pasar por alto la transgresión" (Proverbios 19:11). Un buen matrimonio es imposible sin perdón." Ella explica por qué: "De lo contrario, el resentimiento y la desconfianza crecen, y eso es veneno para un matrimonio. A través del perdón, los lazos de su matrimonio se fortalecen y ustedes se acercan más ".

Si ha herido los sentimientos de su cónyuge, no concluya simplemente que él o ella simplemente lo superarán. Hacer la paz a menudo requiere que hagas una de las cosas más difíciles que deben hacer las parejas de casados: admitir que has cometido un error. Sin embargo, encuentre una manera humilde de decir algo como esto: "Lo siento, querido. Cometí un error." Una humilde disculpa te hará ganar respeto, te ayudará a construir una relación de confianza y aumentará tu propia tranquilidad.

Mantente comprometido con tu pareja y con tu matrimonio. "Ellos [el esposo y la esposa] ya no son dos, sino una sola carne. Por lo tanto, lo que Dios ha unido no permita que nadie los separe" (Mateo 19:6). Usted ha jurado solemnemente ante Dios y el hombre y entre sí permanecer juntos, a pesar de los problemas que puedan surgir. El compromiso del 100 %, sin embargo, no es simplemente una obligación legalista. Más bien, está motivado por un amor sincero y genuino, y es un reflejo de respeto y honor por los demás y por Dios. Así que nunca socaves tu relación matrimonial sagrada coqueteando; ten ojos solo para tu compañero. —Mateo 5:28.

El autosacrificio refuerza el compromiso. "[Ten cuidado], no solo por tus propios asuntos, sino también por tus intereses personales". (Filipenses 2:4). Poner las necesidades y preferencias de tu compañero de matrimonio por encima de las tuyas es una de las maneras de fortalecer el compromiso. José, casado desde hace 20 años, se esfuerza por ayudar a su esposa, que trabaja a tiempo completo, en las tareas domésticas. "Ayudo a Rita con la cocina, la limpieza y otros trabajos para que tenga tiempo y energía para hacer las cosas que disfruta".

El Esfuerzo Trae Recompensas

A veces, el arduo trabajo involucrado en la construcción de un matrimonio feliz puede hacer que algunos se sientan tentados a rendirse. Sin embargo, no permita que las molestias le hagan abandonar su compromiso o pierda todo lo que ya ha invertido en su matrimonio, la distancia que ya ha cubierto en su viaje juntos. Para la reflexión personal: ¿En qué necesito trabajar más en mi matrimonio? ¿Qué pasos voy a tomar para hacer esto?

"Si haces un esfuerzo sincero y demuestras que quieres que tu matrimonio tenga éxito, puedes disfrutar de la bendición de Dios", sugiere Sara, cuyo matrimonio ha florecido durante 33 años. Su leal apoyo mutuo a través de los tiempos difíciles y su disfrute mutuo de los buenos tiempos lo sostendrán en un viaje satisfactorio a través de un matrimonio exitoso. Jesús declaró que el único motivo para la disolución de un matrimonio con la libertad de volver a casarse es la fornicación: las relaciones sexuales fuera del matrimonio (Mateo 19:9).

Cuando el Viaje Se Pone Difícil ...

Ana, después de su año de servicio en su país, consiguió un trabajo en una organización de alto perfil, como siempre había soñado. Ella conoció a Carlos, un banquero, durante su año de servicio. Ambos eran cristianos que amaban al Señor. Después de permanecer estables durante algunos años, se casaron y pocos meses después del matrimonio, Ana quedó embarazada.

Al descubrir el embarazo, Ana estaba feliz y triste; feliz de que iba a tener un bebé y triste por el hecho de que se le relevaría de su trabajo debido a la política de su compañía. Ella realmente necesitaba el trabajo; Las cosas no iban demasiado bien en el banco de Carlos en los últimos tiempos. Esto fue solo el comienzo. Las cosas realmente empeoraron con el tiempo. Justo como Ana esperaba, fue relevada de su trabajo. Y las cosas siguieron empeorando en el banco de Carlos. Los cambios psicológicos y físicos que tuvieron lugar en Ana no ayudaron en nada. Tampoco lo hicieron las necesidades financieras debido a que el bebé estaba en camino y el aumento de las facturas del hospital debido al embarazo difícil que Ana estaba teniendo.

Ana y Carlos comenzaron a separarse; Ambos estaban bajo tanta presión. Todos los sueños de Ana acerca de cómo seria su primer embarazo se irían a trillones de millas de distancia. Carlos ya no era el tipo cariñoso y amoroso. Él mismo estaba bajo presión, el salario ya no era regular y no le gustaba el hecho de no poder satisfacer las necesidades de Ana. Su vida espiritual tampoco estaba en buena forma. La carga era pesada para él. Y todo esto fue solo el comienzo de sus problemas ...

A veces, en el matrimonio, las cosas se ponen realmente difíciles, más difíciles de lo que alguna vez soñaste, incluso si esperabas que las cosas se pusieran difíciles a veces. Incluso cuando estás esperando las tormentas, no vienen de la forma que esperas. ¿Qué haces cuando vienen estos tiempos? ¿Cómo escapar del ruido y el miedo de la tormenta para permanecer enfocado? ¿Cómo manejas los desafíos de construcción cuando la luna de miel parece haber terminado? Un momento para aprender, ¿Cómo mantener vivo el sueño de un matrimonio modelo? ¿Cómo defiendes a tu cónyuge cuando pareces no tener ninguna fuerza propia?

¡Cuando lleguen los tiempos como este, es hora de sacar tus notas y tomar algunas lecciones! Alguien que lea esto se estará preguntando de qué estoy hablando. Bueno, todavía estoy aquí, y no olvidé de qué trata la historia. Esta es una verdad dura que tuve que llegar a un acuerdo conmigo mismo. He venido a aprender que la Palabra de Dios sigue siendo verdadera sin importar cómo nos sintamos. La Palabra de Dios es constante, independientemente de la situación que podamos enfrentar. David el salmista vio esto y dijo: ¡Por siempre, oh Señor, tu palabra está resuelta! La Biblia nos dice que Nuestra aflicción por la Luz no es sino por un momento que trabaja en nosotros un peso de gloria mucho más extraordinario y eterno (2 Corintios 4:17).

Lo primero es nunca exagerar nuestros problemas, sino verlos como pequeños problemas que pasarán. La mayoría de las veces no magnificamos a sabiendas nuestros problemas. Cuando meditamos en nuestro problema sin pensar en buscar una solución, las cosas empeoran. Recuerde que tenemos un enemigo que nunca debe ser socavado, él acecha en la esquina esperando tiempos como estos para mostrar la debilidad de nuestros cónyuges y recordarnos las diversas opciones que teníamos antes del matrimonio.

Cuando las cosas se ponen difíciles, solo hay un lugar donde debemos permanecer, a los pies del maestro y alrededor de los hijos de Dios para aprovechar la fuerza de los demás. Dios quiere hacer grandes cosas en nuestros matrimonios este año, pero necesita fortalecernos. Así que prepárate; saca tus notas. Puede que estés pasando por momentos difíciles, llorando, demasiado débil para orar y diciendo cuándo terminarán. Seguro que terminará pronto, pero primero debes quedarte ahí. Robert Schuller dijo: "Los tiempos difíciles nunca duran, pero las personas difíciles sí".

Un Comienzo Alegre ...

Una BODA es una ocasión alegre. Muchas parejas han dicho: "Fue el día más feliz de nuestras vidas". Pero también puede ser uno de los más exigentes. El estrés y la fatiga que experimentan los novios y sus familias pueden ser intensos debido a todas las decisiones y preparativos requeridos, así como a las muchas personas que se reunirán ese día. La boda marca el inicio de una nueva forma de vida para la pareja. Pero no serán los únicos afectados. Dado que el matrimonio de una hija, un hijo, una hermana o un hermano a menudo significa que un ser querido está estableciendo un hogar separado, la familia a menudo experimentará sentimientos encontrados. Las prácticas de boda difieren de un país a otro, y no es posible analizarlas todas aquí. Este capítulo se centrará en lo que se ha vuelto tradicional en tierras occidentales y similares. Allí, casarse puede ser muy costoso. Algunos gastan una pequeña fortuna en el día de la boda, incluido el alquiler de una sala o un restaurante para la recepción y una comida preparada. Se estima que en Italia el promedio de las bodas cuesta más de $10,000. En Japón, como en otros lugares, la cifra puede ser mayor. Por lo general, la novia y el novio no pagan la factura. Sus padres lo hacen. Las bodas son un gran negocio. Muchas empresas promueven la imagen de la boda "perfecta", donde nada falta. Después de todo, implican, "¡este es el día más feliz de tu vida!" Por lo tanto, ofrecen una gran cantidad de productos y servicios "esenciales" para que su gran día sea "perfecto". Puede haber invitaciones personalizadas, su vestido "ideal", vestidos para las damas de honor y trajes de etiqueta o trajes similares para los hombres de la boda. Luego, también, hay flores, limusinas, tal vez un restaurante donde se servirá un banquete, un fotógrafo, una banda y otros artículos. La lista de todo lo que una novia y el novio podrían desear, así como la lista de gastos que la acompaña, puede hacer que muchos padres se estremezcan. En varias sociedades se da gran importancia a la observancia de la tradición. Hay una forma establecida de realizar una serie de gestos y se espera que la novia y el novio se ajusten. Sí, hay muchas cosas que recordar, pero solo hay un período limitado de tiempo para organizarlas todas. ¿Una perspectiva emocionante o desalentadora? Cualquiera que sea su respuesta, contemplar todo lo que una boda puede implicar plantea una serie de preguntas. ¿Qué significa el conseguir casado significa hoy en día? ¿Es todo esto realmente necesario para casarse "correctamente"? ¿Cómo se pueden superar las diversas dificultades prácticas y emocionales? A pesar de todo el estrés, muchos han tratado con éxito los detalles de la boda y han disfrutado de la ocasión. Sus experiencias pueden ayudar a otros que se están preparando para enfrentar el mismo evento. Además, hay principios bíblicos que pueden ayudar cuando se hacen los planes de boda, para que el día resulte agradable, feliz y que sirva para todos.

¿Qué hace que un matrimonio dure? ¿Por qué el desglose? "Los fariseos se acercaron a [Jesús], con la intención de tentarlo y decir: '¿Es lícito que un hombre se divorcie de su esposa en todo tipo de terreno?'" - Mateo 19: 3. ALGUNOS que vivieron en los días de Jesús cuestionaron si los matrimonios podrían o deberían durar. A ellos, Jesús les dijo: "¿No leíste que el que los creó desde el principio los hizo hombres y mujeres y dijo: 'Por esta razón, un hombre dejará a su padre ya su madre y se unira a su esposa, ¿y los dos será una sola carne? De modo que ya no son dos, sino una sola carne. Por lo tanto, lo que Dios ha unido no permita que nadie los separe " (Mateo 19: 4-6) Obviamente, Dios quiso que los matrimonios duraran. En muchas tierras hoy en día, alrededor del 40 por ciento o más de todos los matrimonios se "separan", y terminan en divorcio. ¿El consejo de la Biblia con respecto al matrimonio está totalmente desactualizado? ¿Podría ser que los matrimonios fracasen porque el acuerdo en sí es defectuoso?

Considera esta ilustración: Dos parejas compran el mismo modelo de auto. Una pareja mantiene bien su vehículo y lo conduce con cuidado. Su coche no se descompone. La otra pareja no invierte tiempo ni energía en el mantenimiento de su vehículo y conducen de manera imprudente. Ese auto se descompone y se abandona. ¿Dónde está la culpa del segundo resultado: con el automóvil o con los propietarios? Obviamente, los propietarios tienen gran parte de la responsabilidad. De manera similar, el hecho de que muchos matrimonios fracasen no significa que la institución del matrimonio sea de alguna manera defectuosa. Los millones de matrimonios que triunfan demuestran lo contrario. Esos matrimonios traen felicidad y estabilidad a los individuos, a las familias y a las comunidades. Pero el matrimonio, como un automóvil, necesita un buen cuidado y un mantenimiento regular para que dure. Ya sea que su matrimonio tenga días o décadas de antigüedad, el consejo de la Biblia sobre cómo mantenerlo y fortalecerlo realmente funciona.

CAPITULO DOS

EL PILOTO

¿Qué significa realmente la jefatura en el matrimonio? En muchos países, las ceremonias de boda incluyen tradicionalmente el intercambio de votos en los que la novia promete obedecer a su esposo. Sin embargo, muchas mujeres se enojan con la idea de la jefatura masculina en el matrimonio. Considera lo que la Biblia enseña sobre este tema. Encontrarás que su posición es equilibrada y práctica. Dirección según la definición de Dios: la descripción básica de la Biblia se encuentra en Efesios 5: 22-24: "Que las esposas estén sujetas a sus esposos en cuanto al Señor, porque un esposo es la cabeza de su esposa como el Cristo también es la cabeza de la congregación. . . De hecho, como la congregación está sujeta a Cristo, que las esposas también lo sean para sus esposos en todo ". Como el" jefe de su esposa ", el marido debe tomar la iniciativa en la familia, y la esposa debe seguir a su esposo. Lidera y respeta su autoridad. — Efesios 5:33. La autoridad de un esposo está limitada por su propia sujeción a Dios y a Cristo. No está facultado para dirigir a su esposa a romper las leyes de Dios ni a comprometer su propia conciencia entrenada en la Biblia. Sin embargo, dentro de estas limitaciones, Dios le ha asignado la responsabilidad de tomar decisiones importantes para la familia. Romanos 7: 2; 1 Corintios 11: 3. El liderazgo ejercido de acuerdo con el ejemplo de Cristo conduce a la alegría y la satisfacción de ambos socios. La Biblia le ordena al esposo que ejerza su liderazgo de manera desinteresada, poniendo el beneficio de su esposa por delante del suyo. Efesios 5:25 dice: "Esposos, continúen amando a sus esposas, así como Cristo también amó a la congregación y se entregó a sí mismo por ello". Un esposo que sigue el ejemplo supremo de amor de Cristo rechaza un ejercicio egocéntrico de liderazgo. Además, la Biblia instruye a un hombre a vivir con su esposa "de acuerdo con el conocimiento" (1 Pedro 3: 7) Esto implica más que una mera conciencia de las diferencias físicas y emocionales entre hombres y mujeres. Él debe obtener una comprensión de las necesidades de su esposa.

DR. ABRAHAM PETERS

"Ella es tu Pareja"

¿La sujeción de una esposa requiere que sea completamente pasiva? Considere a Sara, citada en la Biblia como un ejemplo de obediencia a su esposo, Abraham. (1 Pedro 3: 5, 6) Ella se sometió a él en asuntos grandes y pequeños, desde dejar un hogar cómodo para una vida nómada en tiendas de campaña hasta preparar una comida con poca antelación. (Génesis 12: 5-9; 18: 6) Sin embargo, en relación con un asunto serio, ella expresó repetidamente una opinión contraria a la de Abraham. Esto ocurrió cuando ella quería que él despidiera a su concubina, Agar, y a su hijo primogénito, Ismael, de la casa. En lugar de reprender a Sara, Dios le dijo a Abraham que "escuchara su voz". Mientras tanto, Sara continuó sometiéndose a Abraham al esperar que él actuara en lugar de tratar de expulsar a Agar e Ismael. Génesis 21: 8-14.

El ejemplo de Sara muestra que, en lugar de limitarse a vivir a la sombra de su marido, la esposa debe ser la "pareja" de su marido, que ocupa un lugar de honor. (Malaquías 2:14) Como su pareja, ella proporciona información valiosa sobre las decisiones familiares y se le otorga cierta autoridad en la familia, a menudo administrando muchos asuntos familiares e incluso financieros. Por supuesto, como jefe de familia, el esposo es responsable de tomar las decisiones finales. Proverbios 31: 10-31; 1 Timoteo 5:14. Respeto por el autor: Jehová Dios creó al hombre y la mujer, y creó el matrimonio como una unión sagrada entre ellos. (Génesis 2: 18-24) También especificó roles para el esposo y la esposa que les traerán la mayor alegría. Deuteronomio 24: 5; Proverbios 5:18. Como originador del matrimonio, Dios tiene tanto el derecho como la capacidad de establecer estándares para el arreglo matrimonial. Los compañeros de matrimonio que cumplen con sus respectivos roles y siguen el acuerdo de liderazgo de Dios, no solo por su sentido práctico sino también por respeto a su autoridad divina, reciben su favor y apoyo.

¿Te has maravillado? ¿Quién da el ejemplo perfecto de liderazgo? - Efesios 5:25. ¿Limita Dios la autoridad de un esposo? —1 Corintios

11: 3. ¿Cuál es el propósito del matrimonio y el acuerdo de jefatura?
—Proverbios 5:18.

CLAVES PARA LA FELICIDAD DE LA FAMILIA

Mantener el Compromiso en su Matrimonio

Ella dice: "Me di cuenta durante algún tiempo que Miguel, mi esposo, había estado emocionalmente distante de mí y estaba tratando a nuestros hijos con frialdad. Su comportamiento cambió poco después de que nos conectamos a Internet, y sospeché que estaba viendo pornografía en la computadora. Una noche, después de que los niños se habían acostado, lo acorralé y él confesó que había estado viendo sitios web pornográficos. Estaba devastada. No podía creer que esto me estaba pasando. Perdí completamente la confianza en él. Para empeorar las cosas, un compañero de trabajo había empezado recientemente a expresar un interés romántico en mí ". Dice:" Hace un tiempo, mi esposa, María, descubrió una foto almacenada en nuestra computadora y me confrontó al respecto. Cuando admití que visitaba regularmente sitios web pornográficos, ella estaba furiosa. Me sentí horriblemente avergonzado y muy culpable. Pensé que era el fin de nuestro matrimonio ".

¿Qué crees que le pasó a la relación de Miguel y Maria? Puedes pensar que ver pornografía era el principal problema de Miguel. Pero cuando Miguel se dio cuenta, este vicio era realmente un síntoma de un problema más profundo: la falta de compromiso con el matrimonio. Cuando Miguel y Maria se casaron por primera vez, esperaban una vida de amor compartido y experiencias agradables. Sin embargo, al igual que muchas parejas, su compromiso con el matrimonio disminuyó con el tiempo y parecieron separarse. ¿Sientes que el vínculo entre tú y tu pareja se ha debilitado con el paso de los años? ¿Te gustaría revertir esa tendencia? Si es así, necesita conocer las respuestas a tres preguntas: ¿Qué significa estar comprometido con su matrimonio? ¿Qué desafíos puede socavar tal compromiso? ¿Y qué puedes hacer para fortalecer tu compromiso con tu pareja? ¿Qué es el compromiso? ¿Cómo definirías el compromiso en el matrimonio? Muchos dirían que surge de un sentido del deber. Por ejemplo, una pareja puede permanecer comprometida con su matrimonio por sus hijos o por un deber que sienten hacia Dios, el originador del matrimonio. (Génesis 2: 22-24) Ciertamente, tales motivos son admirables y ayudarán a un matrimonio a sobrevivir tiempos difíciles. Pero para ser felices, los compañeros de matrimonio necesitan sentir algo más que una sensación de obligación mutua. El Dios Todopoderoso diseñó el matrimonio para traer a una pareja una alegría y una satisfacción profundas. Pretendía que un hombre se "regocijara con [su] esposa" y que una mujer ame a su marido y sienta que su marido la ama como lo hace con su propio cuerpo. (Proverbios 5:18; Efesios 5:28) Para crear ese tipo de vínculo, una pareja debe aprender a confiar el uno en el otro. Igualmente, importante, necesitan desarrollar una amistad de por vida. Cuando un hombre y una mujer se ganan la confianza mutua y trabajan para convertirse en los mejores amigos, su compromiso con el matrimonio crecerá. Formarán un vínculo que la Biblia describe como tan cercano que es como si las dos personas fueran "una sola carne" (Mateo 19: 5). El compromiso, por lo tanto, podría compararse con el mortero que une los ladrillos de una casa sólida. El mortero está hecho de una combinación de ingredientes, que incluyen arena, cemento y agua. De manera similar, el compromiso se forma a partir de una combinación de factores como el deber, la confianza y la amistad. ¿Qué puede debilitar ese vínculo? ¿Cuáles son los retos? El compromiso requiere trabajo duro y auto sacrificio. Exige que estés dispuesto a renunciar a tus propias preferencias para complacer a tu pareja. Sin embargo, el concepto de ceder a los deseos de otra persona, de dar sin preguntar "¿Qué hay para mí?", Se ha vuelto impopular con muchos e incluso ofensivo para algunos. Pero pregúntese: '¿Cuántas personas egoístas conozco que tengan un matrimonio feliz?' Probablemente la respuesta es, pocos o ninguno. ¿Por qué? Es probable que un individuo egoísta no siga comprometido con un matrimonio cuando se requiera un sacrificio personal, especialmente cuando no hay un pago inmediato por las pequeñas concesiones que él o ella pueda hacer. Sin compromiso, una relación se agriará, sin importar cuán dulces sean los sentimientos románticos cuando una pareja se enamoró por primera vez. La Biblia reconoce de manera realista que el matrimonio es un trabajo duro. Afirma que "el hombre casado está ansioso por las cosas del mundo, cómo puede obtener la aprobación de su esposa", y que "la mujer casada está ansiosa por las cosas del mundo, cómo puede obtener la aprobación de ella". esposo." (1 Corintios 7:33, 34)

Desafortunadamente, incluso las parejas de casados que normalmente son desinteresadas no siempre reconocen las ansiedades de los demás ni valoran los sacrificios de sus parejas. Cuando una pareja no muestra aprecio mutuo, su matrimonio está obligado a causarles más "tribulaciones en su carne" de lo que lo haría de otra manera. 1 Corintios 7:28. Si su matrimonio es sobrevivir a los tiempos difíciles y prosperar durante los buenos tiempos, necesita desarrollar una visión a largo plazo de su relación. ¿Cómo puede desarrollar tal actitud y cómo puede alentar a su compañero a permanecer comprometido con usted?

Cómo Fortalecer el Compromiso

Un factor clave es humildemente aplicar el consejo de la Palabra de Dios, la Biblia. Al hacerlo, te "beneficiarás" a ti y a tu pareja. (Isaías 48:17) Considere solo dos pasos prácticos que puede tomar.

1. Haz de tu matrimonio una prioridad. "Asegúrese de las cosas más importantes", escribió el apóstol Pablo. (Filipenses 1:10) A los ojos de Dios, la manera en que los esposos se tratan entre sí es muy importante. Un hombre que honra a su esposa será honrado por Dios. Y una mujer que respeta a su esposo tiene "gran valor a los ojos de Dios" (1 Pedro 3: 1-4, 7).

Haz tiempo para tu pareja. ¿Qué tan importante es tu matrimonio para ti? Por lo general, cuanto más importante sea un esfuerzo, más tiempo pasará en él. Pregúntese: 'Durante el último mes, ¿cuánto tiempo reservé para pasarlo con mi compañero? ¿Qué cosas específicas he hecho para asegurarle a mi pareja que todavía somos buenos amigos? Si invirtió poco o ningún tiempo en mantener su matrimonio, a su pareja le puede resultar difícil creer que está comprometido con la unión. ¿Piensa tu pareja que estás comprometido con tu matrimonio? ¿Cómo puedes averiguarlo?

INTENTE ESTO: escriba en un pedazo de papel las siguientes cinco categorías: dinero, trabajo, matrimonio, entretenimiento y amigos. Ahora enumere la lista de acuerdo con lo que cree que son las prioridades de su cónyuge. Pídele a tu compañero que haga lo mismo contigo. Cuando termines, intercambia listas con tu compañero. Si su pareja siente que no está invirtiendo suficiente tiempo y energía en el matrimonio, discuta qué cambios necesita hacer para fortalecer su compromiso mutuo. También, pregúntese, '¿Qué puedo hacer para interesarme más por las cosas que son importantes para mi pareja?' La infidelidad comienza en el corazón.

2. Evita todas las formas de infidelidad. Jesucristo dijo: "Todos los que siguen mirando a una mujer para sentir pasión por ella ya han cometido adulterio con ella en su corazón". (Mateo 5:28) Cuando una persona se involucra en relaciones sexuales fuera del matrimonio, o ella da un golpe devastador a la unión, uno que, según la Biblia, es motivo de divorcio. (Mateo 5:32) Sin embargo, las palabras de Jesús citadas arriba muestran que un deseo incorrecto puede existir en el corazón mucho antes de que una persona se comprometa realmente en el acto físico de adulterio. Entretener ese deseo incorrecto es en sí mismo una forma de traición. Para mantener su compromiso con su matrimonio, haga un compromiso solemne de no ver pornografía. A pesar de lo que muchos puedan decir, la pornografía es un veneno para un matrimonio. Observe la manera en que una esposa expresa sus sentimientos sobre los hábitos de visión de su esposo: "Mi esposo dice que ver pornografía condimenta nuestra vida amorosa. Pero solo me hace sentir que no valgo nada, que no soy suficiente para él. Lloro a mí mismo cuando lo mira ". ¿Diría usted que este hombre está fortaleciendo su compromiso con su matrimonio, o lo está socavando? ¿Crees que le está facilitando a su esposa que siga comprometida con el matrimonio? ¿La está tratando como a su mejor amigo?

El hombre fiel Job expresó su compromiso con su matrimonio y con su Dios al hacer "un pacto con sus ojos". Estaba decidido a no 'mostrarse atento a una virgen'. (Job 31: 1) ¿Cómo puedes imitar a Job? Además de evitar la pornografía, debe evitar que su corazón forme un vínculo inadecuado con un miembro del sexo opuesto. Es cierto que muchos sienten que coquetear con miembros del sexo opuesto no hace daño al matrimonio. Pero la Palabra de Dios nos advierte: "El corazón es más traicionero que cualquier otra cosa y está desesperado. ¿Quién puede saberlo? " (Jeremías 17: 9) ¿Te ha engañado tu corazón?

Pregúntese: '¿A quién le presto más atención: mi cónyuge o algún otro miembro del sexo opuesto? ¿Con quién comparto las buenas noticias primero, mi cónyuge u otra persona? Si mi cónyuge me pidiera que limitara mi contacto con un compañero del sexo opuesto, ¿cómo reaccionaría? ¿Me resentiría o me gustaría hacer el cambio solicitado?

PRUEBE ESTO: si se siente atraído por alguien que no sea su compañero, limite su contacto con esa persona solo a lo que sea necesario y mantenga todos los encuentros en un nivel puramente profesional. No te concentres en las formas en que crees que esta persona es superior a tu pareja. En su lugar, enfócate en las cualidades positivas de tu pareja. (Proverbios 31:29) Recuerda las razones por las que te enamoraste de tu pareja. Pregúntate a ti mismo: "¿Mi compañero realmente ha perdido estas cualidades o me he vuelto ciego a ellas?"

Tome la iniciativa: Miguel y Maria, citados desde el principio, decidieron pedir consejo sobre cómo resolver sus problemas. Por supuesto, buscar consejo es solo el primer paso. Pero al estar dispuestos a enfrentar sus problemas y buscar ayuda, tanto Miguel como Maria enviaron un mensaje claro de que están comprometidos con su matrimonio, de que están dispuestos a trabajar duro para que tenga éxito. Ya sea que su matrimonio sea estable o tenso, su pareja necesita saber que usted está comprometido a hacer que el matrimonio sea un éxito. Tome los pasos apropiados que sean necesarios para convencer a su pareja de ese hecho. ¿Estás dispuesto a hacer eso? Si bien el ejemplo aquí es de un hombre que vio pornografía, una mujer que hizo lo mismo también estaría mostrando una falta de compromiso con el matrimonio.

PREGÚNTESE . . . . ¿Qué actividades podría recortar para permitir más tiempo para mi compañero? ¿Qué podría hacer para asegurarle a mi compañero que estoy comprometido con nuestro matrimonio?

Gestionando Conflictos

Él dice: "Después de casarnos, Claudia y yo vivíamos con mi familia en la casa de mis padres. Un día, la novia de mi hermano me pidió que la llevara a su casa en nuestro auto. La llevé y me llevé a mi hijo pequeño. Pero cuando volví a casa, Claudia estaba furiosa. Comenzamos a discutir, y justo en frente de mi familia, ella me llamó mujeriego. Perdí la paciencia y comencé a decir cosas que la irritaban aún más ". Ella dice:" Nuestro hijo tiene un grave problema de salud y, en ese momento, tuvimos problemas financieros. Entonces, cuando Fernando se fue en el auto con la novia de su hermano y nuestro hijo, me enojé por varias razones. Cuando llegó a casa, le hice saber cómo me sentía. Tuvimos una gran discusión y nos insultamos. Me sentí muy mal después ". Si una pareja discute, ¿significa esto que ya no se aman? ¡No! Fernando y Claudia, citados arriba, se aman profundamente. Sin embargo, incluso en el mejor de los matrimonios, ocasionalmente habrá algún conflicto. ¿Por qué surgen los conflictos y qué puedes hacer para evitar que arruinen tu matrimonio? Dado que el matrimonio es un arreglo diseñado por Dios, tiene sentido examinar lo que su Palabra, la Biblia, tiene que decir sobre este tema. — Génesis 2:21, 22; 2 Timoteo 3:16, 17.

Entendiendo los Desafíos

La mayoría de las parejas casadas quieren tratarse de una manera amorosa y amable. Sin embargo, la Biblia nota de manera realista que "todos pecaron y no alcanzan la gloria de Dios" (Romanos 3:23). Entonces, cuando surgen desacuerdos, las emociones pueden ser difíciles de controlar. Y si comienza una discusión, algunos pueden encontrar una verdadera lucha para resistir los malos hábitos, como los gritos y el discurso abusivo. (Romanos 7:21; Efesios 4:31) ¿Qué otros factores podrían causar tensión? Un esposo y una esposa a menudo tienen diferentes estilos de comunicación. "Cuando nos casamos por primera vez", dice Rosa, "descubrí que teníamos actitudes muy diferentes acerca de discutir asuntos. Me gusta hablar no solo de lo que sucedió, sino también de por qué y cómo sucedió. Mi esposo parece estar interesado solo en el resultado final". El dilema de Rosa no es único. En muchos matrimonios, una pareja puede querer discutir un desacuerdo en profundidad, mientras que a la otra no le gusta la confrontación y quiere evitar el tema. A veces, cuanto más se dedica un asunto a un compañero, más trata de evitarlo el otro. ¿Has notado este patrón emergente en tu matrimonio? ¿Parece que uno de ustedes siempre juega el papel de comentarista, y el otro, el papel de evitador? Otro factor para considerar es que los antecedentes familiares de un individuo pueden influir en su percepción de cómo deben comunicarse las parejas casadas. Pedro, quien ha estado casado por cinco años, dice: "Vengo de una familia tranquila y me resulta difícil hablar abiertamente sobre mis sentimientos. Esto frustra a mi esposa. "Su familia es muy expresiva, y no tiene problemas para dejarme saber cómo se siente".

¿Por qué trabajar para resolver problemas? Los investigadores han descubierto que el indicador más confiable de cuán feliz será el matrimonio no es la frecuencia con que la pareja dice que se aman. La compatibilidad sexual y la seguridad financiera tampoco son los factores más importantes. En cambio, el indicador más confiable del éxito conyugal es qué tan bien el esposo y la esposa manejan los conflictos que surgen. Además, Jesús dijo que cuando una pareja se casa, no es el hombre sino Dios quien los une. (Mateo 19: 4-6) Por lo tanto, un buen matrimonio honra a Dios. Por otro lado, si un esposo no muestra amor y consideración hacia su esposa, Dios puede ignorar las oraciones del hombre. (1 Pedro 3: 7) Si una esposa no respeta a su esposo, ella realmente está faltando el respeto a Dios, quien nombró al esposo como jefe de la familia. 1 Corintios 11: 3.

Evitar los Patrones Dañinos del Habla

No importa cuál sea su estilo de comunicación o antecedentes familiares, hay algunos patrones de habla dañinos que deben evitarse si desea aplicar los principios bíblicos y manejar los conflictos de manera efectiva. Hágase las siguientes preguntas: '¿Me resisto al impulso de tomar represalias?' "El apretar la nariz es lo que produce la sangre, y el exprimir de la ira es lo que provoca la pelea", dice un sabio proverbio. (Proverbios 30:33) ¿Qué significa eso? Considera este ejemplo. Lo que comienza como una diferencia sobre cómo equilibrar el presupuesto familiar ("necesitamos controlar el gasto de la tarjeta de crédito") puede mutar rápidamente en un ataque al personaje del otro ("eres tan irresponsable"). Es cierto que, si tu compañero "aprieta la nariz" lanzando un ataque a tu personaje, es posible que sientas la necesidad de "apretar" la espalda de inmediato. Sin embargo, las represalias solo conducen a la ira y una escalada del desacuerdo. El apóstol Santiago advirtió: "¡Mira! ¡Qué poco fuego se necesita para incendiar un bosque tan grande! Bueno, la lengua es un fuego." (Santiago 3: 5, 6) Cuando los compañeros de matrimonio no logran controlar su lengua, pequeños desacuerdos pueden convertirse rápidamente en conflictos furiosos. Y los matrimonios que son asolados repetidamente por tales tormentas de fuego emocionales no proporcionan un entorno en el que el amor pueda crecer. En lugar de tomar represalias, ¿puedes imitar a Jesús, quien al ser maltratado "no lo fue a cambio"? (1 Pedro 2:23) La forma más rápida de eliminar el calor de una pelea es reconocer el punto de vista de su compañero y disculparse por su parte en el conflicto.

INTENTE ESTO: La próxima vez que surja una disputa, pregúntese: '¿Cuánto me costaría reconocer las preocupaciones de mi compañero? ¿Qué he hecho que haya contribuido a este problema? ¿Qué me impide disculparme por mis errores? '¿Minimizo o menoscabo los sentimientos de mi cónyuge?' "Todos ustedes deben tener una mentalidad similar, mostrar sentimientos de compañeros", ordena la Palabra de Dios. (1 Pedro 3: 8) Considere dos de las razones por las cuales podría no aplicar este consejo. Una es que puede que te falte una idea de la mente o los sentimientos de tu pareja. Por ejemplo, si su cónyuge está más angustiado por algún problema que usted, podría decir: "Usted está exagerando". Su intención puede ser ayudar a su pareja a ver el problema en perspectiva. Sin embargo, pocas personas son consoladas por tales comentarios. Tanto las esposas como los esposos necesitan saber que las personas a quienes aman los comprenden y se identifican con ellos. Tener orgullo indebido también puede hacer que una persona menosprecie los sentimientos de un compañero. Un individuo orgulloso intenta elevarse constantemente derribando a los demás. Podría hacerlo mediante insultos o comparaciones negativas. Considera el ejemplo de los fariseos y escribas del día de Jesús. Cuando alguien, incluso un fariseo, expresó una opinión que difería de la de estos orgullosos individuos, recurrieron a insultos y comentarios despectivos. (Juan 7: 45-52) Jesús era diferente. Él empatizó con los demás cuando se expresaron a él. Mateo 20: 29-34; Marcos 5: 25-34. Piensa en cómo reaccionas cuando tu pareja expresa sus preocupaciones. ¿Sus palabras, tono de voz y expresiones faciales transmiten empatía? ¿O tiendes rápidamente a desechar los sentimientos de tu pareja?

PRUEBE ESTO: durante las próximas semanas, observe cómo habla con su cónyuge. Si eres desdeñoso o dices algo degradante, discúlpate inmediatamente. '¿Asumo a menudo que los motivos de mi pareja son egoístas?' "¿Es por nada que Job ha temido a Dios? ¿No ha puesto usted mismo una cobertura sobre él y sobre su casa y sobre todo lo que tiene a su alrededor? "(Job 1: 9, 10) Con esas palabras, Satanás cuestionó los motivos del hombre fiel Job. Si los compañeros de matrimonio no tienen cuidado, pueden caer en un patrón similar. Por ejemplo, si su pareja hace algo bueno por usted, ¿se pregunta qué quiere o está encubriendo? Si su pareja comete un error, ¿considera que este fracaso es una confirmación de que él o ella es egoísta y despreocupado? ¿Recuerda de inmediato errores similares del pasado y los agrega a la lista?

PRUEBE ESTO: Haga una lista de las cosas positivas que su pareja ha hecho por usted y los buenos motivos que podrían haber impulsado estas acciones. El apóstol Pablo escribió: "Amor. . . no da cuenta de la herida" (1 Corintios 13: 4, 5) El verdadero amor no es ciego. Pero tampoco se mantiene la puntuación. Pablo también declaró que el amor "cree todas las cosas" (1 Corintios 13: 7) No es que este tipo de amor sea crédulo, pero está abierto a la confianza. No es cínico, sospechoso. El tipo de amor que la Biblia alienta está listo para perdonar y está dispuesto a dar a otros el beneficio de la duda. (Salmo 86: 5; Efesios 4:32) Cuando los compañeros muestren este tipo de amor, disfrutarán de un matrimonio feliz.

PREGÚNTESE . . ¿Qué errores cometió la pareja citada en la historia? ¿Cómo puedo evitar cometer errores similares en mi matrimonio? En cuál de los puntos mencionados en este capítulo necesito trabajar más.

CAPÍTULO TRES

CUANDO LAS COSAS CAEN

¿Cuándo la casa se divide cuál es el impacto del divorcio en los adolescentes? Los expertos pensaron que tenían razón. "Necesitas enfocarte en tu felicidad", aconsejaron a los padres en matrimonios con problemas, y rápidamente agregaron: "No te preocupes por los niños". Son resistentes. ¡Es más fácil para ellos lidiar con el divorcio que vivir con dos padres que no pueden llevarse bien! ' Sin embargo, algunos consejeros que una vez cantaron los elogios del divorcio han cambiado su tono. "El divorcio es la guerra", dicen ahora. 'Ninguna de las partes se va sin heridas; ni tampoco los niños. The Myth of Easy Divorce: podría hacer una comedia de televisión de éxito. ¿La trama? Papá y mamá se divorcian. Mamá obtiene la custodia de los hijos y luego se casa con un viudo con sus propios hijos. Semana tras semana, la familia que no coincide se enfrenta a una situación absurda tras otra: cada una se resuelve en 30 minutos sin falta de humor ingenioso en el proceso. Tal vez la situación anterior hace para entretener a la televisión. Pero un divorcio de la vida real no es una comedia. Por el contrario, el proceso es doloroso. "El divorcio es un litigio", escribe M. Gary Neuman en su libro Infidelidad emocional. "Alguien está demandando a alguien. En el momento en que usted decide divorciarse, está renunciando al control sobre su hijo. También estás renunciando al control sobre tus finanzas, y quizás incluso donde vivirás. Puede resolver sus problemas en la mediación, pero tal vez no. En última instancia, un extraño llamado juez podría ser el que le diga con qué frecuencia verá a su hijo y cuánto dinero guardará. Desafortunadamente, ese extraño no piensa exactamente como tú". A menudo, el divorcio simplemente cambia un conjunto de problemas por otro. De hecho, todo, desde los arreglos de vivienda hasta el estado financiero, puede cambiar, y probablemente no sea para mejorar. Y luego está el impacto que tiene el divorcio en los niños.

'ESTA VEZ LO CONSEGUIRÉ'

Los estudios revelan que los matrimonios secundarios tienen una tasa de fracaso más alta que los primeros, y los matrimonios terceros se ven aún peor. En su libro Infidelidad emocional, M. Gary Neuman señala una razón para esto. "Si tienes dificultades en tu primer matrimonio", escribe, "no se trata solo de tu mala elección de cónyuge. Es sobre ti. Te enamoraste de esta persona. Trabajó con esta persona para crear lo que tenga o no tenga". ¿La conclusión de Neuman? "Es mejor deshacerse del problema y mantener a su cónyuge que deshacerse de su cónyuge y mantener el problema". Los autores están totalmente de acuerdo con esta presentación.

Divorcio y Adolescentes

El divorcio puede devastar a los niños, independientemente de su edad. Algunos afirman que a los adolescentes les va mejor. Después de todo, según el razonamiento, son más maduros y están en proceso de separarse de sus padres de todos modos. Sin embargo, los investigadores ven la otra cara de la moneda. Han descubierto que, debido a esos factores, el divorcio puede afectar más fuertemente a los adolescentes. Considere lo siguiente: A medida que avanzan hacia la edad adulta, los adolescentes son muy inseguros, quizás incluso más que cuando eran niños. No dejes que su racha independiente te engañe: los adolescentes necesitan el ancla de la estabilidad familiar como nunca. En el mismo momento en que los adolescentes aprenden a forjar amistades maduras, el divorcio les enseña a ser escépticos de valores como la confianza, la lealtad y el amor. Más tarde, como adultos, pueden evitar relaciones cercanas por completo. Si bien es común que los niños de todas las edades presenten su dolor, es más probable que los adolescentes lo hagan de manera peligrosa, incluida la delincuencia, el abuso del alcohol y el abuso de drogas. Esto no quiere decir que los adolescentes cuyos padres se divorcian están condenados emocionalmente o de otra manera. Pueden tener éxito, especialmente si tienen una relación con ambos padres.

Sin embargo, es ingenuo pensar que el divorcio siempre será, como algunos dirían, "mejor para los hijos" o que pondrá fin a toda tensión entre los cónyuges. De hecho, algunos encuentran que tienen que lidiar más con su cónyuge "intolerable" después del divorcio que antes y en asuntos mucho más volátiles, como el apoyo financiero o la custodia de los hijos. En tales casos el divorcio no termina con los problemas familiares; simplemente los mueve a una arena diferente.

La Biblia reconoce que las circunstancias extremas pueden llevar al divorcio. Si ese es el caso de su familia, ¿cómo puede ayudar a sus hijos adolescentes a sobrellevar la situación? Dile a tu adolescente lo que está sucediendo. Si es posible, ambos padres deben hacer esto. Juntos, hágale saber a su adolescente que la decisión de divorciarse es definitiva. Asegúrele que él o ella no tienen la culpa y que ambos padres lo seguirán amando.

Sal del Campo de Batalla, la Guerra Ha Terminado.

Algunos padres permanecen enredados en el conflicto mucho después del divorcio. Se convierten en combatientes legalmente divorciados, pero todavía comprometidos emocionalmente que no han podido negociar una tregua con la paz. Esto no solo priva a los adolescentes de sus padres, ya que papá y mamá siempre parecen estar atrapados en una escaramuza u otra, sino que también los alienta a enfrentar a un padre con el otro para salir adelante. Por ejemplo, un niño podría decirle a su madre: "Papá me das permiso de llegar tan tarde como quiera. ¿Por qué no lo harás? ". No queriendo que su hijo desertara al" campo enemigo ", mamá se rindió. Si comparte la custodia, aliente a su adolescente a tener una relación saludable con su excónyuge. Deja que tu adolescente hable. Los adolescentes pueden razonar: 'Si mis padres dejaron de amarse unos a otros, pueden dejar de amarme' o 'Si mis padres rompieron las reglas, ¿por qué no puedo yo romperlas?' Para aliviar los temores de su adolescente y corregir el pensamiento defectuoso, déle a él o ella la oportunidad de hablar. Pero tenga cuidado: no cambie de rol y busque a su adolescente para obtener apoyo emocional. Este es tu hijo, no tu confidente. Anime al adolescente a tener una relación saludable con su excónyuge. La persona con quien se divorció es su excónyuge, pero no el ex padre de su hijo. Hablar mal de esa persona es perjudicial. Dice el libro Teens in Turbes: Un camino hacia el cambio para padres, adolescentes y sus familias: "Si los padres eligen usar a sus hijos como artillería en el campo de batalla del divorcio, deben esperar cosechar lo que han sembrado." A veces, te sentirás abrumado. Pero no te rindas.

Mantener una Rutina Saludable.

Si eres cristiano, mantente involucrado en actividades espirituales. Si lo hace, le ayudará a usted y a su adolescente a mantener el equilibrio. — Salmo 18: 2; Mateo 28:19, 20; Hebreos 10:24, 25. Según la Biblia, solo las relaciones sexuales fuera del matrimonio proporcionan las bases adecuadas para terminar el matrimonio con la oportunidad de volver a casarse. (Mateo 19: 9) Si ocurre la infidelidad, depende de la pareja inocente, no de los miembros de la familia u otras personas, decidir si el divorcio es la mejor opción (Gálatas 6: 5). Una tercera opción: ¿Qué pasa si usted está en un matrimonio con problemas y tiene algo que ver con el divorcio? Este libro ha presentado razones de peso para reconsiderar. El divorcio no es una cura para la miseria marital. Pero no malinterprete: la respuesta no es simplemente tolerar un mal matrimonio. Hay otra opción: si su matrimonio está en problemas, ¿por qué no trabajar para mejorarlo? No descarte apresuradamente esta idea afirmando que sus problemas conyugales son incurables. Hágase estas preguntas: '¿Qué cualidades me atrajeron inicialmente a mi cónyuge? ¿Acaso esas cualidades no están todavía allí en cierta medida? '(Proverbios 31:10, 29.' ¿Se pueden reavivar los sentimientos que tenía antes del matrimonio?'- Canción de Salomón 2: 2; 4: 7. 'A pesar de las acciones de mi compañero, ¿qué puedo hacer para aplicar las sugerencias que se encuentran en este libro?' - Romanos 12:18. '¿Puedo explicarle a mi compañero (cara a cara o por escrito) cómo me gustaría que mejorara nuestra relación?' - Trabajo 10: 1. "¿Podemos sentarnos con un amigo maduro que pueda ayudarnos a establecer metas realistas para mejorar nuestro matrimonio?" (Proverbios 27:17). La Biblia dice: "El astuto considera sus pasos" (Proverbios 14:15). Este principio se aplica no solo cuando se elige un compañero, sino también cuando se considera qué hacer con una relación matrimonial que está fallando. De hecho, tal como se expone en Secretos del éxito familiar, las familias exitosas también tienen problemas: la diferencia está en cómo los manejan. Para ilustrar: Imagina que te has embarcado en un largo viaje en coche. Es inevitable que encuentre problemas a lo largo del camino, incluido el mal tiempo, los atascos y los obstáculos. En ocasiones, incluso puede perderse. ¿Qué harás? ¿Dar la vuelta y regresar o encontrar una manera de superar el obstáculo y avanzar? El día de su boda, se embarcó en un viaje que seguramente traería muchos problemas, ya que la Biblia dice que "los que se casen tendrán dolor y pena" (1 Corintios 7:28,) la pregunta es no si surgirán problemas, sino cómo los enfrentarás cuando lo hagan. ¿Puedes encontrar una manera de superar el obstáculo y avanzar? Incluso si sientes que tu matrimonio está perdido, ¿tratarás de obtener ayuda? - Santiago 5:14. Trabaja para mantener el compromiso que hiciste el día de tu boda.

Una institución divina: el matrimonio es una institución divina que no debe tomarse a la ligera. (Génesis 2:24) Cuando los problemas parecen insuperables, recuerde los puntos discutidos en este capítulo. Intenta reavivar el amor que alguna vez sentiste. — Canción de Salomón 8: 6. Decida qué puede hacer para mejorar su matrimonio y luego hágalo (Santiago 1:22). Dígale a su compañero de manera clara pero respetuosa, ya sea cara a cara o por escrito, las mejoras que cree que deben hacerse en el matrimonio. — Job 7:11. Consigue ayuda. ¡No tienes que salvar tu matrimonio por ti mismo!

Este capítulo se centra en los adolescentes, pero el divorcio afecta también a los niños más pequeños. Es cierto que esto no siempre es posible, especialmente si un padre ha abandonado a la familia o es de alguna otra manera descaradamente irresponsable o incluso peligroso. (1 Timoteo 5: 8).

La casa en ruinas muestra signos de abandono. A lo largo de los años, ha resistido muchas tormentas, no todas con éxito. Ahora la estructura es frágil y el colapso de la casa parece inminente. Esa imagen describe el estado de muchos matrimonios de hoy. ¿Alguna vez has sentido que tu propio matrimonio puede ir en la misma dirección? Si es así, tenga la seguridad de que ninguna pareja es inmune a los problemas. De hecho, la Biblia reconoce de manera realista que aquellos que se casan probablemente tengan "dolor y pena" (1 Corintios 7:28). Subrayando la veracidad de esas palabras, un equipo de investigadores describe el matrimonio como "la empresa más arriesgada que habitualmente asume el mayor número de personas en nuestra sociedad". Añaden: "Lo que comienza como una relación de gran alegría y promesa puede convertirse el esfuerzo más frustrante y doloroso en la vida de una persona ". ¿Qué hay de tu matrimonio? ¿Se caracteriza por uno o más de los siguientes rasgos? Discusión constante, lenguaje amargo, infidelidad, resentimiento, si tu matrimonio parece frágil y su colapso parece inminente, ¿qué debes hacer? ¿Es realmente el divorcio la respuesta?

"DE LOS MARGENES A LA PRINCIPAL"

En algunas tierras, las tasas de divorcio se han disparado. Consideremos a los Estados Unidos, donde durante muchos años el divorcio fue relativamente poco común. Después de 1960, escribe Barbara Dafoe Whitehead en su libro *The Divorce Culture*, "la tasa se aceleró a un ritmo deslumbrante". Afirma: "Se duplicó en aproximadamente una década y continuó su ascenso ascendente hasta principios de los 80, cuando se estabilizó en el nivel más alto". nivel entre las sociedades occidentales avanzadas. Como consecuencia de este aumento sostenido, el divorcio pasó de los márgenes a la corriente principal de la vida estadounidense en el espacio de tres décadas ".

CUATRO COSAS QUE DEBES SABER SOBRE EL DIVORCIO

Después de evaluar el daño, los propietarios tienen una opción: derribar la casa o salvarla. ¿Está tu matrimonio en una coyuntura similar? Quizás su cónyuge haya traicionado su confianza o los conflictos recurrentes han minado la alegría de su relación. Si es así, podría decirse a sí mismo: 'Nos hemos enamorado' o 'No estamos hechos el uno para el otro' o 'No sabíamos lo que estábamos haciendo cuando nos casamos'. Incluso podrías estar pensando, 'Tal vez deberíamos divorciarnos'. Antes de tomar una decisión apresurada para terminar tu matrimonio, piensa. El divorcio no siempre termina con las ansiedades de la vida. Por el contrario, a menudo simplemente cambia un conjunto de problemas por otro. En su libro The Good Enough Teen, el Dr. Brad Sachs advierte: "Las parejas que se separan fantasean con el divorcio perfecto: el paso repentino y permanente de un conflicto gris y tormentoso, reemplazado por la brisa fresca y reconfortante de la serenidad y la simpatía. Pero tal estado es tan eternamente esquivo como lo es el matrimonio perfecto ". Es importante, entonces, estar completamente informado y abordar la cuestión del divorcio de manera realista.

La Biblia y el Divorcio

La Biblia no trata el divorcio a la ligera. Afirma que Jehová Dios considera traicionero y odioso el hecho de despojarse de la pareja, tal vez con el motivo de tener otro cónyuge. (Malaquías 2: 13-16) El matrimonio es un vínculo permanente. (Mateo 19: 6) Muchos matrimonios que se separaron por motivos triviales podrían haberse salvado si los socios hubieran sido más indulgentes. (Mateo 18:21, 22). Al mismo tiempo, la Biblia permite el divorcio y el nuevo matrimonio por un motivo: sexual Relaciones fuera del matrimonio. (Mateo 19: 9) Por lo tanto, si se entera de que su pareja ha sido infiel, tiene el derecho de terminar el matrimonio. Otros no deben imponer sus puntos de vista sobre usted, y no es el propósito de este artículo decirle qué hacer. Al final, eres tú quien vivirá con las consecuencias; por lo tanto, usted es quien debe decidir. - Gálatas 6: 5. Sin embargo, la Biblia dice: "El astuto considera sus pasos". (Proverbios 14:15) Por lo tanto, incluso si tiene motivos bíblicos para el divorcio, haría bien en reflexionar seriamente sobre lo que implicará ese paso. (1 Corintios 6:12) "Algunos pueden pensar que tienen que decidir rápidamente", dice David, en Gran Bretaña. "Pero habiendo pasado por un divorcio, puedo decir por experiencia que el tiempo es necesario para pensar las cosas".

Permítanos considerar cuatro temas importantes en los que debe pensar. Mientras lo hacemos, tenga en cuenta que ninguna de las personas divorciadas citadas dice que tomó una decisión equivocada. Sin embargo, sus comentarios resaltan algunos de los desafíos que a menudo surgen en los meses e incluso años después de terminar un matrimonio.

1. El problema de las finanzas: Daniela, en Italia, estuvo casada durante 12 años cuando descubrió que su esposo había tenido una aventura con un colega. "Cuando lo supe", dice Daniela, "la mujer tenía seis meses de embarazo". Después de un período de separación, Daniela decidió divorciarse. "Traté de salvar mi matrimonio", dice, "pero mi esposo continuó siendo infiel". Daniela siente que tomó la decisión correcta. Aún así, ella relata: "Tan pronto como nos separamos, mi situación económica se volvió desastrosa. A veces ni siquiera tenía una cena. Solo tomaría un vaso de leche". María, en España, sufrió un revés similar. "Mi exesposo no nos da ningún apoyo financiero", dice, "y tengo que trabajar muy duro para pagar las deudas que él tenía. También tuve que mudarme de una casa cómoda a un apartamento pequeño en un área insegura". Como lo demuestran estas experiencias, la ruptura de un matrimonio a menudo asesta un golpe económico devastador para las mujeres. De hecho, un estudio europeo de siete años reveló que si bien los ingresos de los hombres aumentaron en un 11 por ciento después del divorcio, los ingresos de las mujeres disminuyeron en un 17 por ciento. "Es difícil para algunas mujeres", dice Mieke Jansen, quien dirigió el estudio, "porque tienen que cuidar a los niños, encontrar un trabajo y lidiar con el trauma emocional del divorcio". El Daily Telegraph de Londres señaló que según algunos Los abogados, tales factores son "obligar a las personas a pensar dos veces antes de dividirse". Lo que podría suceder: si se divorcia, puede haber una reducción en sus ingresos. También es posible que tenga que moverse. Si conserva la custodia, puede ser difícil mantenerse y atender adecuadamente las necesidades de sus hijos. (1 Timoteo 5: 8).

2. Problemas de la crianza de los hijos: "La infidelidad de mi esposo fue un shock terrible", dice una mujer en Gran Bretaña llamada Julia. "Además, me sentí devastada al pensar que él realmente optó por dejarnos". Julia se divorció de su marido. Ella todavía cree que tomó la decisión correcta, pero admite: "Uno de los desafíos que enfrenté fue tener que ser mamá y papá para los niños. Yo mismo tuve que tomar todas las decisiones". La situación era similar a la de Graciela, una madre divorciada en España. "Me dieron la custodia completa de mi hijo de 16 años", dice ella. "Pero la adolescencia es un momento difícil, y estaba mal preparada para criar a mi hijo sola. Pasé días y noches sollozando. Me sentía como un fracaso como madre". Aquellos que comparten la custodia pueden enfrentar un problema adicional: tener que negociar con el excónyuge en temas tan delicados como los arreglos de visitas, la manutención de los hijos y la disciplina. Camila, una madre divorciada en los Estados Unidos, dice: "Crear una relación de trabajo con su ex no es fácil. Hay tantas emociones involucradas, y si no tiene cuidado, podría terminar usando a su hijo como una herramienta para tratar de manipular la situación". Lo que podría suceder: los acuerdos de custodia establecidos en un tribunal de justicia pueden no serlo. lo que preferirías Si comparte la custodia, es posible que su excónyuge no sea tan razonable como les gustaría con respecto a los asuntos mencionados de visitas, apoyo financiero, etc.

"EL CUMPLEAÑOS DE CADA NIÑO"

"Cuando tenía cinco años, mi padre tuvo una breve relación con su secretaria y mis padres se divorciaron. En cuanto a cuidarme, hicieron todo "bien" de acuerdo con la sabiduría del día. Me aseguraron que, si bien ya no se amaban, seguían amándome, y luego de que mi padre se fue a su apartamento de soltero en la ciudad, ambos continuaron atendiendo mis necesidades materiales. "Dos años después, mi madre se volvió a casar y nos mudamos del país. Después de eso, solo veía a mi padre cada pocos años. Lo he visto una sola vez en los últimos nueve años. Extrañó la mayor parte de mi crecimiento y no conoce a mis tres hijos, sus nietos, excepto a través de lo que he compartido con él en cartas y fotos. Han echado de menos conocer a su abuelo. "Como hijo de divorcio, crecí sin ninguna cicatriz visible. Pero en el interior luché contra monstruos de rabia, depresión e inseguridad sin saber por qué. Mi confianza en los hombres era inexistente. No fue hasta que tenía unos 30 años que un amigo maduro me ayudó a identificar las raíces de mi hostilidad y comencé a trabajar para dejarlo. "El divorcio de mis padres me quitó el derecho de nacimiento de todos los niños: el sentimiento de estar seguro y protegido. El mundo es un lugar frío y aterrador, pero me parece que la unidad familiar es un muro contra él, donde el niño puede sentirse nutrido y consolado. Destruye la unidad familiar, y la pared protectora también se desmorona ". - Lorena.

3. El efecto del divorcio en usted: Marcos, de Gran Bretaña, fue traicionado por su esposa más de una vez. "La segunda vez", dice, "no pude hacer frente a la posibilidad de que pudiera volver a suceder". Marcos se divorció de su esposa, pero descubrió que sus sentimientos por ella se demoraban. "Cuando las personas dicen cosas negativas sobre ella, creen que están ayudando; pero no lo son", dice. "El amor permanece por mucho tiempo". David, citado anteriormente, quedó igualmente devastado cuando descubrió que su esposa estaba involucrada con otro hombre. "Reaccioné con total incredulidad", dice. "Realmente quería pasar todos los días de mi vida con ella y nuestros hijos". David optó por divorciarse, pero la ruptura lo dejó con dudas sobre su futuro. "Me pregunto si alguien realmente podría amarme o si esto podría volver a ocurrir si me vuelvo a casar", dice. "Mi confianza ha sido sacudida". Si está divorciada, es de esperar que experimente una amplia gama de emociones. Por un lado, es posible que aún sientas amor por esta persona con quien compartiste un vínculo de una sola carne. (Génesis 2:24) Por otro lado, puedes sentirte resentido por lo que ha ocurrido. "Incluso después de varios años", dice Graciela, citado anteriormente, "te sientes confundido, humillado e indefenso. Muchos momentos felices de su matrimonio vienen a la mente, y piensas: 'Él solía decirme que no podía vivir sin mí. ¿Siempre estaba mintiendo? ¿Por qué sucedió esto? "" Qué podría suceder: es posible que tenga sentimientos persistentes de ira y resentimiento por las

formas en que su cónyuge lo maltrató. A veces, la soledad puede ser abrumadora. — Proverbios 14:29; 18: 1.

4. El efecto del divorcio en los niños: " Fue devastador", dice José, un padre divorciado en España. "El peor momento fue cuando descubrí que el otro hombre era el marido de mi hermana. Solo quería morir". José descubrió que sus dos hijos, de dos y cuatro años, también se vieron afectados por el curso de su madre. "No pudieron llegar a un acuerdo con la situación", dice. "No entendían por qué su madre estaba viviendo con su tío y por qué los había llevado conmigo y me había mudado con mi hermana y mi madre. Si tuviera que ir a algún lugar, me preguntaban: "¿Cuándo volverás a casa?". o dirían, '¡Papá, no nos dejes!'" Los niños a menudo son las víctimas olvidadas en el campo de batalla del divorcio. Pero ¿y si dos padres simplemente no se llevan bien? En tal caso, ¿es el divorcio realmente "mejor para los niños"? En los últimos años, esa noción ha sido atacada, especialmente cuando los problemas conyugales no son extremos. El libro El legado inesperado del divorcio dice: "Muchos adultos que están atrapados en matrimonios muy infelices se sorprenderían al saber que sus hijos están relativamente contentos. No les importa si mamá y papá duermen en camas diferentes mientras la familia esté unida". Es cierto que los niños a menudo son conscientes de los conflictos de los padres y que la tensión matrimonial puede afectar a sus mentes y corazones jóvenes. Sin embargo, suponer que un divorcio automáticamente será en su mejor interés podría ser un error. "La estructura que proporciona el matrimonio parece ayudar a los padres a mantener el tipo de disciplina constante y moderada a la que responden los niños, incluso cuando el matrimonio es menos que ideal", escriben Linda J. Waite y Maggie Gallagher en su libro *The Case for Marriage*. Lo que podría suceder: el divorcio podría tener un efecto devastador en sus hijos, especialmente si no los alienta a tener una relación saludable con su excónyuge.

Este capítulo ha discutido cuatro factores que usted debería considerar si está pensando en el divorcio. Como se mencionó anteriormente, si su cónyuge ha sido infiel, la decisión es suya.

Cualquiera que sea el curso que elija, debe ser consciente de las consecuencias. Sepa qué desafíos enfrentará y esté preparado para enfrentarlos. Después de considerar el asunto, puede sentir que la mejor opción es trabajar para mejorar su matrimonio. ¿Pero es eso realmente posible?

"ATRAPADO EN EL MEDIO"

"Mis padres se divorciaron cuando yo tenía 12 años. De una manera, me sentí aliviado. Las cosas se pusieron mucho más tranquilas y pacíficas en la casa; Ya no tenía que escuchar toda esa lucha. Aún así, tuve emociones encontradas. "Después del divorcio, quería llevarme bien con mis dos padres y me esforcé mucho por mantenerme lo más neutral posible. Pero no importa lo que hice, siempre me sentí atrapado en el medio. Mi papá me dijo que pensaba que mi mamá me iba a volver contra él. Así que tuve que tranquilizarlo constantemente que mi madre no estaba tratando de envenenar mi mente. Mi mamá también era muy insegura. Ella dijo que temía que yo escuchara cosas negativas que mi papá me contó sobre ella. Llegué al punto en que sentí que ya no podía hablar con ninguno de mis padres sobre lo que estaba pasando porque no quería lastimarlos. Así que, básicamente, desde la edad de 12 años, mantuve mis sentimientos sobre el divorcio para mí ". - Sandra.

Los propietarios reconocen que su casa está en malas condiciones, pero han decidido restaurarla. ¿Te gustaría hacer lo mismo con tu matrimonio? Si es así, ¿dónde puedes empezar? Prueba las siguientes sugerencias.

1. Hacer una resolución. - Póngase de acuerdo con su compañero en que trabajarán juntos para restablecer la paz en su matrimonio. Intenta escribir tus decisiones en papel. Cuando tanto usted como su cónyuge están comprometidos, salvar su matrimonio se convierte en un proyecto de equipo. — Eclesiastés 4: 9, 10.

2.Identifica el problema. - ¿Qué es lo que ha interferido con tu matrimonio? En una oración, escriba lo que cree que falta o lo que desea cambiar. (Efesios 4: 22-24) Comprensiblemente, el problema que usted identifique puede ser diferente del señalado por su cónyuge.

3. Establecer un objetivo. - ¿Dónde te gustaría que fuera tu matrimonio dentro de seis meses? ¿Qué mejoras específicas te gustaría ver? Escribe tu objetivo en el papel. Cuando tenga una visión clara de lo que necesita en su matrimonio, su meta será más fácil de alcanzar. (1 Corintios 9:26).

4. Aplicar el consejo de la Biblia. - Una vez que haya identificado su problema y haya determinado las mejoras que le gustaría hacer, consulte la Biblia para obtener consejos. Sus principios son atemporales, y realmente funcionan. (Isaías 48:17; 2 Timoteo 3:17) Por ejemplo, la Biblia los alienta a usted y a su cónyuge a perdonar. En efecto, la Biblia dice que "es belleza. . . pasar por alto la transgresión" (Proverbios 19:11); Efesios 4:32. Incluso si al principio tus esfuerzos parecen inútiles, ¡no te rindas! El libro The Case for Marriage reporta los resultados alentadores de un estudio, que dice: "La verdad es impactante: el 86 por ciento de las personas infelizmente casadas que lo sostienen descubren que, cinco años después, sus matrimonios son más felices". Incluso las parejas que se describieron a sí mismas como muy infeliz experimentaron un giro. Si bien lo mismo puede ser cierto para usted, la Biblia proporciona principios prácticos para las parejas casadas. Por ejemplo, muchos matrimonios mejoran cuando los cónyuges son amables y tiernamente compasivos y se perdonan libremente entre sí. Las esposas han aprendido el valor de mostrar un "espíritu tranquilo y apacible", y los esposos han experimentado los beneficios de no estar enojados con sus esposas. 1 Pedro 3: 4; Colosenses 3:19. Estos principios bíblicos son efectivos porque el Autor de la Biblia, Jehová Dios, creó el arreglo matrimonial. La casa en ruinas muestra signos de abandono. A lo largo de los años, ha resistido muchas tormentas, no todas con éxito. Ahora la estructura es frágil y el colapso de la casa parece inminente.

Esa imagen describe el estado de muchos matrimonios de hoy. ¿Alguna vez has sentido que tu propio matrimonio puede ir en la misma dirección? Si es así, tenga la seguridad de que ninguna pareja es inmune a los problemas. De hecho, la Biblia reconoce de manera realista que aquellos que se casan probablemente tengan "dolor y pena". - 1 Corintios 7:28, Subrayando la veracidad de esas palabras, un equipo de investigadores describe el matrimonio como "la empresa más arriesgada que se toma habitualmente por el mayor número de personas en nuestra sociedad ". Añaden:" Lo que comienza como una relación de gran alegría y promesa puede convertirse en el esfuerzo más frustrante y doloroso en la vida de una persona ". ¿Qué hay de su matrimonio? ¿Se caracteriza por uno o más de los siguientes rasgos? La discusión constante, el lenguaje amargo, la infidelidad, el resentimiento.

La familia: ¡un caso de emergencia!

"Y ellos vivieron felices para siempre." Ese final de cuento de hadas se aplica a cada vez menos matrimonios en la actualidad. La promesa de la boda de amarse "para bien o para mal, siempre y cuando ambos vivan" es muy a menudo sólo retórica. La posibilidad de tener una familia feliz parece ser una apuesta con las probabilidades en contra. Entre 1960 y 1990, las tasas de divorcio aumentaron a más del doble en la mayoría de los países industrializados occidentales. En algunas tierras se multiplicaron por cuatro. Por ejemplo, cada año se contraen cerca de 35,000 matrimonios en Suecia, y aproximadamente la mitad de ellos se separará, involucrando a más de 45,000 niños. Las parejas que conviven sin matrimonio se dividen a un ritmo aún mayor, afectando a decenas de miles de niños. Una tendencia similar está surgiendo en países de todo el mundo, como se puede ver en el recuadro. Es cierto que las familias rotas y la disolución de los matrimonios no son nuevas en la historia. El Código de Hammurabi del siglo XVIII aC incluía leyes que permitían el divorcio en Babilonia. Incluso la Ley Mosaica, instituida en el siglo XVI A.C., permitió el divorcio en Israel. (Deuteronomio 24: 1) Sin embargo, los lazos familiares nunca han sido más débiles que en este siglo XX. Hace más de una década, un columnista de un periódico escribió: "Dentro de cincuenta años, es posible que ni siquiera tengamos familias en el sentido tradicional. Es posible que hayan sido reemplazadas por colectivos de diferentes tipos". Y la tendencia desde entonces parece confirmar su idea. La institución familiar se ha deteriorado tan rápidamente que la pregunta "¿sobrevivirá?" es cada vez más relevante.

¿Por qué es tan difícil para tantas parejas mantenerse unidas y mantener una familia unida? ¿Cuál es el secreto de quienes se han mantenido juntos durante una larga vida, celebrando alegremente sus aniversarios de bodas de plata y oro? Incidentalmente, en 1983 se informó que un hombre y una mujer en la antigua república soviética de Azerbaiyán celebraron su centésimo aniversario de boda, a la edad de 126 y 116 años respectivamente. ¿Qué es la amenaza? En muchos países, algunos de los motivos del divorcio legal son el adulterio, la crueldad mental o física, la deserción, el alcoholismo, la impotencia, la locura, la bigamia y la adicción a las drogas. Sin embargo, una causa más general es que la actitud fundamental hacia el matrimonio y la vida familiar tradicional ha cambiado radicalmente, especialmente durante las últimas décadas. El respeto por una institución sagrada desde hace mucho tiempo se ha erosionado. Los codiciosos productores de música, películas, telenovelas y literatura popular han glorificado la llamada libertad sexual, la inmoralidad, la conducta imprecisa y el estilo de vida egocéntrico. Han promovido una cultura que ha contaminado las mentes y los corazones de jóvenes y viejos por igual. Una encuesta de 1996 mostró que el 22 por ciento de los estadounidenses dicen que un asunto extramarital a veces puede ser bueno para un matrimonio. Un número especial de uno de los periódicos más grandes de Suecia, Aftonbladet, instó a las mujeres a divorciarse porque "solo puede ser mejor". Algunos psicólogos y antropólogos del pop incluso han especulado que el hombre está "programado" por la evolución para cambiar de pareja cada pocos años. En otras palabras, están sugiriendo que los asuntos extramaritales y los divorcios son naturales. Algunos incluso argumentan que un divorcio de los padres puede ser bueno para los niños, ¡preparándolos para hacer frente a su propio divorcio algún día! Muchos jóvenes ya no desean vivir una vida familiar tradicional, con padre, madre e hijos. "No puedo imaginar vivir toda mi vida con la misma pareja", es una opinión popular. "El matrimonio es como la Navidad, solo un cuento de hadas. Simplemente no creo en eso", dijo un muchacho danés de 18 años. "La sensación es, por qué molestarse en vivir con [hombres] y lavar sus calcetines", declaró Noreen Byrne, del Consejo Nacional de Mujeres de Irlanda. "Simplemente salga y juegue con ellos ... Muchas mujeres están decidiendo que no necesitan hombres para sobrevivir".

Hogares de un Solo Padre en Aumento

En toda Europa, esta actitud ha llevado a un rápido aumento de la maternidad soltera. Algunos de estos padres solteros son adolescentes que sienten que un embarazo no planificado no es un error. Algunas son mujeres que quieren criar a sus hijos solas. La mayoría son madres que conviven con el padre durante algún tiempo, sin planes de casarse con él. La revista Newsweek publicó un artículo de portada el año pasado sobre la pregunta "¿La muerte del matrimonio?" Afirmó que el porcentaje de nacimientos vivos fuera del matrimonio está aumentando rápidamente en Europa y que a nadie parece importarle. Suecia puede encabezar la lista, con la mitad de todos los bebés nacidos fuera del matrimonio. En Dinamarca y Noruega es casi la mitad, y en Francia e Inglaterra, aproximadamente 1 de cada 3. En los Estados Unidos, las familias con dos padres han disminuido drásticamente en las últimas décadas. Un informe dice: "En 1960, ... el 9 por ciento de todos los niños vivían en hogares monoparentales. Para 1990, ese número había aumentado a 25 por ciento. Hoy en día, el 27.1 por ciento de todos los niños estadounidenses nacen en hogares monoparentales, un número que está en aumento ... Desde 1970, el número de familias monoparentales se ha más que duplicado. La familia tradicional está tan amenazada hoy que podría estar al borde de la extinción, dicen algunos investigadores ". En los países donde la Iglesia Católica Romana ha perdido gran parte de su autoridad moral, las familias monoparentales están aumentando. Menos de la mitad de los hogares italianos consisten de una madre, un padre e hijos, y la familia tradicional está siendo reemplazada por parejas sin hijos y hogares monoparentales. El sistema de bienestar en algunos países en realidad alienta a las personas a no casarse. Las madres solteras que reciben asistencia pública la perderían si se casan. Las madres solteras en Dinamarca reciben subsidios adicionales para el cuidado de niños, y en algunas comunidades, las madres menores de edad obtienen dinero extra y se les paga el alquiler. Por lo tanto, el dinero está involucrado. Alf B. Svensson afirma que un divorcio en Suecia les cuesta a los contribuyentes entre 250 mil y 375 mil dólares en subsidios, subsidios de vivienda y asistencia social. Las iglesias de la cristiandad parecen hacer poco o nada para tratar de revertir esta tendencia devastadora entre las familias.

Muchos pastores y clérigos luchan con sus propias crisis familiares, por lo que se sienten incapaces de ayudar a los demás. Algunos incluso parecen abogar por el divorcio. Aftonbladet del 15 de abril de 1996 informó que el pastor Steven Allen de Bradford, Inglaterra, compuso una ceremonia especial de divorcio, que sugiere que debería servir como un acto oficial en todas las iglesias británicas. "Es un servicio de curación ayudar a alguien a aceptar lo que les ha sucedido. Les ayuda a darse cuenta de que Dios todavía los ama y los libera de la herida". Entonces, ¿hacia dónde se dirige la institución familiar? ¿Hay esperanza para su supervivencia? ¿Pueden las familias individuales preservar su unidad mientras están bajo una amenaza tan masiva?

¡La familia es una necesidad humana!

Se afirma que la sociedad humana se siente tan bien como se sienten sus familias. La historia muestra que a medida que se erosiona el arreglo familiar, la fuerza de las comunidades y las naciones se debilita. Cuando la decadencia moral destruyó familias en la antigua Grecia, su civilización se desintegró, haciéndola vulnerable a la conquista por parte de los romanos. El Imperio Romano se mantuvo fuerte mientras las familias se mantuvieron fuertes. Pero a medida que pasaban los siglos, la vida familiar se debilitaba y la fuerza del imperio disminuía. "La seguridad y la elevación de la familia y de la vida familiar son los principales objetos de la civilización y los fines últimos de toda la industria", comentó Charles W. Eliot, ex presidente de la Universidad de Harvard. Sí, la familia es una necesidad humana. Tiene un efecto directo en la estabilidad de la sociedad y el bienestar de los niños y las generaciones futuras. Sin duda, hay muchas, muchas madres solteras que trabajan muy duro para criar a niños finos, y deben ser felicitados por su arduo trabajo. Sin embargo, los estudios muestran que los niños generalmente están mucho mejor si viven en una familia con ambos padres.

Un estudio australiano de más de 2,100 adolescentes encontró que "los adolescentes de familias desorganizadas tenían más problemas de salud en general, tenían más probabilidades de mostrar signos de problemas emocionales y eran más propensos a ser sexualmente activos que los niños de familias intactas". Un estudio realizado por el Instituto Nacional de Estadísticas de Salud de EE. UU. Reveló que los niños de hogares rotos tenían "20-30 por ciento más probabilidades de sufrir un accidente, 40-75 por ciento más probabilidades de tener que repetir un grado escolar, y 70 por ciento más probabilidades para ser expulsado de la escuela ". Y un analista de políticas informa que "los niños de hogares monoparentales tienen muchas más probabilidades de involucrarse en el crimen que los que crecen en hogares tradicionales".

El Hogar es el Asilo

El arreglo familiar ofrece un hogar feliz, edificante y agradable para todos. "La fuente más importante de felicidad y bienestar no es la carrera, las cosas, los pasatiempos ni los amigos, sino la familia", afirma una autoridad sueca. La Biblia muestra que cada familia en la tierra debe su nombre al Gran Creador de familias, Jehová Dios, en que él instituyó el arreglo familiar. (Génesis 1:27, 28; 2:23, 24; Efesios 3:14, 15) Sin embargo, en las Escrituras inspiradas, el apóstol Pablo pronosticó un ataque vicioso contra la familia, lo que resultó en una ruptura de la moralidad y la sociedad humana fuera del país. Congregacion cristiana Dijo que "los últimos días" estarían marcados por la deslealtad, la ausencia de "afecto natural" y la desobediencia a los padres, incluso entre aquellos que "tienen una forma de devoción piadosa". Instó a los cristianos a alejarse de tales. Jesús predijo que la oposición a la verdad de Dios dividiría a las familias. (2 Timoteo 3: 1-5; Mateo 10: 32-37). Sin embargo, Dios no nos ha dejado sin ayuda. En su Palabra se dedica mucho espacio a las instrucciones relativas a las relaciones familiares. Nos dice cómo podemos hacer que la familia sea un éxito y el hogar un lugar encantador donde cada miembro de la familia tiene la responsabilidad de cumplir con los demás. Efesios 5:33; 6: 1-4. ¿Es posible lograr una relación tan feliz en estos días cuando la familia está gravemente amenazada? ¡Sí, por cierto! Puede tener éxito en hacer de su familia un oasis agradable y refrescante en este difícil mundo desértico. Pero esto requiere algo de todos en el círculo familiar. Ayudando a tu familia a sobrevivir

Una de las mejores maneras en que una familia puede mantenerse unida es pasar tiempo juntos. Todos los miembros deben compartir voluntariamente su tiempo libre. Eso puede significar sacrificios. Sus adolescentes, por ejemplo, pueden tener que sacrificar algunos de sus programas de televisión, eventos deportivos o salidas con amigos. Ustedes, los padres, que generalmente son los principales proveedores de sustento, no usan el tiempo de ocio solo por un pasatiempo u otros intereses personales. Planee actividades con la familia, tal vez cómo pasar los fines de semana o vacaciones juntos. Por supuesto, planea algo que todos esperen y disfruten. Los niños necesitan más que el llamado tiempo de calidad, es decir, una media hora más o menos con los niños periódicamente. Necesitan cantidad. Un columnista de un diario sueco escribe: "Durante mis 15 años como reportero, he conocido a un gran número de delincuentes juveniles ... Un denominador común es que parecen haber estado expuestos a una educación de calidad:" Mis padres decian no hay tiempo.' 'Ellos nunca escucharon'. 'Siempre estaba viajando'. Como padre, siempre puede elegir la cantidad de tiempo que le dará a su hijo. Su elección se juzga 15 años después por un despiadado niño de 15 años ".

Vista adecuada del dinero

Todos los miembros también deben desarrollar una visión adecuada del dinero. Deben estar listos para unir lo que puedan para cubrir los gastos comunes de la familia. Muchas mujeres tienen que conseguir un trabajo para llegar a fin de mes, pero sus esposas deben estar conscientes de los peligros y las tentaciones que pueden encontrar. Este mundo los exhorta a "satisfacerse" a ustedes mismos ya "hacer sus propias cosas". Puede hacer que se vuelva independiente e insatisfecho con su papel dado por Dios como madre y ama de casa. (Tito 2:4-5). Si sus madres pueden estar en el hogar y ser una guía y amiga de sus hijos, sin duda contribuirá en gran medida hacia la creación de vínculos fuertes que ayudarán a mantener a su familia unida a través de gruesos y delgados. Una mujer puede contribuir de manera sobresaliente a hacer que un hogar sea feliz, seguro y funcional. "Se necesitan cien hombres para hacer un campamento, pero una mujer puede tener un hogar", dijo un político del siglo XIX. Si todos en la familia cooperan para vivir dentro del ingreso total de la familia, esto evitará muchos problemas para la familia. Las parejas deben acordar mantener la vida simple y anteponer los intereses espirituales. Los niños deben aprender a contentarse, no a exigir cosas que el presupuesto familiar no puede soportar. ¡Cuidado con el deseo de los ojos! La tentación de comprar cosas que no puede permitirse, endeudarse, ha llevado a muchas familias al naufragio. Puede ser bueno para la unidad familiar si todos juntan sus fondos para una empresa conjunta: un viaje refrescante, un equipo útil y agradable para el hogar o una contribución para apoyar a la congregación cristiana. Otra forma de "contribución" a un feliz espíritu familiar que todos los miembros de la familia deben reunir es compartir el trabajo de limpieza y mantenimiento: cuidar la casa, el jardín, el automóvil, etc. A cada miembro de la familia, incluso a los más jóvenes, se les podría asignar una parte de una tarea. Hijos, intentad no perder el tiempo. En su lugar, desarrollar un espíritu de ayuda y cooperación; esto resultará en una amistad y compañerismo genuinos, que construyen la unidad familiar.

Valor de la educación bíblica

En una familia cristiana unida, también se enfatiza la importancia del estudio bíblico regular. La discusión diaria de los textos bíblicos y un estudio semanal de las Sagradas Escrituras proporcionan una base para una familia unida. Las verdades y los principios bíblicos básicos deben discutirse juntos de una manera que conmueva los corazones de todos en la familia. Dichas sesiones familiares deben ser educativas, pero al mismo tiempo agradables y alentadoras. Una familia en el norte de Suecia solía hacer que los niños escribieran preguntas que surgieron durante la semana. Estas preguntas fueron discutidas en el estudio bíblico semanal. Las preguntas a menudo eran profundas y estimulantes y demostraron ser un reflejo de las habilidades de pensamiento de los niños y la apreciación de las enseñanzas bíblicas. Algunas preguntas fueron: "¿Dios hace que todo crezca todo el tiempo, o lo hizo solo una vez?" "¿Por qué dice la Biblia que Dios creó al hombre 'a su imagen' ya que Dios no es un hombre?" "¿Adán y Eva no se congelaron durante el invierno en el Paraíso porque estaban descalzos y no tenían ropa?" "¿Por qué necesitamos la luna en la noche cuando debería estar oscuro?" Los niños ahora han crecido y están sirviendo a Dios como ministros de tiempo completo.

Cuando manejan problemas familiares, sus padres hacen bien en esforzarse por ser positivos y alegres. Sea considerado y flexible, pero consistente, cuando se trata de prestar atención a principios importantes. Deje que los niños vean que el amor por Dios y sus principios correctos siempre gobiernan sus decisiones. El ambiente escolar a menudo es muy estresante y depresivo, y los niños necesitan mucho estímulo en el hogar para contrarrestar esa influencia. Padres, no pretendan ser perfectos. Admita errores y pida disculpas a sus hijos cuando sea necesario. Los jóvenes, cuando mamá y papá admiten un error, crecer en el amor a ellos. - Eclesiastés 7:16. Sí, una familia unida proporciona un hogar de paz, seguridad y felicidad. El poeta alemán Goethe dijo una vez: "Es el más feliz, el rey o el campesino, que encuentra su felicidad en casa". Para padres e hijos agradecidos, no debe haber lugar como el hogar. Es cierto que la familia está severamente amenazada hoy por las presiones del mundo en que vivimos. Pero como la familia es de Dios, sobrevivirá. Su familia sobrevivirá, y usted también lo hará si sigue las pautas justas de Dios para una vida familiar feliz.

CAPÍTULO CUATRO

QUÉ HACER CUANDO SE TERMINE EL VINO

Y al tercer día hicieron unas bodas en Caná de Galilea; y estaba allí la madre de Jesús. Y fueron también invitados a las bodas Jesús y sus discípulos. Y faltando el vino, la madre de Jesús le dijo: No tienen vino. Jesús le dijo: ¿Qué tienes contigo mujer? Aún no ha venido la hora. Su madre dijo a los que servian: Haced todo lo que os dijere. Yestaban ahi seis tinajas de piedra para agua, conforme al rito de la purificación de los judíos, en cada una de las cuales cabian dos a tres cantaros. Jesús les dijo: Llenad estas tinajas de agua. Y las llenaron hasta arriba. Entonces les dijo: Sacad ahora, y llevadlo al maestresala. Y se lo llevaron. Cuando el maestresala probó el agua hecha vino, sin saber él de dónde era (aunque lo sabían los sirvientes que habían sacado el agua), llamó al esposo, y le dijo: Todo hombre sirve primero el buen vino y cuando han bebido mucho, entonces el inferior; mas tú has reservado el buen vino hasta ahora. Este principio de señales hizo Jesús en Caná de Galilea, y manifestó su gloria; y sus discípulos creyeron en él. Juan 2: 1-11

Qué hacer cuando un compañero es infiel o usted está atrapado en un matrimonio sin amor:

En una sociedad altamente divorciada, no solo es más probable que los matrimonios más infelices terminen en divorcio, sino que además, es probable que más matrimonios se vuelvan infelices. Se ha dicho que gran parte de la felicidad de la vida y gran parte de su miseria emanan de la misma fuente: el matrimonio. De hecho, pocas cosas en la vida tienen el potencial de proporcionar tanto éxtasis como tanta angustia. Como lo indica el recuadro que lo acompaña, muchas parejas tienen más de lo que les corresponde. Pero las estadísticas de divorcio revelan solo una parte del problema. Por cada matrimonio que se hunde, muchos otros permanecen a flote, pero están atrapados en aguas estancadas. "Solíamos ser una familia feliz, pero los últimos 12 años han sido horribles", confezo una mujer casada durante más de 30 años. "Mi esposo no está interesado en mis sentimientos. Él es verdaderamente mi peor enemigo emocional". De manera similar, un esposo de casi 25 años se lamentó: "Mi esposa me ha dicho que ya no me quiere. Ella dice que si podemos ser como compañeros de cuarto y cada uno va por caminos separados cuando se trata del tiempo libre, la situación puede ser tolerado ". Por supuesto, algunos en tales situaciones desesperadas terminan su matrimonio. Para muchos, sin embargo, el divorcio está fuera de discusión. ¿Por qué? Según la Dra. Karen Kayser, factores como los niños, el estigma de la comunidad, las finanzas, los amigos, los familiares y las creencias religiosas pueden mantener a una pareja unida, incluso en un estado sin amor. "Es poco probable que se divorcien legalmente", dice, "estos cónyuges eligen quedarse con una pareja de la que están divorciados emocionalmente". ¿Debe una pareja cuya relación se ha enfriado, resignarse a una vida de insatisfacción? ¿Un matrimonio sin amor es la única alternativa al divorcio? La experiencia demuestra que muchos matrimonios problemáticos pueden salvarse, no solo de la agonía de la ruptura, sino también de la miseria del desamor.

Divorcio Alrededor El Mundo

Australia: la tasa de divorcio casi se ha cuadruplicado desde principios de los años sesenta.

Gran Bretaña: según las predicciones, 4 de cada 10 matrimonios terminarán en divorcio.

Canadá y Japón: el divorcio afecta alrededor de un tercio de los matrimonios.

Estados Unidos: desde 1970, las parejas que se casan no tienen más de 50-50 posibilidades de permanecer juntas.

Zimbabue: el divorcio termina con aproximadamente 2 de cada 5 matrimonios.

¿Por qué se desvanece el amor? Parece mucho más fácil enamorarse que permanecer enamorado. La proliferación de matrimonios sin amor tal vez no sea sorprendente. El matrimonio es una relación humana compleja, y muchos lo entienden con poca preparación.

Estamos obligados a demostrar cierta habilidad al obtener una licencia de conducir, pero se pueden obtener licencias de matrimonio para una firma. Por lo tanto, mientras que muchos matrimonios prosperan y son verdaderamente felices, hay una gran cantidad de experiencias. Tal vez uno o ambos cónyuges se casaron con altas expectativas, pero carecen de las habilidades necesarias para una relación a largo plazo. Cuando las personas se acercan por primera vez, sienten una tremenda sensación de validación entre ellas. Ellos sienten como si su pareja eran la única persona en la tierra que ve las cosas como lo hacen. Ese sentimiento a veces se desvanece, y cuando lo hace, puede tener un alto costo en el matrimonio. Afortunadamente, muchos matrimonios no llegan a ese punto. Pero consideremos brevemente algunos de los factores que en algunos casos han hecho que el amor se desvanezca.

Desilusión: "Esto no es lo que esperaba"

"Cuando me casé con Jaime", dice Esmeralda, "pensé que seríamos la versión local de La Bella Durmiente y el Príncipe Azul, todo romance, ternura y consideración mutua". Sin embargo, después de un tiempo, el "príncipe" de Esmeralda no parecía tan encantador. "Terminé terriblemente decepcionada con él", dice ella. Muchas películas, libros y canciones populares pintan un retrato poco realista de amor. Mientras corteja, un hombre y una mujer pueden sentir que están experimentando un sueño hecho realidad; ¡Pero después de algunos años de matrimonio, concluyen que realmente deben haber estado soñando! Cualquier cosa menos que un romance de cuentos puede hacer que un matrimonio viable parezca un completo fracaso. Por supuesto, algunas expectativas en el matrimonio son totalmente apropiadas. Por ejemplo, es apropiado esperar amor, atención y apoyo de la pareja. Sin embargo, incluso estos deseos pueden quedar sin cumplir. "Casi siento que no estoy casada", dice Malena, una joven novia de la India. "Me siento sola y descuidada".

Incompatibilidad: "No tenemos nada en común". "Mi esposo y yo estamos separados por casi 180 grados en prácticamente todo", dice una mujer. "No pasa ni un día que no me arrepienta amargamente de mi decisión de casarme con él. Simplemente estamos mal emparejados". Por lo general, a una pareja casada no le lleva mucho tiempo descubrir que no son tan parecidos como parecían ser durante el noviazgo. El matrimonio a menudo muestra características que los socios habían logrado ocultar de sí mismos a lo largo de su vida.

Como resultado, después del matrimonio, algunas parejas pueden llegar a la conclusión de que son completamente incompatibles. A pesar de algunas similitudes en el gusto y la personalidad, la mayoría de las personas se casan con grandes diferencias en estilo, hábitos y actitudes. Muchas parejas no saben cómo reconciliar esas diferencias.

¿Cómo se ven afectados los niños? - ¿Puede la calidad de su matrimonio afectar a sus hijos? Según el Dr. John Gottman, que ha investigado a las parejas casadas durante unos 20 años, la respuesta es sí. "En dos estudios de diez años", dice, "descubrimos que los bebés de padres infelices tienen ritmos cardíacos más altos durante las interacciones lúdicas y no son capaces de calmarse por sí mismos. Con el tiempo, los conflictos matrimoniales conducen a un menor rendimiento en la escuela, independientemente de del coeficiente intelectual de los niños ". En contraste, dice el Dr. Gottman, los hijos de parejas casadas bien adaptadas "se desempeñan mejor tanto académica como socialmente, porque sus padres les han enseñado cómo tratar a otras personas con respeto y manejar los trastornos emocionales".

Conflicto: "Siempre estamos discutiendo". "Nos sorprendió lo mucho que estábamos peleando, incluso gritando o incluso peor, hirviendo en silencio durante días", dice Celia, reflexionando sobre los primeros días de su matrimonio. En el matrimonio, los desacuerdos son inevitables. Pero ¿cómo se manejan? "En un matrimonio saludable", escribe el Dr. Daniel Goleman, "el esposo y la esposa se sienten libres de expresar una queja. Pero con demasiada frecuencia en el enojo de la ira, las quejas se expresan de manera destructiva, como un ataque al carácter del cónyuge".

Cuando esto sucede, la conversación es un campo de batalla donde los puntos de vista se defienden con determinación sombría y las palabras son armas en lugar de herramientas de comunicación. Una de las cosas más dañinas de los argumentos que se están saliendo de control es que las parejas tienden a decir cosas que amenazan la vida de su matrimonio.

Apatía: "Nos hemos rendido". "Me he rendido al tratar de hacer que nuestro matrimonio funcione", confesó una mujer después de cinco años de matrimonio. "Sé que nunca funcionará. Así que todo lo que me preocupa son nuestros hijos". Se ha dicho que el verdadero opuesto al amor no es el odio sino la apatía. De hecho, la indiferencia puede ser tan destructiva para un matrimonio como la hostilidad. Lamentablemente, sin embargo, algunos cónyuges se acostumbran tanto a un matrimonio sin amor que pierden toda esperanza de cambio. Por ejemplo, un esposo dijo que estar casado por 23 años se parecía a "estar en un trabajo que no te gusta". Añadió: "Haces lo mejor que puedes en la situación". Del mismo modo, una esposa llamada Alejandra ha renunciado a la esperanza de su esposo durante siete años. "Lo intenté muchas veces", dice ella, "y él siempre me decepcionó. Terminé en una depresión. No quiero pasar por eso otra vez. Si tengo muchas esperanzas, solo me lastimaré". "No esperaría nada, no disfrutaré las cosas, pero al menos no me deprimiré".

La desilusión, la incompatibilidad, el conflicto y la apatía son solo algunos de los factores que pueden contribuir a un matrimonio sin amor. Obviamente, hay más, algunos de los cuales se mencionan a continuación. Independientemente de la causa, ¿hay esperanza para los cónyuges que parecen estar atrapados en un matrimonio sin amor? "¿Existe una razón para la esperanza?" Matrimonios sin amor: otros factores

Dinero: Uno podría imaginar que el presupuesto ayudaría a unir a una pareja a través de la necesidad de trabajar juntos, juntar sus recursos para los aspectos básicos de la vida y disfrutar los frutos de su trabajo. Pero aquí, también, lo que podría vincular a una pareja en una empresa conjunta a menudo sirve para separarlos.

Paternidad: "Hemos encontrado que el 67 por ciento de las parejas experimentan una disminución significativa en la satisfacción conyugal después del nacimiento de su primer hijo, y hay ocho veces más conflictos. Esto se debe en parte a que los padres están cansados y no tienen mucho tiempo para ellos mismos. "- Dr. John Gottman.

Engaño: la infidelidad generalmente implica engaño, y el engaño, puro y simple, es una traición a la confianza. Con la confianza identificada como un componente crucial en todos los matrimonios exitosos a largo plazo, ¿es de extrañar que el engaño pueda causar estragos en una relación matrimonial?

Sexo: en el momento en que las personas solicitan el divorcio, la privación sexual de muchos años es sorprendentemente común. En algunos casos, la relación sexual nunca se estableció, y en otros, el sexo fue mecánico, simplemente un respiradero para las necesidades físicas de una pareja.

Un problema en los matrimonios en dificultades es la fuerte creencia de que las cosas no pueden mejorar. Tal creencia frustra el cambio porque le roba la motivación para intentar algo constructivo.

Imagina que tienes dolor y acude al médico para un chequeo. Estás ansioso, y es comprensible. Después de todo, su salud, incluso su propia vida, puede estar en juego. Pero suponga que después del examen, el médico le da la buena noticia de que, si bien su problema no es en absoluto trivial, puede tratarse. De hecho, el médico le dice que, si se adhiere cuidadosamente a un programa razonable de dieta y ejercicio, puede esperar una recuperación completa. Sin duda, te sentirás muy aliviado y con mucho gusto seguirás su consejo.

Compara este escenario con el tema en cuestión. ¿Estás experimentando dolor en tu matrimonio? Por supuesto, cada matrimonio tendrá su parte de problemas y desacuerdos. Por lo tanto, tener algunos momentos difíciles en su relación no significa que tenga un matrimonio sin amor. Pero ¿y si la dolorosa situación persiste durante semanas, meses o incluso años? Si es así, tiene razón, porque esto no es un asunto trivial. De hecho, la calidad de su matrimonio puede afectar virtualmente todos los aspectos de su vida y la de sus hijos. Se cree, por ejemplo, que la angustia marital puede ser un factor importante en problemas como la depresión, la baja productividad de los trabajadores y el fracaso de los niños en la escuela. Pero eso no es todo. Los cristianos reconocen que la relación que tienen con su pareja puede afectar su relación con Dios. — 1 Pedro 3: 7.

El hecho de que haya problemas entre usted y su cónyuge no significa que la situación sea desesperada. Hacer frente a la realidad del matrimonio (que habrá desafíos) puede ayudar a una pareja a poner sus problemas en perspectiva y trabajar para encontrar soluciones. Un esposo llamado Isaac dice: "No tenía idea de que era normal que las parejas subieran y bajaran en su nivel de felicidad en el transcurso de un matrimonio. ¡Pensé que algo andaba mal con nosotros!"

Incluso si su matrimonio se ha deteriorado a un estado sin amor, se puede salvar. Por supuesto, las heridas resultantes de una relación problemática pueden ser profundas, especialmente si los problemas han persistido durante años. Aún así, hay fuertes razones para la esperanza. La motivación es un factor crucial. Incluso dos personas con problemas matrimoniales graves pueden hacer mejoras si es lo suficiente para ambos.

Así que pregúntate: "¿Qué tan fuerte es mi deseo de lograr una relación satisfactoria?" ¿Usted y su pareja están dispuestos a hacer un esfuerzo para mejorar su matrimonio? A menudo me sorprende cómo se puede ayudar a una relación aparentemente mala cuando los socios trabajan juntos para corregir los déficits y reforzar los puntos fuertes de su matrimonio. Pero ¿qué pasa si su cónyuge es reacio a unirse? O, ¿qué pasa si él o ella parece ignorar el hecho de que hay un problema? ¿Es inútil para usted trabajar solo en el matrimonio? ¡De ninguna manera! Si realiza algunos cambios, esto en sí mismo puede provocar cambios en su socio, muy a menudo lo hace.

No concluya apresuradamente que esto no puede suceder en su caso. ¡Tal pensamiento derrotista puede ser en sí mismo la mayor amenaza para su matrimonio! Uno de ustedes necesita dar el primer paso. ¿Puede ser usted? Una vez que se establece el impulso, su cónyuge puede ver el beneficio de trabajar junto con usted para construir un matrimonio más feliz.

Por lo tanto, ¿qué puede hacer, ya sea como individuo o como pareja, para salvar su matrimonio? La Biblia es una ayuda poderosa para responder esta pregunta. Veamos cómo.

Es cierto que, en ciertos casos extremos, puede haber razones válidas para que los esposos se separen. (1 Corintios 7:10, 11) Además, la Biblia permite el divorcio por motivos de fornicación. (Mateo 19: 9) Si obtener un divorcio de un compañero infiel es una decisión personal, y otros no deben presionar al compañero inocente para que decida de una manera u otra. La Biblia está llena de consejos prácticos que pueden beneficiar a los esposos y esposas. Esto no es sorprendente, ya que Quien inspiró la Biblia es también el originador del arreglo matrimonial.

La Biblia pinta un cuadro realista del matrimonio. Reconoce que el esposo y la esposa tendrán "tribulación" o, como la Nueva Biblia inglesa lo traduce, "dolor y pena". (1 Corintios 7:28) Sin embargo, la Biblia también dice que el matrimonio puede y debe producir gozo, incluso éxtasis. (Proverbios 5:18, 19) Estos dos pensamientos no son contradictorios. Simplemente muestran que, a pesar de los graves problemas, una pareja puede lograr una relación cercana y amorosa.

¿Es que falta en su matrimonio? ¿El dolor y la decepción han ensombrecido la intimidad y la alegría que alguna vez caracterizaron su relación? Incluso si su matrimonio ha estado en un estado sin amor durante muchos años, se puede encontrar lo que se perdió. Por supuesto, tienes que ser realista. Ningún hombre y mujer imperfectos son capaces de lograr un matrimonio perfecto. Sin embargo, hay pasos que puede tomar para revertir las tendencias negativas.

Al leer este libro, intente identificar qué puntos se aplican particularmente a su matrimonio. En lugar de centrarse en las deficiencias de su pareja, seleccione algunas sugerencias que pueda poner en práctica y aplique el consejo de las Escrituras. Puedes encontrar que hay más esperanza para tu matrimonio de lo que te diste cuenta. Discutamos primero la actitud porque su punto de vista del compromiso y sus sentimientos hacia su cónyuge son de suma importancia.

Tu Visión del Compromiso

Una visión a largo plazo es esencial si va a trabajar en su matrimonio. Después de todo, el arreglo matrimonial fue diseñado por Dios para unir a dos humanos inseparablemente. (Génesis 2:24; Mateo 19: 4, 5) Por lo tanto, su relación con su cónyuge no es como un trabajo que puede abandonar o un departamento del que puede escapar simplemente rompiendo el contrato de arrendamiento y mudándose. Más bien, cuando te casaste hiciste una promesa solemne de quedarte con tu pareja, pase lo que pase. Un profundo sentimiento de compromiso se ajusta a lo que Jesucristo declaró hace casi 2,000 años: "Lo que Dios juntó, no lo separe el hombre" (Mateo 19: 6).

Algunos podrían decir: 'Bueno, todavía estamos juntos. ¿No es esto una prueba de que tenemos un sentido de compromiso? Quizás. Sin embargo, como se mencionó al principio de este libro, algunas parejas que permanecen juntas están atrapadas en aguas estancadas, atrapadas en un matrimonio sin amor. Tu objetivo es hacer que tu matrimonio sea placentero, no solo soportable. El compromiso debe reflejar lealtad no solo a la institución del matrimonio, sino también a la persona a quien usted ha prometido amar y apreciar (Efesios 5:33).

Las cosas que le dices a tu pareja pueden revelar cuán profundo es tu compromiso. Por ejemplo, en el calor de una discusión, algunos esposos y esposas hacen declaraciones apresuradas como "¡Te dejo!" o "voy a encontrar a alguien que me aprecie!" Incluso si tales comentarios no se significan literalmente, socavan el compromiso al implicar que la puerta siempre está abierta y que el orador siempre está preparado y listo para caminar a través de ella.

Para restaurar el amor en su matrimonio, elimine tales amenazas de sus conversaciones. Después de todo, ¿decoraría un apartamento si supiera que algún día podría mudarse de él? ¿Por qué, entonces, esperar que tu compañero trabaje en un matrimonio que puede no durar? Determine que intentará trabajar arduamente para encontrar soluciones.

Esto es lo que hizo una esposa después de pasar por un período turbulento con su esposo. "Por mucho que no le gustaba a él, no pensé en salir de la relación", dice ella. "Lo que se rompió, lo arreglaríamos de alguna manera. Y ahora, después de dos años muy difíciles, puedo decir honestamente que estamos muy felices juntos de nuevo".

Sí, compromiso significa trabajo en equipo, no solo coexistiendo sino trabajando hacia un objetivo común. Sin embargo, puede sentir que en este punto es solo un sentido del deber el que mantiene a su matrimonio unido. Si esto es así, no desesperes. Puede ser que el amor pueda ser recapturado. ¿Cómo?

Tirar la Pelota Suavemente

La Biblia dice: "Deja que tu expresión sea siempre con gracia, sazonada con sal, para saber cómo debes responder a cada uno". (Colosenses 4: 6) ¡Esto ciertamente se aplica en el matrimonio! Para ilustrar: en un juego de captura, lanzas la bola para que se pueda atrapar fácilmente. No lo arrojes con tanta fuerza que hagas daño a tu compañero. Aplique el mismo principio al hablar con su cónyuge. Lanzar comentarios amargos solo causará daño. En su lugar, hable con suavidad, con amabilidad, para que su pareja pueda captar su punto.

Honrando a su Cónyuge

La Biblia dice: "Sea honorable el matrimonio entre todos". (Hebreos 13: 4; Romanos 12:10) Las formas de la palabra griega traducida aquí como "honorable" se traducen en otras partes de la Biblia como "queridas", "estimadas" y "preciosas". Cuando valoramos mucho algo, hacemos esfuerzos minuciosos para cuidarlo. Quizás haya notado que para ser verdad de un hombre que posee un auto nuevo y caro. Mantiene su precioso auto brillante y en buen estado. Para él, incluso un pequeño rasguño es una gran catástrofe. Otras personas cuidan su salud de manera similar. ¿Por qué? Porque valoran su bienestar, y por eso quieren salvaguardarlo.

Muestra el mismo cuidado protector para tu matrimonio. La Biblia dice que el amor "espera todas las cosas". (1 Corintios 13: 7) En lugar de ceder ante el pensamiento derrotista, tal vez descartando el potencial de mejora diciendo: "Nunca estábamos realmente enamorados", "Nos casamos muy jóvenes" o "No sabíamos lo que hacíamos "¿por qué no esperamos mejores cosas y trabajamos para mejorar, esperando pacientemente los resultados? "Escucho a muchos de mis pacientes decir" ¡No puedo manejarlo más! ", Dice un consejero matrimonial. "En lugar de diseccionar la relación para ver qué partes necesitan mejoras, desechan de forma apresurada todo el esfuerzo, incluidos los valores que sí comparten, la historia que han reunido cuidadosamente y cualquier potencial para el futuro".

¿Qué historia compartes con tu pareja? Independientemente de las dificultades en su relación, seguramente puede pensar en tiempos agradables, logros y desafíos que enfrentó como equipo. Reflexione sobre estas ocasiones y demuestre que honra a su matrimonio y a su compañero de matrimonio trabajando sinceramente para mejorar sus relaciones. La Biblia muestra que Dios tiene un gran interés en cómo los matrimonios se tratan entre sí. Por ejemplo, en los días del profeta Malaquías, Dios censuró a los esposos israelitas que trataban a sus esposas de forma traicionera al divorciarlas frívolamente. (Malaquías 2: 13-16) Los cristianos quieren que su matrimonio brinde honor a Dios.

Nueva compañera, mismos problemas. Algunos cónyuges que se sienten atrapados en un matrimonio sin amor están tentados a comenzar de nuevo con una nueva pareja. Pero la Biblia condena el adulterio en su totalidad, ya sea por medio de pensamientos o en la práctica, afirmando que una persona que se involucra en este pecado "carece de corazón [" es un tonto sin sentido, "Nueva Biblia en inglés]" y "está trayendo su propia alma a la ruina ". (Proverbios 6:32) En última instancia, el adúltero impenitente pierde el favor de Dios, la peor clase de ruina posible (Hebreos 13: 4). La absoluta insensatez de un curso adúltero se muestra también de otras maneras. Por un lado, el adúltero que se enfrenta a un nuevo cónyuge es probable que se enfrente a los mismos problemas que afectaron a su primer matrimonio. Lo primero que su nuevo compañero aprendió sobre usted fue que está dispuesto a ser infiel. Él o ella sabe que puedes ser engañoso con alguien a quien prometiste honrar. Que eres genial con excusas. Que puedas distraerte del compromiso. Ese placer sensorial o gratificación del ego son el cebo que seguirás . . . ¿Cómo sabe el cónyuge número dos que no volverán a ser atraídos?

Conflicto: ¿Qué tan serio?

Un factor principal en los matrimonios sin amor parece ser la incapacidad del esposo y la esposa para manejar el conflicto. Como no hay dos personas exactamente iguales, todos los matrimonios tendrán desacuerdos ocasionales. Pero las parejas que están constantemente en desacuerdo pueden encontrar que con los años su amor se ha enfriado. Incluso podrían concluir: 'No estamos acoplados. ¡Siempre estamos luchando!

Sin embargo, la mera presencia del conflicto no tiene que ser la sentencia de muerte de un matrimonio. La pregunta es, ¿cómo se maneja el conflicto? En un matrimonio exitoso, el esposo y la esposa han aprendido a hablar sobre sus problemas sin convertirse, como lo llama un médico, en "enemigos íntimos".

¡Recordar viejas historias! - Leer cartas y tarjetas del pasado. Mira las imagenes. Pregúntate a ti mismo, '¿Qué me atrajo a mi pareja? ¿Qué cualidades admiro más? ¿En qué actividades compartimos? ¿Qué nos hizo reír? Luego habla de estos recuerdos con tu cónyuge. Una conversación que comience con la frase "¿Recordar el tiempo ...? " Puede ayudarlo a usted y a su cónyuge a revivir los sentimientos que una vez compartió.

"El poder de la lengua": ¿Saben usted y su pareja cómo hablar sobre sus problemas? Ambos deberían estar dispuestos a hablarles. En verdad, esta es una habilidad, una que puede ser difícil de aprender. ¿Por qué? Por un lado, todos nosotros ocasionalmente "tropezamos en la palabra" por ser imperfectos. (Santiago 3: 2) Luego, también, algunos se criaron en hogares donde se desató la ira de un padre de manera regular. Desde una edad temprana, fueron, en cierto sentido, entrenados para creer que los arrebatos temperamentales y el habla abusiva son normales. Un niño criado en tal ambiente puede crecer para convertirse en "un hombre dado a la ira", uno que está "dispuesto a la rabia". (Proverbios 29:22) De manera similar, una niña con tal educación puede convertirse en "una mujer de lengua amarga y enojada". (Proverbios 21:19, La Biblia en inglés básico) Puede ser difícil desarraigar patrones fuertemente arraigados de pensar e interactuar.

La gestión de conflictos, entonces, implica aprender nuevas formas de expresar los pensamientos. Esto no es un asunto trivial, porque un proverbio bíblico dice: "La muerte y la vida están en el poder de la lengua". (Proverbios 18:21) Sí, por simple que parezca, la forma en que habla con su cónyuge tiene el potencial de destruir su relación o de revivirla. "Existe el que habla sin pensar, como con las puñaladas de una espada", dice otro proverbio bíblico, "pero la lengua de los sabios es una curación" (Proverbios 12:18).

¿Te duelen tus palabras o se curan? Incluso si su compañero parece ser el principal delincuente en este sentido, piense en las cosas que dice durante un desacuerdo. ¿Te duelen tus palabras o se curan? ¿Provocan rabia o la apaciguan? "Una palabra que causa dolor hace subir la ira", dice la Biblia. En contraste, "una respuesta, cuando es suave, aleja la ira". (Proverbios 15: 1) Las palabras que causan dolor, incluso si se hablan con calma, inflamarán la situación.

Por supuesto, si algo te molesta, tienes derecho a expresarte. (Génesis 21: 9-12) Pero puedes hacerlo sin recurrir al sarcasmo, los insultos y las humillaciones. Establece límites firmes para ti mismo: algunas cosas que resolverás no decirle a tu pareja, como "Te odio" o "Me gustaría que nunca nos hubiéramos casado". Y aunque el apóstol Pablo no estaba discutiendo específicamente el matrimonio, es prudente evitar quedar atrapado en lo que él llamó "debates sobre palabras" y " disputas violentas sobre trivialidades". (1 Timoteo 6: 4, 5) Si su cónyuge usa tales métodos, no tiene que responder de la misma manera. En la medida en que dependa de ti, busca la paz. — Romanos 12:17, 18; Filipenses 2:14.

Es cierto que, cuando los temperamentos se encienden, es difícil controlar el habla. "La lengua es un fuego", dice la Biblia del apóstol Santiago. "Ningún hombre de la humanidad puede domarlo. Una cosa indisciplinada y dañina, está llena de veneno mortal". (Santiago 3: 6, 8) ¿Qué puedes hacer, entonces, cuando la ira comienza a crecer? ¿Cómo puedes hablar con tu pareja de una manera que calme el conflicto en lugar de agregarle combustible?

Desactivando Argumentos Explosivos

Algunos han descubierto que es más fácil reducir la ira y abordar los problemas subyacentes si ponen énfasis en sus sentimientos en lugar de en las acciones de su pareja. Por ejemplo, "Me siento herido por lo que dijiste " es mucho más efectivo que "Me lastimas" o "Debes saber mejor que decir eso". Por supuesto, cuando expreses cómo te sientes, el tono de tu voz no debe estar mezclado con amargura o desprecio. Tu objetivo debe ser resaltar el problema en lugar de atacar a la persona (Génesis 27:46-28:1).

Además, siempre recuerde que hay "un momento para guardar silencio y un momento para hablar". (Eclesiastés 3: 7) Cuando dos personas están hablando al mismo tiempo, ninguna de las dos escucha, y nada se logra. Entonces, cuando sea su turno de escuchar, sea "rápido en escuchar, despacio en hablar". Igualmente, importante, se "lento sobre la ira". (Santiago 1:19) No tome literalmente cada palabra áspera que su compañero pronuncie; ni "apúrate en tu espíritu para ofenderte". (Eclesiastés 7: 9) En su lugar, trata de percibir los sentimientos detrás de las palabras de tu pareja. "La percepción de un hombre ciertamente reduce su ira", dice la Biblia, "y es bello por su parte superar la transgresión". (Proverbios 19:11) La comprensión puede ayudar a un esposo o esposa a mirar debajo de la superficie de un desacuerdo.

Por ejemplo, la queja de una esposa de que su marido no pasa tiempo con ella probablemente no sea solo por horas y minutos. Puede tener más que ver con que se sienta descuidada o no apreciada. Del mismo modo, la queja de un marido con respecto a una compra impulsiva que hizo su esposa probablemente no sea solo de dólares y centavos. Puede ser más acerca de su sentimiento dejado fuera del proceso de toma de decisiones. El esposo o la esposa que tenga conocimiento explorará debajo de la superficie y llegará al núcleo del problema. — Proverbios 16:23.

¿Es más fácil decirlo que hacerlo? ¡Absolutamente! A veces, a pesar de los mejores esfuerzos, se pronunciarán palabras crueles y se desatarán los ánimos. Cuando vea que esto comienza a suceder, es posible que deba seguir los consejos de Proverbios 17:14: "Antes de que estallen las peleas, salga". No hay nada de malo en posponer la discusión hasta que los sentimientos se hayan calmado. Si es difícil hablar sin que las cosas se salgan de control, puede ser recomendable que un amigo maduro se siente con ustedes dos y los ayude a resolver sus diferencias.

Mantener una Perspectiva Realista

No se desanime si su matrimonio no es lo que usted imaginó que sería durante el noviazgo. Un equipo de expertos dice: "La felicidad interminable no es lo que es el matrimonio para la mayoría de las personas. Es maravilloso a veces y muy difícil en otras ocasiones". Sí, el matrimonio puede no ser un romance de cuentos, pero tampoco tiene que ser una tragedia. Si bien habrá ocasiones en las que usted y su cónyuge solo tendrán que aguantarse, también habrá ocasiones en las que puede dejar de lado sus diferencias y simplemente disfrutar de estar juntos, divertirse y hablarse como amigos. (Efesios 4: 2; Colosenses 3:13). Estos son los momentos en que usted puede reavivar el amor que se ha desvanecido.

Recuerda, dos humanos imperfectos no pueden tener un matrimonio perfecto. Pero pueden encontrar una medida de felicidad. De hecho, incluso con dificultades, la relación entre usted y su cónyuge puede ser una fuente de inmensa satisfacción. Una cosa es segura: si tanto usted como su pareja hacen un esfuerzo y están dispuestos a ser flexibles y buscar la ventaja de la otra persona, hay buenas razones para creer que su matrimonio puede ser salvado. — 1 Corintios 10:24.

La sabiduría De Proverbios de la Biblia - Proverbios 10:19: "En la abundancia de palabras no deja de haber transgresión, pero el que tiene refrenados sus labios está actuando discretamente". Cuando está molesto, puede decir más de lo que quiere decir, y más tarde lamentarlo. Proverbios 15:18: "Un hombre enfurecido suscita la contención, pero uno que es lento para enojarse se calla para pelearse". Las acusaciones punzantes probablemente harán que su cónyuge esté a la defensiva, mientras que la escucha del paciente ayudará a ambos a trabajar para llegar a una resolución. Proverbios 17:27: "Cualquiera que contenga sus dichos está poseído de conocimiento, y un hombre de discernimiento es frío de espíritu".

Cuando sientes que la ira se está acumulando, lo mejor es guardar silencio para evitar una confrontación en toda regla. Proverbios 29:11: "Todo su espíritu es lo que deja escapar un estúpido, pero el sabio lo mantiene tranquilo hasta el final". El autocontrol es vital. Un arrebato temperamental de palabras ásperas solo alienará a su cónyuge. La influencia de los padres no justifica el discurso áspero dirigido a la pareja. Sin embargo, puede ayudar a explicar cómo esta tendencia puede llegar a estar profundamente arraigada y ser difícil de desarraigar. La palabra griega original traducida como "disputas violentas sobre tonterías" también puede traducirse como "irritaciones mutuas".

CAPITULO CINCO

COMO TRIUNFAR EN EL MATRIMONIO.

Comparamos el fenómeno mundial de divorcio a un terremoto, los Estados Unidos estaría en el epicentro. En un año reciente, más de un millón de matrimonios terminaron allí, un promedio de dos por minuto. Pero bien puede ser consciente de que Estados Unidos no está solo en su miseria conyugal. Según un estudio, las tasas de divorcio en Canadá, Inglaterra y Gales, Francia, Grecia y los Países Bajos se han más que duplicado desde 1970.

Tenemos todas las razones para creer que la mayoría de las parejas entran en el matrimonio porque se aman y quieren pasar el resto de sus vidas juntas. Lamentablemente, sin embargo, el sueño de un matrimonio feliz a menudo resulta ser solo eso, un sueño. Al despertar a la realidad, muchos han dicho que se casaron demasiado pronto o se casaron con la persona equivocada o con ambos. ¿Por qué tantos matrimonios fallan? "La razón principal es la falta de preparación", dice el autor de un libro sobre el cortejo. Ella agrega: "Mientras trato con las parejas en medio de la angustia marital, me envuelven dos sentimientos: la compasión y la ira. Siento compasión porque no han descubierto sus sueños de una relación mutuamente satisfactoria. Siento ira debido a su ignorancia respecto a la complejidad de la tarea".

De hecho, muchos se casan con poca o ninguna idea de cómo hacer que tenga éxito. Sin embargo, esto no es sorprendente. ¿Cuántos de nuestros jóvenes van a la universidad estudiando sobre el comportamiento de ratas y lagartos, pero no aprenden sobre el comportamiento de dos personas llamadas esposo y esposa? ¿Está pensando en un matrimonio exitoso, ya sea en un posible matrimonio futuro o en ese matrimonio en el que está ahora? Si es así, debes tener en cuenta que una relación en la vida real es muy diferente de la que se muestra en películas, programas de televisión y novelas románticas. Al mismo tiempo, el matrimonio de dos personas maduras que están verdaderamente enamoradas puede considerarse una bendición de Dios. (Proverbios 18:22; 19:14) ¿Cómo, entonces, puedes estar seguro de que estás preparado para satisfacer las demandas del matrimonio? ¿Qué factores debes considerar al seleccionar un compañero? O si ya está casado, ¿cómo puede aumentar la probabilidad de encontrar una felicidad duradera en su matrimonio? Este capítulo responde a estas preguntas importantes.

¿Qué se necesita para un MATRIMONIO EXITOSO?

¿Elegirías bucear en un río sin antes aprender a nadar? Un acto tan tonto podría ser perjudicial, incluso mortal. Sin embargo, piense en cuántas personas se casan con poca conciencia de cómo asumir las responsabilidades involucradas. Nuestro señor JESÚS dijo: "¿Quién de ustedes que quiere construir una torre no se sienta primero y calcula el gasto, para ver si tiene suficiente para completarla?" (Lucas 14:28) Lo que es verdad de construir una torre también es verdad de construir un matrimonio. Quienes quieran casarse deben contar cuidadosamente el costo del matrimonio para asegurarse de que puedan satisfacer las demandas.

Una mirada al matrimonio: tener una pareja con quien compartir las alegrías y las tristezas de la vida es una verdadera bendición. El matrimonio puede llenar un vacío causado por la soledad o la desesperación. Puede satisfacer nuestro deseo innato de amor, compañía e intimidad. Con una buena razón, Dios dijo después de crear a Adán: "No es bueno que el hombre continúe solo. Le haré una ayuda, como complemento de él" (Génesis 2:18); 24:67; 1 Corintios 7: 9. Sí, estar casado puede resolver algunos problemas. Pero también introducirá algunos nuevos. ¿Por qué? Porque el matrimonio es la mezcla de dos personalidades distintas que son quizás compatibles, pero difícilmente idénticas. Por lo tanto, incluso las parejas bien emparejadas experimentarán conflictos ocasionales. El apóstol Pablo escribió que aquellos que se casan tendrán "tribulación en su carne", o como la Nueva Biblia inglesa lo traduce, "dolor y pena en esta vida corporal". 1 Corintios 7:28.

¿Estaba Pablo siendo pesimista? ¡De ningún modo! Simplemente instaba a los que consideraban el matrimonio a ser realistas. El sentimiento eufórico de sentirse atraído por alguien no es un indicador exacto de cómo será la vida matrimonial en los meses y años posteriores al día de la boda. Cada matrimonio tiene sus propios desafíos y problemas únicos. La pregunta no es si surgirán sino cómo enfrentarlos cuando lo hagan.

Los problemas le dan a los esposos la oportunidad de demostrar la autenticidad de su amor mutuo. Para ilustrar: un crucero puede parecer majestuoso ya que está inactivo, amarrado en un muelle. Su verdadera navegabilidad, sin embargo, se prueba en el mar, tal vez incluso en medio de las olas de una tormenta. De manera similar, la fuerza de un vínculo matrimonial no se define únicamente durante los momentos pacíficos de calma romántica. A veces, se prueba en circunstancias difíciles en las que una pareja soporta tormentas de adversidad. "La mejor descripción de amor que he leído" "¿Cómo sabes si estás realmente enamorado?" escribe el Dr. Kevin Leman. "Hay un libro antiguo que contiene una descripción del amor. El libro tiene casi dos mil años, pero sigue siendo la mejor descripción del amor que he leído". El Dr. Leman se refería a las palabras del apóstol Pablo que se encuentran en la Biblia en 1 Corintios 13: 4-8: "El amor es sufrido y amable. El amor no es celoso, no se jacta, no se infla, no comportarse de manera indecente, no busca sus propios intereses, no se provoca. No tiene en cuenta el daño. No se regocija por la injusticia, sino que se regocija con la verdad. Lleva todas las cosas, cree todas las cosas, espera todas las cosas, soporta todas las cosas. El amor nunca falla ". Para hacerlo, una pareja casada necesita un compromiso, porque Dios propuso que un hombre "se pegara a su esposa" y que los dos "se convirtieran en una sola carne". (Génesis 2:24) La idea de compromiso asusta a muchas personas hoy en día. Sin embargo, solo es razonable que dos personas que realmente se aman quieran hacer una promesa solemne de permanecer juntas. El compromiso acuerda la dignidad del matrimonio. Proporciona una base para la confianza de que, pase lo que pase, un esposo y una esposa se apoyarán mutuamente. Si no está listo para tal compromiso, no está realmente listo para el matrimonio. (Compare Eclesiastés 5: 4, 5). Incluso aquellos que ya están casados pueden necesitar aumentar su apreciación de cuán vital es el compromiso con un matrimonio duradero. Incluso aquellos que llevan mucho tiempo casados pueden fortalecer sus vínculos matrimoniales más fuertes.

Una Mirada a ti Mismo

Sin duda puedes enumerar las cualidades que desearías en una pareja. Sin embargo, es mucho más difícil mirarse a sí mismo para determinar cómo puede contribuir al matrimonio. El autocontrol es vital, tanto antes como después de tomar los votos de matrimonio. Por ejemplo, hágase las siguientes preguntas.

• ¿Estoy dispuesto a comprometerme de por vida con mi pareja? - Mateo 19: 6. En los días del profeta Malaquías, muchos maridos abandonaron a sus parejas, tal vez para casarse con mujeres más jóvenes. El Señor dijo que su altar estaba cubierto con las lágrimas de las esposas abandonadas, y condenó a los hombres que "trataban traidoramente" con sus compañeros. — Malaquías 2: 13-16.

• Si estoy pensando en casarme, ¿he superado la edad juvenil en que los sentimientos sexuales son bastante fuertes y pueden distorsionar el buen juicio? - 1 Corintios 7:36. "Es muy arriesgado casarse demasiado joven", dice Nora, quien tenía 22 años cuando se casó. Ella advierte: "Sus sentimientos, metas y gustos continuarán cambiando desde el momento en que está en su adolescencia tardía hasta que esté en sus mediados de finales de los 20's". Por supuesto, la preparación para el matrimonio no se puede medir solo por la edad. Sin embargo, casarse cuando uno no ha pasado la etapa juvenil cuando los sentimientos sexuales son nuevos y especialmente fuertes puede distorsionar el pensamiento de uno y cegar ante posibles problemas.

• ¿Qué rasgos tengo que me ayudarán a contribuir a un matrimonio exitoso? - Gálatas 5:22, 23. El apóstol Pablo escribió a los Colosenses: "Vístanse con los tiernos afectos de la compasión, la bondad, la humildad mental, la suavidad, y longanimidad ". (Colosenses 3:12) Este consejo es apropiado para aquellos que están contemplando el matrimonio, así como para aquellos que ya están casados.

• ¿Tengo la madurez necesaria para apoyar a una pareja en tiempos difíciles? - Gálatas 6: 2. "Cuando ocurren problemas", dice un médico, "la tendencia es culpar a la pareja. No es lo más importante quién tiene la culpa. Más bien, es cómo el esposo y la esposa pueden cooperar para mejorar la relación matrimonial". Las palabras del sabio rey Salomón se aplican a las parejas casadas. "Dos son mejor que uno", escribió, "porque si uno de ellos cae, el otro puede levantar a su compañero. Pero ¿cómo será con solo el que se cae cuando no hay otro para levantarlo? "—Eclesiastes 4: 9, 10.

• ¿Soy generalmente alegre y optimista, o soy predominantemente melancólico y negativo? - Proverbios 15:15. Una persona negativa ve cada día como malo. ¡El matrimonio no cambia milagrosamente esta actitud! Una persona soltera, hombre o mujer, que es en gran parte crítica o pesimista, simplemente se convertirá en una persona casada que es tan crítica o pesimista. Una perspectiva tan negativa puede poner una tensión terrible en un matrimonio. Compare Proverbios 21: 9.

• ¿Mantengo la calma bajo presión, o cedo ante expresiones incontroladas de ira? - Gálatas 5:19, 20. A los cristianos se les ordena que sean "lentos con la ira". (Santiago 1:19) Antes del matrimonio y durante el matrimonio, un hombre o una mujer deben cultivar la capacidad de vivir de acuerdo con este consejo: "Sé airado y, sin embargo, no peques; no permitas que el sol se ponga contigo en un estado provocado". —Efesios 4:26.

Una Mirada a tu Posible Cónyuge

"El astuto considera sus pasos", dice un proverbio bíblico. (Proverbios 14:15) Esto es ciertamente cierto cuando se selecciona un compañero de matrimonio. Elegir a un compañero de matrimonio es una de las decisiones más importantes que un hombre o una mujer tomará. Sin embargo, se ha observado que muchas personas pasan más tiempo decidiendo qué auto comprar o a qué escuela asistir que a qué persona casarse. En la congregación cristiana, aquellos a quienes se les confía la responsabilidad son "evaluados en cuanto a la aptitud física primero". (1 Timoteo 3:10) Si está pensando en casarse, querrá estar seguro de la "forma física" de la otra persona. Considere, por ejemplo, las siguientes preguntas. Aunque se presentan desde el punto de vista de una mujer, muchos de los principios también se aplican a un hombre. E incluso aquellos que están casados pueden considerar beneficiosamente estos puntos.

• ¿Qué tipo de reputación tiene? - Filipenses 2: 19-22. Proverbios 31:23 describe a un esposo que es "conocido en las puertas, cuando se sienta con los hombres mayores de la tierra". Los hombres mayores de la ciudad se sentaron a las puertas de la ciudad para emitir un juicio. Entonces, evidentemente, tenía una posición de confianza pública. La forma en que un hombre ve a un hombre dice algo sobre su reputación. Si corresponde, considere también la forma en que es visto por aquellos bajo su autoridad. Esto puede indicar cómo usted, como su compañero, llegará a verlo con el tiempo. Compara 1 Samuel 25: 3, 23-25.

• ¿Qué tipo de moral tiene? La sabiduría divina es "ante todo castidad". (Santiago 3:17) ¿Está su posible compañero más interesado en su propia gratificación sexual que en la suya y su posición ante Dios? Si no está haciendo un esfuerzo por vivir de acuerdo con los estándares morales de Dios ahora, ¿qué base hay para creer que lo hará después del matrimonio? - Génesis 39: 7-12.

• ¿Cómo me trata? - Efesios 5:28, 29. El libro bíblico de Proverbios habla de un esposo que "ha confiado" en su esposa. Además, "él la alaba". (Proverbios 31:11, 28) No es obsesivamente celoso, ni es irrazonable en sus expectativas. Santiago escribió que la sabiduría de arriba es "pacífica, razonable ... llena de misericordia y buenos frutos" (Santiago 3:17). ¿Cómo trata a sus padres?

• ¿Cómo trata a los miembros de su propia familia? - Éxodo 20:12. El respeto por los padres no es solo un requisito para los niños. La Biblia dice: "Escucha a tu padre que causó tu nacimiento, y no desprecies a tu madre solo porque ha envejecido". (Proverbios 23:22). Curiosamente, muchas dificultades matrimoniales e incompatibilidades podrían evitarse, o al menos preverse, si los futuros novios visitaban casualmente las casas del otro y observaban la relación entre los "intencionados" y sus padres. La forma en que mira a sus padres será la coloración a través de la cual verá a su cónyuge. Uno debe preguntar: '¿Quiero que me traten como él trata a sus padre?' Y la forma en que sus padres lo tratan será una buena indicación de cómo se tratará a sí mismo y cómo esperará que usted se comporte con él, después de la luna de miel. Las emociones pueden ser engañosas.

La niña sulamita de los tiempos bíblicos era evidentemente consciente del poder engañoso de los sentimientos románticos. Al ser cortejada por el poderoso rey Salomón, le dijo a sus compañeras "no despertar ni despertar amor en mí hasta que se sienta inclinado". (Canción de Salomón 2: 7) Esta sabia joven no quería que sus amigas la presionaran para que fuera gobernada por sus emociones. Esto es práctico, también, para aquellos que están considerando casarse hoy. Mantenga un fuerte control sobre sus sentimientos. Si te casas, debería ser porque estás enamorado de una persona, no simplemente con el concepto de estar casado.

• ¿Se le da ataques de rabia o lenguaje abusivo? La Biblia aconseja: "Deja que se te quiten todas las amargas malhumorías, la ira, el enojo y los gritos y el discurso abusivo". (Efesios 4:31). Pablo advirtió a Timoteo de algunos cristianos que estarían "enfermos mentales por cuestionamientos y debates sobre palabras" y que darían lugar a "envidia, contiendas, discursos abusivos, sospechas perversas, disputas violentas sobre trivialidades". (Timoteo 6: 4-5).

Además, Pablo escribió que alguien que califica para privilegios especiales en la congregación debería ser "no un golpeador", según el griego original, "no dar golpes". (1 Timoteo 3: 3) Él no puede ser uno que golpee a las personas físicamente o las frene verbalmente. Una persona que es propensa a volverse violenta en un momento de ira no es un compañero de matrimonio adecuado.

• ¿Cuáles son sus objetivos? Algunos persiguen riquezas y cosechan las consecuencias inevitables. (1 Timoteo 6: 9, 10) Otros vagan sin rumbo por la vida sin metas que alcanzar. (Proverbios 6: 6-11) Sin embargo, un hombre piadoso mostrará la misma determinación que hizo Josué, quien dijo: "En cuanto a mí y mi hogar, serviremos al Señor". (Josué 24:15).

Recompensas y responsabilidades: el matrimonio es una institución divina. Fue autorizado y establecido por Jehová Dios. (Génesis 2: 22-24) Él diseñó el arreglo matrimonial para formar un vínculo permanente entre un hombre y una mujer para que puedan ser mutuamente útiles entre sí. Cuando se aplican los principios bíblicos, el esposo y la esposa pueden esperar que su suerte en la vida sea feliz. Eclesiastés 9: 7-9. Sin embargo, se debe tener en cuenta que estamos viviendo en "tiempos críticos difíciles de enfrentar". La Biblia predijo que durante este período de tiempo, las personas serían "amantes de sí mismas, amantes del dinero, auto-asumiendo, altaneras, ... desleales, sin afecto natural, no abiertas a ningún acuerdo, ... traidores, testarudos", inflado de orgullo ". (2 Timoteo 3: 1-4) Estos rasgos pueden tener un impacto poderoso en el matrimonio. Por lo tanto, aquellos que están considerando casarse deben contar el costo de manera sobria. Y aquellos que ahora están casados deben continuar trabajando para mejorar su unión al aprender y aplicar la guía divina que se encuentra en la Biblia.

Sí, aquellos que contemplan el matrimonio harán bien en mirar más allá del día de la boda. Y todos deben considerar no solo el acto de casarse, sino también la vida de estar casados. Busque a Dios para que lo guíe de modo que pueda pensar de manera realista y no solo romántica. Al hacerlo, será más probable que disfrute de un matrimonio exitoso. La Biblia solo permite un motivo para el divorcio con la posibilidad de un nuevo matrimonio, y eso es la "fornicación": relaciones sexuales fuera del matrimonio (Mateo 19: 9).

¿Qué Hace que un Matrimonio Dure?

La Biblia no afirma que el matrimonio sea fácil. El apóstol Pablo fue inspirado por Dios para escribir que las parejas casadas tendrían que lidiar con "problemas cotidianos" (1 Corintios 7:28) Pero una pareja casada puede hacer mucho para disminuir los problemas que experimentan y aumentar la alegría. Se traen el uno al otro. Considere las siguientes seis quejas comunes presentadas por esposos y esposas, y vea cómo la aplicación de los principios bíblicos puede ayudar.

QUEJA: "Mi pareja y yo nos estamos separando".

PRINCIPIO BIBLICO: "Asegúrate de las cosas más importantes".
FILIPENSES 1:10.

Tu matrimonio es una de las cosas más importantes en tu vida. Merece prioridad. Así que compruebe si sus horarios contribuyen a esta queja. No permita que los asuntos necesarios de la vida hagan que usted y su cónyuge vivan vidas separadas. Por supuesto, el trabajo secular y otras situaciones inevitables pueden forzarlo temporalmente a salir de la compañía del otro. Pero puede y debe poner un límite a cualquier cosa sobre la que tenga control, como el tiempo dedicado a pasatiempos o con amigos.

¿Nos hacemos tiempo el uno para el otro? Sin embargo, algunos cónyuges pueden trabajar o pasatiempos adicionales solo para no tener que pasar tiempo con su pareja. Tales individuos no están "separándose" de su cónyuge. Están huyendo de los problemas. Si usted o su compañero entran en esa categoría, deben identificar los problemas subyacentes y tratarlos. Solo al compartir su vida con su pareja, ustedes dos pueden crecer juntos y convertirse en "carne" en el sentido más completo. Génesis 2:24.

Cómo algunos han aplicado este consejo: Andres y Tania, una pareja australiana, han estado casados durante diez años. Andres dice: "Aprendí que trabajar demasiado y asumir demasiadas obligaciones sociales puede ser peligroso para un matrimonio. Así que mi esposa y yo tomamos tiempo para hablar y compartir nuestros sentimientos entre nosotros".

David y Carmen, quienes viven en los Estados Unidos y han estado casados por 22 años, dedican la primera media hora de cada tarde a compartir sus experiencias y pensamientos. Carmen dice: "Este es un momento tan importante que no dejamos que nada interfiera con eso".

QUEJA: "Ya no estoy obteniendo lo que quiero de esta relación".

PRINCIPIO BIBLICO: "Que cada uno siga buscando, no su propia ventaja, sino la de la otra persona". 1 CORINTIOS 10:24.

¿Trato de dar más de lo que recibo? Una persona que se preocupa principalmente por lo que está obteniendo del matrimonio nunca será verdaderamente feliz, incluso si esa persona se vuelve a casar muchas veces. El matrimonio funciona cuando cada compañero se enfoca más en dar que en recibir. Jesús declara la razón: "Hay más felicidad en dar que en recibir ". Hechos 20:35.

Cómo algunos han aplicado este consejo: María y Martin, quienes viven en México, han estado casados por 39 años. Pero el camino no siempre ha sido suave. Recuerdan un parche áspero en particular. "En medio de una acalorada confrontación", recuerda María, "le dije algo particularmente irrespetuoso a Martin. Se puso muy enojado. Traté de explicar que realmente no quise decir lo que dije, que solo estaba molesta. Pero él no quiso escuchar ". Martin dice:" Durante esa discusión, comencé a pensar que ya no podríamos vivir juntos, que debería dejar de tratar de hacer que el matrimonio funcione ".

Martin necesitaba respeto. María deseaba la comprensión. Tampoco estaba obteniendo lo que él o ella quería. ¿Cómo pudieron resolver el problema? "Me di tiempo para calmarme", dice Martin, "y ambos decidimos aplicar el sabio consejo de la Biblia para ser respetuosos y amables. Con el paso de los años, hemos aprendido que no importa cuántas veces surjan los problemas, podemos superarlos si oramos por la ayuda de Dios y aplicamos los consejos que se encuentran en la Biblia ". - Isaías 48:17, 18; Efesios 4:31, 32.

QUEJA: "Mi compañero no cumple con sus obligaciones".

PRINCIPIO BIBLICO: "Cada uno de nosotros rendirá cuentas por sí mismo a Dios. ROMANOS 14:12.

Sin lugar a duda, un matrimonio no funcionará de la mejor manera si solo una pareja contribuye a su éxito. Pero la situación será peor si ambos compañeros son negligentes, cada uno culpando al otro.

¿Tomo la iniciativa para resolver disputas? Si te detienes principalmente en lo que tu pareja debería estar haciendo, te condenarás a una vida de miseria. Especialmente será así si utiliza los defectos de su pareja como excusa para renunciar a sus propias responsabilidades. Por otro lado, si te esfuerzas por ser un buen esposo o una buena esposa, tu matrimonio probablemente mejorará. (1 Pedro 3: 1-3) Lo más importante es que le demuestras a Dios que honras su acuerdo de matrimonio y que tus acciones le brindarán gran placer. 1 Pedro 2:19.

Cómo algunos han aplicado este consejo: Karla y su esposo, quienes viven en Corea, han estado casados por 38 años. Karla dice: "A veces mi esposo se molesta conmigo y deja de hablarme, y ni siquiera sé por qué. Eso me hace sentir que su amor por mí se ha enfriado. A veces me encuentro pensando: '¿Por qué quiere que lo entienda cuando no trata de entenderme?".

Karla podría centrarse en la injusticia de la situación y en lo que su compañero no está haciendo. En su lugar, ella elige un curso diferente. "En lugar de estar molesta", dice Karla, "aprendí que es mejor tomar la iniciativa para tratar de hacer las paces. Al final, los dos somos capaces de calmarnos y hablar pacíficamente "(Santiago 3:18).

QUEJA: "Mi esposa no es sumisa".

PRINCIPIO BIBLICO: "El anuncio de todo hombre es el Cristo". 1 CORINTIOS 11: 3.

Un esposo que siente que su esposa no es sumisa debe primero examinar si está dispuesto a mostrar sumisión a su Cabeza, Jesucristo. Un esposo puede mostrar su sumisión siguiendo el ejemplo de Jesús.

¿Considero la opinión de mi esposa antes de tomar una decisión?

Los "esposos", escribió el apóstol Pablo, "continúen amando a sus esposas, así como Cristo también amó a la congregación y se entregó a sí mismo por ella" (Efesios 5:25). Jesús no "señoreaba" a sus discípulos. (Marcos 10: 42-44) Les dio a sus seguidores una dirección clara y los corrigió cuando fue necesario. Pero nunca fue áspero. Él fue amable con ellos e hizo concesiones por sus limitaciones. (Mateo 11:29, 30; Marcos 6:30, 31; 14:37, 38) Él siempre puso sus intereses por encima de los suyos. Mateo 20: 25-28.

Un esposo necesita hacerse esta pregunta: "¿Mi punto de vista de la jefatura y de las mujeres en general está más influenciado por las costumbres locales que por el consejo y los ejemplos que se encuentran en la Biblia?" Por ejemplo, ¿qué pensaría usted de una mujer que no estaba de acuerdo con el punto de vista de su marido y expresó con firmeza pero respeto su opinión disidente? En la Biblia, la esposa de Abraham, Sara, se presenta como un ejemplo de una esposa sumisa. (1 Pedro 3: 1, 6) Sin embargo, ella dijo lo que pensaba cuando era necesario, como cuando Abraham no vio ciertos peligros que amenazaban a la familia. — Génesis 16: 5; 21: 9-12.

Obviamente, Abraham no aterrorizó a Sara en silencio. Él no era un tirano. Del mismo modo, un esposo que sigue el consejo de la Biblia no va a intimidar a su esposa, exigiéndole que esté sujeta a todos sus caprichos. Se ganará el respeto de su esposa ejerciendo su autoridad de una manera compasiva.

Cómo algunos han aplicado este consejo: Julio, quien vive en Inglaterra y ha estado casado durante ocho años, dice: "Estoy aprendiendo a no tomar decisiones importantes sin consultar a mi esposa. Intento no pensar solo en mí mismo. En cambio, mi objetivo es poner sus necesidades por encima de las mías ".

Jorge vive en los Estados Unidos y ha estado casado por 59 años. Él dice: "He tratado de tratar a mi esposa, no como un ciudadano de segunda clase, sino como un compañero inteligente y capaz". - Proverbios 31:10.

QUEJA: "Mi esposo no muestra iniciativa".

PRINCIPIO BIBLICO: "La mujer verdaderamente sabia ha edificado su casa, pero la insensata la arranca con sus propias manos" (PROVERBIOS 14: 1).

Si su esposo se muestra reacio a tomar decisiones o a tomar la iniciativa en el manejo de la familia, tiene al menos tres opciones.

(1) Podrías señalar constantemente sus fallas o

(2) Podrías usurpar su papel de cabeza de familia o

(3) podría felicitarlo sinceramente por cualquier esfuerzo que haga. Si elige una de las dos primeras opciones, derribará su casa con sus propias manos. Elegir la tercera opción te ayudará a construir o fortalecer tu matrimonio.

Muchos hombres valoran el respeto incluso más que el amor. Entonces, si hace que su esposo se sienta respetado, hágale sentir que sus esfuerzos por liderar la familia son efectivos y apreciados, probablemente mejorará en su papel. Por supuesto, a veces no estarás de acuerdo con tu esposo en un asunto. Ustedes dos necesitan discutir esos asuntos. (Proverbios 18:13) Pero las palabras que elijas y el tono que uses te ayudarán a derribar o construir tu matrimonio. (Proverbios 21: 9; 27:15) Exprésese respetuosamente y será más probable que logre el resultado que desea: un marido que no duda en tomar la iniciativa.

Cómo algunos han aplicado este consejo: Fabiola, que vive en los Estados Unidos y ha estado casada durante 30 años, dice: "Como mi madre me crió a mí y a mis hermanas sin el apoyo de un esposo, era una mujer muy fuerte e independiente. Tiendo a imitar esos rasgos. Así que constantemente tengo que trabajar para mostrar la sujeción correcta. Por ejemplo, he aprendido a consultar a mi esposo en lugar de tomar mis propias decisiones ".

Raquel, quien vive en Australia y ha estado casada con Mario por 21 años, también fue influenciada por su origen. "Mi madre nunca fue sumisa a mi padre", recuerda. "Los argumentos y la falta de respeto eran la norma. En los primeros años de mi matrimonio, imité a mi madre. Sin embargo, a lo largo de los años, he aprendido el valor de aplicar el consejo de la Biblia acerca de mostrar respeto. Ahora Mario y yo disfrutamos de un matrimonio mucho más feliz ".

QUEJA: "Ya no puedo soportar los molestos hábitos de mi pareja".

PRINCIPIO BIBLICO: "Continúen aguantándose unos a otros y perdonándose unos a otros libremente si alguien tiene un motivo de queja contra otro". - COLOSENSES 3:13.

Cuando salías por primera vez, probablemente estabas tan concentrado en las cualidades finas de tu futuro compañero que apenas notabas sus defectos. ¿Puedes hacer lo mismo ahora? Sin duda, tu pareja te da motivo legítimo de queja. Sin embargo, pregúntese: '¿En cuál de las cualidades de mi compañero elegiré enfocarme, lo bueno o lo malo?' ¿Me concentro en las buenas cualidades de mi compañero?

Jesús usó una ilustración poderosa que muestra la necesidad de que pasemos por alto los defectos que vemos en los demás. "Por qué. . . ¿miras la pajita en el ojo de tu hermano ", preguntó," pero no consideras la viga en tu propio ojo? "(Mateo 7: 3) Una pajita podría ser un pequeño trozo de hierba. Una viga, por otro lado, es una longitud voluminosa de madera utilizada para sostener el techo de una casa. ¿Su punto? "Primero extrae la viga de tu propio ojo, y luego verás claramente cómo extraer la pajilla del ojo de tu hermano". - Mateo 7: 5.

Jesús presentó esta ilustración con una advertencia seria. "Deja de juzgar", dijo, "para que no seas juzgado; porque con qué juicio estás juzgando, serás juzgado." (Mateo 7: 1, 2) Si quieres que Dios pase por alto tus faltas, la viga de tu ojo, es mejor para ti ignorar las fallas de tu compañero. — Mateo 6:14, 15.

Cómo algunos han aplicado este consejo: Jenny, quien vive en Inglaterra y ha estado casada con Simon durante nueve años, dice: "Encuentro que mi causa más frecuente de irritación con mi esposo

es su tendencia a no planificar con anticipación, a manejar las cosas"
en el último minuto. Eso es irónico, porque cuando salíamos, solía
amar que él fuera tan espontáneo. Sin embargo, ahora reconozco que
yo también tengo fallas, como ser demasiado controladora. Simon y
yo estamos aprendiendo a pasar por alto las pequeñas
imperfecciones de los demás".

Arturo, quien está casado con Fabiola, citado anteriormente, afirma:
"Si te concentras en los rasgos molestos de tu pareja, esas fallas
parecerán cada vez más grandes. Prefiero centrarme en las
cualidades que me hicieron enamorarme de Fabiola para empezar ".

Alejandro e Irma, que viven en Nigeria y han estado casados por
más de 20 años, han aprendido ese secreto. Alejandro dice:
"Descubrí que casi cualquier dificultad matrimonial puede
resolverse si una pareja aplica los principios bíblicos". Su esposa
dice: "Hemos aprendido la importancia de orar juntos con
regularidad y de aplicar los consejos bíblicos para ser sinceros,
amorosos y pacientes" juntos. Ahora tenemos menos problemas que
cuando nos casamos por primera vez ".

Estos pocos ejemplos ilustran que los desafíos en un matrimonio son
inevitables, pero no insuperables. ¿Cuál es el secreto del éxito?
Desarrolle un amor por Dios y la voluntad de aplicar el consejo
contenido en su Palabra, la Biblia.

COMUNICACIÓN AL POR MAYOR

Una Clave para un Buen Matrimonio - El Secreto del Éxito.

En 1778, Robert Barron patentó una cerradura de palanca y secadora
de doble efecto que sigue siendo la base de la cerradura con llave
moderna. Su diseño requería el uso de una sola llave capaz de juntar
los dos tambores de la cerradura.

De manera similar, un matrimonio exitoso depende de que el esposo
y la esposa trabajen juntos al unísono. Para desbloquear y

experimentar las preciosas alegrías de un buen matrimonio, uno de los elementos esenciales es la comunicación integral.

¿Qué implica la comunicación sana? Un diccionario define la comunicación como "impartir o intercambiar pensamientos, opiniones o información mediante el habla, la escritura o los signos". La comunicación por lo tanto implica un intercambio de sentimientos e ideas. Y una comunicación sana implica cosas que son edificantes, refrescantes, virtuosas, dignas de elogio y consoladoras. — Efesios 4: 29-32; Filipenses 4: 8.

La comunicación sana es posible gracias a la confianza y la comprensión mutua. Estas cualidades resultan cuando el matrimonio se ve como una relación de por vida y existe un compromiso genuino para que funcione. Comentando sobre tal relación, el ensayista del siglo XVIII Joseph Addison escribió: "Dos personas que se han elegido entre sí de todas las especies, con el diseño de ser mutuamente confort y entretenimiento mutuos, se han comprometido, en esa acción, a ser de buen humor, afable, discreto, indulgente, paciente y alegre, con respecto a las fragilidades y perfecciones de cada uno, hasta el final de sus vidas ". ¡Qué feliz es esa unión! Y estas cualidades de joyería pueden adornar su matrimonio, ya que pueden ser suyas a través de una comunicación sana.

Obstáculos para una Comunicación Sana

La mayoría de las parejas se acercan al matrimonio con optimismo, incluso con euforia. Para muchos, sin embargo, la euforia pronto se evapora, y el optimismo se desvanece. La seguridad puede ser reemplazada por una mezcla amarga de frustración, ira, hostilidad, incluso una fuerte aversión. El matrimonio se convierte entonces en una situación de mera resistencia "hasta que la muerte nos separe". Para mejorar o mantener la sana comunicación necesaria para un buen matrimonio, entonces, ciertos obstáculos deben ser superados.

Un verdadero obstáculo para una comunicación sana puede ser el temor a cómo un compañero de matrimonio reaccionaría ante cierta información o deseo expresado. Por ejemplo, el temor al rechazo puede surgir después de que uno se entera de que se está desarrollando una discapacidad personal grave. ¿Cómo se le explica a un compañero que un próximo procedimiento alterará drásticamente la apariencia o la capacidad para funcionar? En tales casos, se necesita una comunicación honesta y una planificación cuidadosa para el futuro como nunca. Las garantías verbales de amor continuo, junto con los frecuentes actos de ternura, comunicarán un interés personal que ayudaría a promover un matrimonio verdaderamente satisfactorio. En el matrimonio, este proverbio debe encontrar su expresión más rica: "Un verdadero compañero es amar todo el tiempo, y es un hermano que nace para cuando hay dificultades ". Proverbios 17:17.

El resentimiento es otro obstáculo para la comunicación sana. Se ha dicho adecuadamente que un matrimonio feliz es la unión de dos buenos perdonadores. Para adaptarse a esa descripción, una pareja casada haría todo lo posible por seguir el consejo práctico del apóstol Pablo: "No permita que el sol se ponga con usted en un estado provocado". (Efesios 4:26). Aplicar este consejo en lugar de curar la ira o el resentimiento ciertamente requiere una comunicación humilde. Las parejas en un buen matrimonio no sucumben persistentemente a la ira, a las disputas y al rencor. (Proverbios 30:33) Buscan imitar a Dios, que no alberga resentimiento. (Jeremías 3:12) De hecho, se dan el uno al otro desde el corazón. Mateo 18:35.

Un obstáculo definitivo para cualquier tipo de comunicación es el tratamiento silencioso. Esto puede implicar expresiones sombrías, suspiros pesados, acciones similares a robot y un embargo de discurso unilateral. Un compañero de matrimonio que actúa de esta manera está comunicando alguna forma de disgusto. Pero vocalizar los sentimientos personales de manera franca y ganadora hace mucho más para mejorar un matrimonio que permanecer callado y sombrío.

El hecho de no escuchar bien o de nada cuando un compañero habla es otro obstáculo que debe superarse para una buena comunicación en los barrios cercanos del matrimonio. Tal vez estamos demasiado cansados o demasiado ocupados para reunir la energía mental y emocional necesaria para escucharnos con atención. Los argumentos pueden estallar sobre acuerdos mal entendidos que un compañero pensó que estaban claramente explicados, pero que los otros insisten en que son escuchados por primera vez. Obviamente, la mala comunicación es responsable de tales dificultades.

Cómo Promover una Comunicación Sana

¡Qué importante es tomarse el tiempo para una comunicación amorosa y saludable! Algunos pasan tanto tiempo frente a la televisión viendo la vida de otras personas que tienen poco tiempo para ellos. Por lo tanto, apagar el televisor es a menudo un paso necesario hacia una comunicación sana. Apagar el televisor permite más tiempo para la comunicación.

Sin embargo, al igual que hay un momento adecuado para hablar, hay un momento para guardar silencio. El hombre sabio dijo: "Para todo hay un tiempo señalado, ... un tiempo para guardar silencio y un tiempo para hablar". De hecho, también hay palabras adecuadas para decir. "Una palabra en su momento correcto es ¡oh, ¡qué bueno!" señala un proverbio. (Eclesiastés 3: 1, 7; Proverbios 15:23) Así que determina cuándo es el mejor momento para expresar tu opinión o expresar la preocupación de tu corazón. Pregúntese: ¿Mi compañero está cansado o en un estado mental relajado y renovado? ¿Es el tema que deseo abordar potencialmente explosivo? ¿Qué objetó mi cónyuge en mi elección de palabras la última vez que hablamos sobre este asunto?

Es bueno recordar que las personas reaccionan mejor cuando pueden ver cómo la cooperación o el cumplimiento de una solicitud les beneficiaría. Si se ha desarrollado algo de estrés entre los compañeros, uno de ellos podría inclinarse a decir: "Algo me ha estado molestando, ¡y lo vamos a arreglar ahora mismo!" Por supuesto, la redacción exacta dependería de las circunstancias, pero quizás sea mejor decir algo como esto: "Querido, he estado pensando en el tema que discutimos anteriormente y cómo se podrían resolver las cosas". ¿Qué enfoque es más probable que aprecie tu pareja?

Sí, cómo se dice algo es muy importante. El apóstol Pablo escribió: "Que tu expresión sea siempre con gracia, sazonada con sal". (Colosenses 4: 6) Trate de ser amable con su tono de voz y elección de palabras. Tenga en cuenta que "los refranes agradables son un panal de miel, dulce para la piel y una curación para los huesos". Proverbios 16:24. Para algunas parejas, trabajar juntos en proyectos en el hogar puede proporcionar un buen ambiente para la comunicación. Dicha cooperación puede promover un sentido de compartir mientras se da tiempo para una conversación sana. Para otras parejas matrimoniales, un tiempo de tranquilidad juntos sin tratar de hacer algo de trabajo es mejor y es más propicio para una comunicación sana.

A menudo se puede aprender mucho tomando nota de cómo las parejas matrimoniales compatibles se comunican entre sí. ¿Qué les ha hecho así? Lo más probable es que su armonía y la facilidad con la que se comunican hayan resultado del esfuerzo personal, la paciencia y la consideración amorosa. Aparentemente, ellos mismos tenían mucho que aprender, porque los buenos matrimonios no ocurren automáticamente. Qué tan importante es, entonces, considerar el punto de vista de su pareja, apreciar sus necesidades y desactivar situaciones potencialmente estresantes con una palabra discreta. (Proverbios 16:23) Si está casado, entonces, trabaje para ser agradable y fácil de pedir disculpas. Eso hará mucho para que tu matrimonio sea bueno.

Dios quiere que la gente disfrute de matrimonios felices y duraderos. (Génesis 2:18, 21) Pero la clave está en manos de los que están unidos en el matrimonio. Se necesitan dos personas amorosas que realmente trabajan juntas para abrir la puerta a un matrimonio exitoso al dominar el arte de la comunicación sana. La comunicación sana ayuda a atar los corazones en el amor duradero.

Cuando Surgen los Desacuerdos Maritales

Ningun esposo o esposa con una mente sana disfruta de un conflicto matrimonial, pero es muy común. Típicamente, un cónyuge dice algo que irrita al otro. Las voces se elevan y los ánimos se encienden, lo que enciende un argumento cargado de emociones con comentarios cáusticos. Luego viene el silencio helado, con ambos compañeros que se niegan obstinadamente a hablar. Con el tiempo, la ira cede y se intercambian disculpas. Se restaura la paz, al menos hasta el próximo desacuerdo.

Las discusiones matrimoniales son el tema de un sinfín de chistes y líneas de historia de programas de televisión, pero la realidad está lejos de ser divertida. De hecho, un proverbio bíblico dice: "Las palabras irreflexivas pueden herir tan profundamente como cualquier espada" (Proverbios 12:18, Versión en inglés de hoy) Sí, el habla áspera puede dejar cicatrices emocionales que perduran mucho tiempo después de que la disputa haya terminado. Discutir puede incluso conducir a la violencia. Éxodo 21:18.

Por supuesto, debido a la imperfección humana, los problemas en el matrimonio a veces son inevitables. (Génesis 3:16; 1 Corintios 7:28) Aún así, las disputas frecuentes e intensas no deben ser descartadas como normales. Los expertos han notado que un patrón de disputas aumenta la probabilidad de que una pareja eventualmente se divorcie. Por lo tanto, es vital que usted y su cónyuge aprendan a manejar los desacuerdos de manera pacífica.

Evaluación de la situación: si su matrimonio está plagado de argumentos, intente determinar si existe un patrón en sus disputas. Por lo general, ¿qué sucede cuando usted y su cónyuge no están de acuerdo en un asunto? ¿La discusión se desvía rápidamente y se deteriora en una andanada de insultos y acusaciones? Si es así, ¿qué puedes hacer?

Primero, analice honestamente cómo usted, como individuo, podría estar contribuyendo al problema. ¿Eres fácilmente provocado? ¿Eres argumentativo por naturaleza? ¿Qué diría tu cónyuge sobre ti al respecto? Es importante tener en cuenta esta última pregunta, ya que usted y su pareja pueden tener diferentes puntos de vista sobre lo que constituye ser argumentativo.

Por ejemplo, suponga que su cónyuge tiende a ser algo reservado, mientras que usted es sincero y muy intenso al expresarse. Podría decir: "Cuando estaba creciendo, esa es la forma en que todos los miembros de mi familia se comunicaban. ¡No está discutiendo!" Y tal vez para ti no lo es. Posiblemente, sin embargo, lo que usted ve como una conversación directa sin inhibiciones es percibido por su pareja como una discusión hiriente y combativa. El simple hecho de saber que usted y su pareja tienen diferentes estilos de comunicación puede ayudar a evitar malentendidos.

Recuerda, también, que discutir no siempre implica gritar. Pablo le escribió a los cristianos: . . . quítense los gritos y el habla abusiva" (Efesios 4:31). "Gritos" alude a una voz elevada, mientras que "palabras abusivas" se refiere al contenido del mensaje. Visto desde ese punto de vista, incluso las palabras susurradas pueden ser argumentativas si son irritantes o degradantes. Con lo anterior en mente, mire nuevamente cómo maneja los desacuerdos con su pareja. ¿Eres argumentativo? Como hemos visto, la respuesta real a esa pregunta depende en gran medida de la percepción de su cónyuge. En lugar de desestimar el punto de vista de tu pareja por ser demasiado sensible, trata de verte a ti mismo como te ve a ti, y haz los ajustes que sean necesarios. Pablo escribió: "Que cada uno siga buscando, no su propia ventaja, sino la de la otra persona" (1 Corintios 10:24).

Tres Pasos para Desactivar un Argumento

Escucha a tu cónyuge. Proverbios 10:19

Respeta su punto de vista. Filipenses 2: 4

Responde de manera amorosa. 1 Corintios 13: 4-7

"Presta Atención a Cómo Escuchas"

Otro aspecto del manejo de los desacuerdos se encuentra en las palabras de Jesús: "Presta atención a cómo escuchas". (Lucas 8:18) Es cierto que Jesús no estaba hablando de comunicación en el matrimonio. Sin embargo, el principio se aplica. ¿Qué tan bien escuchas a tu cónyuge? ¿Escuchas en absoluto? ¿O interrumpe abruptamente con soluciones de palmaditas a problemas que no ha entendido completamente? "Cuando alguien responde a un asunto antes de que lo oiga, eso es una tontería de su parte y una humillación", dice la Biblia. (Proverbios 18:13) Cuando surge un desacuerdo, entonces, usted y su cónyuge deben hablar sobre el asunto y realmente escucharse unos a otros.

En lugar de minimizar el punto de vista de su cónyuge, esfuércese por mostrar "sentimientos de compañeros" (1 Pedro 3: 8) En el griego original, este término básicamente denota el sufrimiento con otra persona. Si tu pareja está angustiada por algo, debes compartir el sentimiento. Trate de ver el asunto desde su perspectiva.

Evidentemente, el hombre piadoso Isaac hizo eso. La Biblia nos dice que su esposa, Rebeca, estaba profundamente perturbada por un problema familiar que involucraba a su hijo Jacob. "He venido a aborrecer esta vida mía por las hijas de Het", le dijo a Isaac. "Si Jacob alguna vez toma una esposa de las hijas de Het como estas de las hijas de la tierra, ¿de qué me sirve la vida?" - Génesis 27:46.

Concedido, por ansiedad, Rebeca probablemente exageró los asuntos. Después de todo, ¿ella realmente aborrecía su vida? ¿Literalmente preferiría morir si su hijo se casara con una de las hijas de Het? Probablemente no. Aun así, Isaac no minimizó los sentimientos de Rebeca. En cambio, Isaac vio que la preocupación de Rebeca tenía mérito, y tomó medidas en consecuencia. (Génesis 28: 1) Haga lo mismo la próxima vez que su compañero esté ansioso por un asunto. En lugar de descartarlo como algo trivial, escuche a su pareja, respete su punto de vista y responda de manera compasiva.

"Me siento descuidado y sin amor"

"¡Nunca pasas tiempo conmigo!"

"¡Pasé un día entero contigo el mes pasado!"

¿Escuchas? Escucha y perspicacia

Un proverbio de la Biblia dice: "La perspicacia de un hombre ciertamente disminuye su ira" (Proverbios 19:11). En medio de un desacuerdo, es muy fácil reaccionar de manera impulsiva a cada palabra aguda que pronuncia su cónyuge. Generalmente, sin embargo, esto solo sirve para escalar el argumento. Por lo tanto, cuando escuche a su cónyuge, decida no solo escuchar las palabras que se dicen, sino también los sentimientos detrás de las palabras. Dicha información te ayudará a ver las molestias personales del pasado y llegar a la raíz del problema. Por ejemplo, suponga que su esposa le dice: "¡Nunca pasas tiempo conmigo!" Podrías sentirte irritado y negar la acusación con hechos fríos. "¡Pasé un día entero contigo el mes pasado!", Podrías responder. Pero si escucha atentamente, es posible que su esposa no esté pidiendo más minutos u horas. En su lugar, puede estar pidiendo garantías, diciéndole que se siente desatendida y no amada.

Supongamos que usted es una esposa y su esposo expresa su preocupación por una compra reciente. "¿Cómo podrías gastar tanto dinero?", Pregunta con absoluta incredulidad. Su impulso podría ser defenderse con hechos relacionados con las finanzas familiares o al comparar su compra con una de las suyas. Sin embargo, la percepción le ayudará a ver que su esposo no está hablando de dólares y centavos. En cambio, puede estar preocupado porque se quedó fuera del proceso de toma de decisiones cuando se trataba de una compra importante. Por supuesto, cada pareja puede tener una manera diferente de abordar cuánto tiempo pasan juntos y cómo se toman las decisiones de comprar. El punto es que cuando los asuntos se convierten en temas de controversia, la comprensión desacelerará su enojo y le permitirá percibir los verdaderos problemas en cuestión. En lugar de responder de manera impulsiva, siga la advertencia del apóstol Santiago de que sea "rápido para escuchar, despacio para hablar, despacio con respecto a la ira". Santiago 1:19.

Cuando hable, recuerde que la forma en que habla con su pareja es importante. La Biblia dice que "la lengua de los sabios sana las heridas" (Proverbios 12:18). Cuando usted y su cónyuge están atrapados en un desacuerdo, ¿sus palabras duelen o se sanan? ¿Construyen barricadas o allanan el camino para la reconciliación? Como ya hemos visto, las respuestas enojadas o impulsivas solo provocan la contención (Proverbios 29:22).

Si un desacuerdo se deteriora en una pelea de boxeo verbal, haga un mayor esfuerzo para mantener el punto. Enfócate en la causa, no en la persona. Estar más preocupado por lo que es correcto que quién tiene razón. Tenga cuidado de que sus palabras no aviven las llamas del argumento. La Biblia dice: "Una palabra que causa dolor hace surgir la ira". (Proverbios 15: 1) Sí, lo que dices y cómo lo dices puede hacer una diferencia en cuanto a si obtienes la cooperación de tu pareja o no.

Trate de resolver, no de ganar: en nuestro trato con los desacuerdos, el objetivo es una solución en lugar de una victoria. ¿Cómo puedes llegar a una solución? La forma más segura es buscar y aplicar el consejo de la Biblia, y los esposos especialmente deben tomar la iniciativa para hacerlo. En lugar de ser rápidos para expresar opiniones fuertes sobre los temas o problemas en cuestión, ¿por qué no mirarlos desde el punto de vista de Dios? Orale a él y busca la paz de Dios que guardará tus corazones y poderes mentales. (Efesios 6:18; Filipenses 4: 6, 7) Haz un esfuerzo ferviente para cuidar el interés personal no solo de ti, sino también de tu compañero (Filipenses 2: 4).

Lo que a menudo empeora una mala situación es dejar que los sentimientos heridos y las emociones descontroladas dominen sus pensamientos y acciones. Por otro lado, estar dispuesto a ser reajustado por el consejo de la Palabra de Dios conduce a la paz, el acuerdo y la bendición de Dios. (2 Corintios 13:11) Por lo tanto, guíese por "la sabiduría de arriba", manifieste cualidades piadosas, y coseche beneficios "aquellos que están haciendo la paz". Santiago 3:17, 18.

Realmente, todos deben aprender a manejar los desacuerdos de manera pacífica, incluso si esto significa sacrificar las preferencias personales. (1 Corintios 6: 7) De hecho, aplique la amonestación de Pablo para eliminar "ira, enojo, maldad, lenguaje abusivo y palabras obscenas de su boca. . . . Despojen a la vieja personalidad con sus prácticas y vístanse con la nueva personalidad". - Colosenses 3: 8-10.

A veces, por supuesto, dirás cosas que luego lamentarás. (Santiago 3: 8) Cuando esto suceda, discúlpese con su cónyuge. Sigue esforzándote. Con el tiempo, usted y su cónyuge probablemente verán una gran mejora en la forma en que maneja los desacuerdos.

Qué puede hacer ahora: haga las siguientes preguntas a su cónyuge y escuche las respuestas sin interrupciones. Entonces tu cónyuge puede hacer lo mismo contigo.

¿Tiendo a ser argumentativo?

¿Realmente escucho cuando te expresas, o respondo impulsivamente antes de que termines de hablar?

¿Mis palabras te llegan como insensibles o enojadas?

¿Qué podemos hacer los dos para mejorar nuestro estilo de comunicación, especialmente cuando no estamos de acuerdo en un asunto?

¿Por Qué Ver el Matrimonio como Sagrado?

La mayoría de las personas de hoy probablemente afirmarían que creen en la santidad del matrimonio. ¿Por qué, entonces, tantas uniones terminan en divorcio? Para algunos, el matrimonio es poco más que una promesa romántica y un acuerdo legal. Pero las promesas se pueden romper. A las personas que ven el matrimonio de esta manera les resulta muy fácil renunciar a su matrimonio cuando las cosas van mal. ¿Cómo ve Dios el arreglo matrimonial? La respuesta se encuentra en su Palabra, la Biblia, en Hebreos 13: 4: "Sea honorable el matrimonio entre todos". La palabra griega traducida como "honorable" lleva el pensamiento de algo que es precioso y altamente estimado. Cuando valoramos algo, cuidamos de preservarlo y de no perderlo, incluso accidentalmente. Lo mismo debería ser cierto para el arreglo matrimonial. Los cristianos deben verlo como honorable, como algo precioso que quieren proteger. Obviamente, Jehová Dios creó el matrimonio como un arreglo sagrado entre el esposo y la esposa. Pero, ¿cómo podemos demostrar que compartimos su visión del matrimonio?

Amor y Respeto

Honrar el acuerdo matrimonial requiere que los matrimonios se honren mutuamente. (Romanos 12:10) El apóstol Pablo escribió a los cristianos del primer siglo: "Que cada uno de ustedes, individualmente, ame a su esposa como lo hace a sí mismo; por otro lado, la esposa debe tener un profundo respeto por su esposo". Efesios 5:33.

Concedido, a veces un cónyuge no puede actuar de la manera más amable y respetable. Aún así, los cristianos deben mostrar tal amor y respeto. Paul escribió: "Continúen aguantándose unos a otros y perdonándose unos a otros libremente si alguien tiene un motivo para quejarse de otro. Así como Dios lo perdonó, también usted". Colosenses 3:13.

Tiempo y Atencion

Las parejas casadas que ven su unión como sagrada toman tiempo para satisfacer las necesidades físicas y emocionales de cada uno. Esto incluye la intimidad sexual. La Biblia dice: "Dejen que el marido le dé a su esposa lo que le corresponde, pero que la esposa también haga lo mismo con su marido". (1 Corintios 7: 3).

Sin embargo, algunas parejas casadas han sentido la necesidad de que el esposo se mude temporalmente para obtener más ingresos. A veces, la separación se ha prolongado inesperadamente. A menudo, tales separaciones han puesto una tensión en el matrimonio, llevando a veces al adulterio y al divorcio. (1 Corintios 7: 2, 5) Por esa razón, muchas parejas cristianas han decidido renunciar a las ventajas materiales en lugar de poner en riesgo el matrimonio sagrado.

Cuando surgen problemas: cuando surgen dificultades, los cristianos que honran su matrimonio no se separan ni se divorcian apresuradamente. (Malaquías 2:16; 1 Corintios 7:10, 11) Jesús declaró: "Todos los que se divorcian de su esposa, excepto a causa de la fornicación, la convierten en sujeto de adulterio, y quien se casa con una mujer divorciada comete adulterio". (Mateo 5:32). Optar por el divorcio o la separación cuando una pareja no tiene fundamentos bíblicos deshonra el matrimonio.

Nuestra visión del matrimonio también se muestra en los consejos que ofrecemos a las personas con problemas matrimoniales graves. ¿Somos rápidos para recomendar la separación o el divorcio? Es cierto que puede haber ocasiones en que existan motivos válidos para una separación, como cuando existe un abuso físico extremo o falta de apoyo voluntario. Además, como se señaló anteriormente, la Biblia permite el divorcio solo cuando la pareja es culpable de fornicación. Aún así, los cristianos no deben influir indebidamente en la decisión de otros en tales situaciones. Después de todo, es la persona con el problema matrimonial, no la que da el consejo, quien vivirá con las consecuencias de la decisión (Gálatas 6: 5, 7).

Evite una Vista Casual

En algunas áreas se ha vuelto común que las personas utilicen el matrimonio para obtener la residencia legal en otro país. Por lo general, tales individuos hacen un acuerdo para pagar a un ciudadano de ese país para que se case con ellos. A menudo, estas parejas, aunque casadas, permanecen separadas, tal vez ni siquiera manteniendo una relación amistosa. Poco después de obtener la residencia legal deseada, se divorcian. Ellos ven su matrimonio estrictamente como un acuerdo de negocios.

La Biblia no respalda una visión tan casual. Independientemente de sus motivos, las personas que se casan entran en un arreglo sagrado que Dios considera vinculante. Las partes de dichos acuerdos permanecen vinculados como marido y mujer, y se aplican los requisitos bíblicos para un divorcio válido con la posibilidad de casarse con otra persona. (Mateo 19: 5, 6, 9). Como ocurre con cualquier esfuerzo valioso, un buen matrimonio Requiere esfuerzo y perseverancia. Aquellos que no aprecian su carácter sagrado se rinden más fácilmente. O pueden resignarse a vivir en un matrimonio infeliz. Por otro lado, los que reconocen lo sagrado del matrimonio saben que Dios espera que permanezcan juntos. (Génesis 2:24) También se dan cuenta de que al hacer que su matrimonio funcione en armonía, lo honran como el Diseñador del arreglo matrimonial. (1 Corintios 10:31) Tener este punto de vista les da la motivación para perseverar y trabajar para hacer que su matrimonio sea un éxito.

CAPITULO SEIS

USO DEL MANUAL DEL TODOPODEROSO

L A BIBLIA puede ayudar mucho a su matrimonio, para algunos, la palabra evoca pensamientos agradables. Para otros, provoca angustia. "Me siento emocionalmente divorciada", se lamenta una esposa. "Me siento descuidada y sola todo el tiempo". ¿Qué hace que dos personas que una vez juraron amarse y cuidarse mutuamente se vuelvan tan distantes? Un factor es la falta de educación sobre lo que implica el matrimonio. Entramos en la institución sin ningún tipo de formación.

Que pocos de los que poseen hoy en día tales conocimientos técnicos se confirman en un estudio realizado por El Proyecto Nacional de Matrimonio, una iniciativa de investigación de la Rutgers University en Nueva Jersey, EE. UU. directores del proyecto. "Saben exactamente qué es un mal matrimonio, pero están menos seguros de cómo es un buen matrimonio. Algunos solo pueden describir un buen matrimonio como "lo contrario de mis padres".

¿Son los cristianos inmunes a los problemas matrimoniales? No. De hecho, algunos cristianos en el primer siglo necesitaron consejos para "dejar de buscar soltarte" de su matrimonio. (1 Corintios 7:27) Claramente, cualquier matrimonio de dos humanos imperfectos tendrá sus problemas, pero tenemos ayuda. Los esposos y las esposas pueden mejorar su relación al aplicar los principios bíblicos.

Es cierto que la Biblia no es un manual de matrimonio. Sin embargo, dado que está inspirado en Aquél que originó el arreglo matrimonial, podemos esperar que sus principios sean útiles. A través del profeta Isaías, Jehová Dios declaró: "Yo, el Señor, soy tu Dios, el que te enseña a beneficiarte a ti mismo, el que te hace andar en la forma en que debes caminar. Oh, solo si realmente prestaras atención. ¡A mis mandamientos! Entonces tu paz se volverá como un río, y tu justicia como las olas del mar "(Isaías 48:17, 18).

¿Ha comenzado a desvanecerse el amor que una vez existió entre tú y tu pareja? ¿Te sientes atrapado en un matrimonio sin amor? Una esposa de 26 años dijo: "El dolor que se experimenta con este tipo de relación difícilmente se puede describir. Es constante y penetrante". En lugar de resignarse a un matrimonio insatisfactorio,

¿por qué no resolver hacer algo al respecto? El siguiente artículo mostrará a los esposos y esposas cómo los principios bíblicos pueden ayudar a su matrimonio en un área específica: la de compromiso.

Cómo fortalecer su matrimonio

IMAGINAR una casa que ha caído en mal estado. La pintura se está descarapelando, el techo está dañado e incluso el césped no está atendido. Obviamente, este edificio ha resistido algunas tormentas severas a lo largo de los años y ha sufrido de negligencia. ¿Debería ser demolido? No necesariamente. Si los cimientos son fuertes y la estructura es estable, es probable que la casa se pueda restaurar. ¿La condición de esa casa te recuerda a tu matrimonio? A lo largo de los años, las tormentas severas, por así decirlo, pueden haber afectado a su relación matrimonial. Un grado de negligencia puede estar involucrado por parte de uno o ambos. Puedes sentirte como lo hizo Sandra. Después de 15 años de matrimonio, declaró: "No teníamos nada en común, excepto estar casados el uno con el otro. Y eso no fue suficiente". Incluso si su matrimonio ha llegado a este punto, no concluya apresuradamente que debería terminarse. Probablemente, su matrimonio puede ser restaurado. Mucho depende del nivel de compromiso que exista entre usted y su pareja. El compromiso puede ayudar a dar una estabilidad matrimonial en tiempos de prueba. Pero ¿qué es el compromiso? ¿Y cómo puede la Biblia ayudarte a fortalecerla?

En el matrimonio, el compromiso implica. . .

Obligación "Cumple lo que prometes, Porque es mejor que no prometas, y no que prometas y no cumplas." (Eclesiastés 5: 4, 5).

Trabajo en equipo "Dos son mejores que uno ... Porque si uno de ellos cae, el otro puede levantar a su compañero" (Eclesiastés 4: 9, 10).

Sacrificio personal "Hay más felicidad en dar que en recibir" (Hechos 20:35).

Una visión a largo plazo "El amor ... soporta todas las cosas" - 1 Corintios 13: 4, 7.

Compromiso implica obligación

Según un diccionario, el compromiso se refiere al "estado de ser obligado o impulsado emocionalmente". A veces, la palabra se aplica algo impersonal, como un acuerdo comercial. Por ejemplo, un constructor puede sentirse obligado a cumplir con las exigencias de un contrato que ha firmado para construir una casa. Puede que no conozca personalmente a quien encargó el trabajo. Aún así, se siente obligado a cumplir su palabra.

Aunque el matrimonio no es un negocio frío, el compromiso involucrado incluye la obligación. Es probable que usted y su pareja hayan jurado solemnemente ante Dios y el hombre permanecer juntos, pase lo que pase. Jesús declaró: "El que creó [al hombre y a la mujer] desde el principio los hizo hombres y mujeres y dijo: 'Por esta razón, un hombre dejará a su padre ya su madre y se unira a su esposa'". Jesús agregó: Lo que Dios junto, no lo separe el hombre". (Mateo 19: 4-6) Cuando surgen problemas, entonces, usted y su pareja deben estar firmemente resueltos a cumplir con el compromiso que hicieron. Una esposa dijo: "No fue hasta que dejamos de considerar el divorcio como una opción que las cosas comenzaron a mejorar".

Sin embargo, el compromiso matrimonial es más que una obligación. ¿Qué más está involucrado? El trabajo en equipo fortalece el compromiso con el matrimonio

El compromiso con el matrimonio no significa que las parejas de casados nunca estén en desacuerdo entre sí. Cuando ocurre un conflicto, debe haber un deseo serio de resolver el asunto no solo por un voto obligatorio sino por un vínculo emocional. Respecto al esposo y la esposa, Jesús dijo: "Ya no son dos, sino una sola carne". ¿Qué significa ser "una sola carne" con tu pareja? El apóstol Pablo escribió que "los esposos deben amar a sus esposas como a sus propios cuerpos". (Efesios 5:28, 29). En parte, entonces, ser "una sola carne" significa que te sientes tan preocupado por el bienestar de tu pareja como lo eres con el tuyo. Las personas casadas necesitan cambiar su forma de pensar de "mío" a "nuestro", de "yo" a "nosotros". Un consejero escribió: "Ambos socios deben dejar de ser solteros de corazón y casarse de corazón".

¿Usted y su cónyuge están "casados de corazón"? Es posible estar juntos por muchos años y, sin embargo, no ser "una sola carne" en ese sentido. Sí, eso puede suceder, pero el libro Dando un tiempo a la oportunidad dice: "El matrimonio significa compartir una vida, y cuanto más comparten dos personas, más hay para crecer".

Algunas parejas infelices permanecen juntas por el bien de sus hijos o por seguridad financiera. Otros soportan porque tienen fuertes objeciones morales para divorciarse o porque temen lo que otros pensarán si se separan. Si bien es recomendable que estos matrimonios perduren, recuerde que su objetivo debe ser tener una relación amorosa, no simplemente una relación duradera.

Actos desinteresados promueven el compromiso matrimonial

La Biblia predijo que durante "los últimos días", las personas serían "amantes de sí mismas". (2 Timoteo 3: 1, 2) Fiel a esa profecía, el énfasis de hoy parece estar en una devoción de adoración a sí mismo. En demasiados matrimonios, darse a sí mismo sin garantía de reciprocidad es visto como un signo de debilidad. En un matrimonio saludable, sin embargo, ambos compañeros muestran un espíritu abnegado. ¿Cómo puedes hacerlo?

En lugar de detenerme en la pregunta, '¿Qué obtengo de esta relación?' pregúntese, '¿Qué estoy haciendo personalmente para fortalecer mi matrimonio?' La Biblia dice que los cristianos deben "vigilar, no en interés personal solo en [sus] propios asuntos, sino también en interés personal en los de los demás". (Filipenses 2: 4) Mientras reflexiona sobre este principio bíblico, analice sus acciones durante la semana pasada. ¿Con qué frecuencia realizó un acto de bondad únicamente en beneficio de su cónyuge? Cuando su compañero quería hablar, ¿escuchó, incluso si no se sentía particularmente inclinado a hacerlo? ¿Cuántas actividades realizaste que interesaron a tu pareja más que tú? Cuando tu pareja quiere hablar, ¿escuchas?

Al sopesar tales preguntas, no se preocupe de que sus buenas acciones pasen desapercibidas o no. "En la mayoría de las relaciones", dice un trabajo de referencia, "el comportamiento positivo es recíproco, así que haz lo mejor para alentar a tu pareja a comportarse de manera positiva al comportarte de manera más positiva". Los actos de abnegación fortalecen su matrimonio porque demuestran que lo valora y desea preservarlo.

Una visión a largo plazo es esencial

Dios todopoderoso valora la lealtad. De hecho, la Biblia dice: "Con alguien leal a ti, DIOS actuará con lealtad". (2 Samuel 22:26) Permanecer leal a Dios implica permanecer leal al arreglo matrimonial que él instituyó. — Génesis 2:24.

Si usted y su pareja son leales entre sí, disfrutan de un sentido de permanencia con respecto a su unión. Cuando piensan en los próximos meses, años y décadas, se ven juntos en la imagen. La idea de no estar casados es completamente extraña, y esta perspectiva brinda seguridad a su relación. Una esposa dice: "Incluso cuando estoy más enfadada con [mi marido] y estoy muy molesta por lo que nos está pasando, no me preocupa que nuestro matrimonio llegue a su fin. Me preocupa cómo estamos "volveré a donde estábamos. No tengo ninguna duda en el mundo de que vamos a regresar; simplemente no puedo ver qué tambien".

Una visión a largo plazo es una parte esencial del compromiso con la pareja, pero lamentablemente carece de muchos matrimonios. Durante los intercambios acalorados, un cónyuge puede soltar: "¡Te dejo!" o "¡Voy a buscar alguien que realmente me aprecie!" Concedido, la mayoría de las veces tales palabras no se significan literalmente. Aún así, la Biblia señala que la lengua puede estar "llena de veneno mortal". (Santiago 3: 8) Las amenazas y los ultimátums envían el mensaje: 'No veo nuestro matrimonio como permanente. Puedo dejarlo en cualquier momento '. Dar a entender tal cosa puede ser destructivo para un matrimonio.

Cuando tienes una visión a largo plazo, esperas estar con tu pareja superando cualquier dificultad. Esto tiene un beneficio adicional. Hará que sea mucho más fácil para usted y su pareja aceptar las debilidades y los errores y continuar aguantándose y perdonándose mutuamente libremente. (Colosenses 3:13) "En un buen matrimonio", dice un manual, "hay espacio para que ambos fracasen, y para que el matrimonio se mantenga unido a pesar de ello".

¿Qué puede hacer ahora? ¿Cómo le va a su matrimonio con respecto al compromiso? Quizás ves espacio para mejorar. Para fortalecer su compromiso, intente lo siguiente: Haga un autoexamen. Pregúntese: '¿Estoy realmente casado de corazón, o sigo pensando y actuando como una sola persona?' Descubre cómo se siente tu pareja con respecto a ti en esta área.

Lea este libro con su cónyuge. Luego, de manera calmada, discuta las maneras en que puede fortalecer su compromiso con su matrimonio. Con tu pareja, participa en actividades que fortalezcan tu compromiso. Por ejemplo: mire las fotografías de su boda y otros eventos memorables. Haga cosas que disfrutó durante el cortejo o en los primeros años de su matrimonio. Estudien juntos libros basados en la Biblia que pertenezcan al matrimonio.

En el día de su boda, hizo un compromiso, no con la institución del matrimonio, sino con una persona viva: su pareja. Este hecho debería tener un efecto profundo en la forma en que ahora piensa y actúa como una persona casada. ¿No está de acuerdo en que debe permanecer con su pareja no solo porque cree firmemente en la santidad del matrimonio, sino también porque ama a la persona con quien se casó? En casos extremos, puede haber una razón válida para que una pareja casada se separe. (1 Corintios 7:10, 11; Además, la Biblia permite el divorcio por motivos de fornicación (inmoralidad sexual). — Mateo 19: 9.

¿Dónde debe acudir a un abogado? ¿Se necesita un buen abogado?

Hoy, muchos creen que tienen la capacidad de saber lo bueno de lo malo y que tienen el derecho de hacer lo que quieran. Otros dicen que casi todo vale siempre y cuando haga que una persona se sienta bien. El matrimonio y la vida familiar, consideradas durante mucho tiempo las estructuras básicas de la sociedad humana, se están viendo afectadas drásticamente (Génesis 3: 5).

Considera a Verónica, que vive en México. Ella informa: "Poco antes de nuestro 15 aniversario de boda, mi esposo me dijo que estaba teniendo una relación con otra mujer. Dijo que, dado que esta mujer era más joven y le hacía sentirse mejor, no la abandonaría. Me sorprendió la idea de que mi mejor amigo ya no estuviera a mi lado para hacerme compañía. Solía pensar que la muerte de nuestros seres queridos era la mayor causa de dolor. Pero para mí, el adulterio fue aún más difícil porque no solo perdí alguien a quien amaba profundamente, sino que él continuó haciendo cosas que me dolían ".

Luego está la situación de un hombre de 22 años que ya está divorciado y tiene un hijo, pero que no está dispuesto aceptar sus responsabilidades como padre. Él espera que su madre cuide de él y de su hijo. Si ella no está de acuerdo con todas sus demandas, él se enfurece y la ataca verbalmente, como un niño mal educado. Su madre se siente impotente ante semejante comportamiento ofensivo.

Estos no son casos aislados. La separación legal y el divorcio están en aumento en todas partes. Muchos niños ven a uno de sus padres salir de casa para comenzar una nueva vida. Algunos jóvenes han perdido todo respeto por los demás, incluidos sus padres, y se involucran en una conducta que habría sido casi inimaginable en el pasado. La experimentación sexual, el abuso de drogas, los ataques de jóvenes y los asesinatos de maestros o padres por parte de niños se han vuelto bastante comunes en muchas tierras. Y es posible que haya notado que la crianza de los hijos y el matrimonio no son los únicos campos que enfrentan dificultades en el mundo actual.

A medida que presenciamos estos desarrollos, podemos preguntarnos qué ha sucedido con la sociedad. Si la gente realmente sabe lo bueno de lo malo, ¿por qué tantos problemas siguen sin resolverse? ¿Hay necesidad de un buen consejo? ¿Hay alguna fuente de consejo tan beneficioso, que haya demostrado ser confiable? Aunque muchos dicen que creen en Dios y en su Palabra escrita, esto no parece influir en sus decisiones. Pero ¿qué beneficios podemos obtener cuando buscamos y obtenemos el consejo de Dios? ¿Por qué buscar la guía de la Biblia? "Toda la Escritura es inspirada por Dios y beneficiosa para enseñar, para reprender, para aclarar las cosas" (2 Timoteo 3:16).

¿A dónde vas en busca de orientación en tu vida? Hoy en día hay una superabundancia de consejos disponibles en prácticamente todos los temas imaginables. Aún así, muchas personas buscan orientación en los antiguos escritos de la Biblia. Sin embargo, la mayoría considera que la Biblia tiene poco valor, especialmente en esta era de la información y la tecnología moderna. Algunos educadores y científicos respetados sostienen la idea de que la Biblia ya no es relevante. ¿Tienen razón? Teniendo en cuenta las muchas fuentes de orientación que prevalecen hoy en día, ¿por qué debería alguien consultar la Biblia?

Un libro de la verdad: en una ocasión, Jesucristo descansaba junto a una fuente y conversaba con una mujer samaritana. Él le dijo a ella: "Dios es un Espíritu, y los que lo adoran deben adorar con espíritu y verdad" (Juan 4:24). Estas palabras muestran que existe una forma de adoración aceptable para Dios. Para que nuestra adoración se rinda con la verdad, debe armonizarse con lo que Dios ha revelado acerca de sí mismo en la Biblia. La Palabra de Dios contiene la verdad. — Juan 17:17. (Mateo 7: 21-23).

Entonces, ¿cómo encontrar la verdad acerca de Dios y la forma de adoración que le agrada? Suponga que descubrió que necesitaba una cirugía para corregir una afección médica grave. ¿Qué harías? Si es posible, buscaría exhaustivamente para encontrar al mejor cirujano disponible para ese tipo de operación. Considerarías sus credenciales y experiencia, contactarlo y hablar con él. Finalmente, después de que estuvieras convencido sobre la base de la evidencia de que él era el mejor, depositarías tu confianza en él y lo dejarías operarte. Otros pueden tener una opinión diferente. Pero tu fe en este cirujano ahora está bien fundamentada.

De la misma manera, si realiza un examen honesto y exhaustivo de la evidencia disponible, puede construir fe en Dios y en la Biblia. (Proverbios 2: 1-4) Al buscar respuestas a preguntas sobre el tipo de adoración que es aceptable para Dios, tiene una opción. Puede mirar las enseñanzas y opiniones conflictivas de los hombres, o puede considerar el punto de vista de la Biblia.

Preciso y práctico

Un examen cuidadoso de la Biblia le proporcionará evidencia considerable de que "todas las Escrituras están inspiradas en Dios y son beneficiosas" (2 Timoteo 3:16, 17). Por ejemplo, la Biblia está llena de profecías detalladas. La historia documenta su cumplimiento. (Isaías 13:19, 20; Daniel 8: 3-8, 20-22; Miqueas 5: 2) Aunque no es un libro de texto de ciencia, la Biblia es científicamente precisa. Contiene datos sobre la naturaleza y la salud que se escribieron miles de años antes de que los científicos pudieran llegar a conclusiones similares. Levítico 11:27, 28, 32, 33; Isaías 40:22.

Además, la Biblia nos ayuda a tomar decisiones sabias. Sus páginas contienen una gran cantidad de consejos prácticos sobre la vida familiar, la salud física y emocional, los negocios y otros asuntos cotidianos. El proverbio s 2: 6, 7 dice: "Dios mismo da sabiduría; De su boca hay conocimiento y discernimiento. Y para los rectos, Es escudo a los que caminan rectamente". Al buscar la guía de la Biblia, puede entrenar sus poderes perceptivos" para distinguir lo correcto y lo incorrecto "(Hebreos 5:14).

La Palabra de Dios también nos ayuda entender el propósito de la vida. (Juan 17: 3; Hechos 17:26, 27) Explica el significado de las condiciones del mundo. (Mateo 24: 3, 7, 8, 14; 2 Timoteo 3: 1-5) En esto, Dios nos muestra cómo eliminará la maldad de la tierra y permitirá a la humanidad disfrutar de perfecta salud y vida eterna (Isaías 33:24); Daniel 2:44; Revelación 21: 3, 4. Millones de personas han experimentado de primera mano que la Biblia es de hecho una fuente confiable de sabiduría práctica. Encontrará evidencia adicional que apunta a la Biblia como la mejor fuente de orientación para su propia vida.

¿TE HAS MARAVILLADO? ¿Qué forma de adoración es aceptable para Dios? - Juan 4:24. ¿Qué debes hacer para beneficiarte de la sabiduría de Dios? —Proverbios 2: 1-4. ¿De qué manera es la Biblia una fuente de guía práctica? - Hebreos 5:14.

Hombre y mujer hechos el uno para el otro

El hombre y la mujer siempre han anhelado estar juntos. Esto se originó con Dios. Él vio que no era bueno para el primer hombre, Adán, que continuara solo. Así que Dios hizo "un ayudante para [el hombre], como complemento de él". Dios hizo que un sueño profundo cayera sobre Adán, y luego tomó una de sus costillas y "procedió a construir la costilla. . . en una mujer y llevarla al hombre. "Adán estaba tan emocionado al conocer esta hermosa creación de Dios que declaró:" Esto es por fin hueso de mis huesos y carne de mi carne ". Con sus cualidades femeninas, La mujer perfecta, Eva, era verdaderamente adorable. Y el perfecto Adán en su dignidad masculina merecía respeto. Fueron hechos el uno para el otro. La Biblia dice: "Es por eso por lo que un hombre dejará a su padre y a su madre y él debe atenerse a su esposa y ellos deben convertirse en una sola carne". - Génesis 2: 18-24.

Hoy, sin embargo, las familias se están separando y la relación entre el hombre y la mujer a menudo es abusiva o está gobernada por el egoísmo. Un espíritu de competencia entre los sexos ha contribuido al conflicto y la discordia. Todo esto es contrario al propósito de Dios para el hombre y la mujer. El hombre fue diseñado para cumplir un maravilloso papel en la tierra. La mujer debía ocupar un lugar único y digno al lado del hombre. Debían trabajar juntos en armonía. Desde el comienzo de la existencia humana, los hombres y mujeres piadosos han intentado fielmente cumplir los roles que Dios significaba para ellos, y esto ha aumentado su felicidad y satisfacción. ¿Cuáles son estos roles, y cómo podemos cumplirlos? El hombre y la mujer están diseñados para ocupar roles dignos en el arreglo de Dios. El acto de lesbianismo y homosexualidad es una idea originada en el infierno por el diablo y no es de Dios.

Hombre y mujer un papel digno para cada uno

Dios creó Adán primero, luego a Eva. Antes de la creación de Eva, Adán ganó experiencia en la vida. Durante este tiempo, Jehová le dio ciertas instrucciones. (Génesis 2: 15-20) Sirviendo de portavoz de Dios, Adán debía transmitirlos a su esposa. Lógicamente, entonces, él tomaría la iniciativa en todos los asuntos relacionados con la adoración.

Existe un arreglo correspondiente en la congregación cristiana, y podemos beneficiarnos de un examen de esta. El apóstol Pablo escribió: "No permito a una mujer. . . ejercer autoridad sobre un hombre, pero estar en silencio. Porque primero se formó Adán, luego Eva" (1 Timoteo 2:12, 13). Esto no significa que una mujer deba estar completamente en silencio en una reunión de la congregación cristiana. Ella debe guardar silencio en el sentido de no meterse en disputas con un hombre. Ella no debe menospreciar su cargo designado ni esforzarse por enseñar a la congregación. A los hombres se les ha asignado la tarea de presidir y enseñar a la congregación, pero las mujeres contribuyen mucho a las reuniones cristianas al participar en ellas de varias maneras.

Al darnos una idea de los respectivos papeles de hombres y mujeres en el arreglo de Dios, el apóstol Pablo escribió: "El hombre no está fuera de la mujer, sino la mujer del hombre. . . Además, en relación con el Señor, ni mujer sin hombre ni hombre sin mujer [ni ser independiente del otro]. Porque, así como la mujer está fuera del hombre, así también el hombre está a través de la mujer; pero todas las cosas son de Dios" (1 Corintios 11: 8-12).

Las mujeres disfrutan de los privilegios finos

Bajo la Ley dada por Dios a Israel, las mujeres tenían muchos privilegios y eran libres de usar su iniciativa. Por ejemplo, Proverbios 31: 10-31 habla de "una esposa capaz" que compra material fino y hace prendas excelentes para su hogar. ¡Por qué, "ella ha hecho ropa interior y ha procedido a venderlos"! (Versos 13, 21-24) "Como las naves de un mercader", esta excelente mujer encuentra comida selecta, incluso si debe obtenerla de lugares distantes. (Verso 14) "Ella ha considerado un campo y ha procedido a obtenerlo", y ha "plantado un viñedo". (Verso 16) Dado que "su comercio es bueno", sus actividades son rentables. (Verso 18) Además de "velar por los acontecimientos de su hogar", esta trabajadora temerosa de Dios ayuda desinteresadamente a otros. (Versos 20, 27) ¡No es de extrañar que sea alabada! - Versículo 31.

Las leyes de Dios provistas a través de Moisés les dieron a las mujeres la oportunidad de crecer espiritualmente. Por ejemplo, en Josué 8:35, leemos: "Resultó que no hubo una sola palabra de todo lo que Moisés había ordenado que Josué no leyó en voz alta frente a toda la congregación de Israel, junto con las mujeres y los pequeños y los residentes extranjeros que caminaban en medio de ellos ". Respecto del sacerdote Esdras , la Biblia dice:" [Él] presentó la ley ante la congregación de hombres y de mujeres y de todas las personas lo suficientemente inteligentes como para escuchar, el primer día de la séptimo mes Y continuó leyendo en voz alta en la plaza pública que está ante la Puerta del Agua, desde el amanecer hasta el mediodía, frente a los hombres y las mujeres y los otros inteligentes; y los oídos de todas las personas estaban atentos al libro de la ley "(Nehemías 8: 2, 3). Las mujeres se beneficiaron de tal lectura de la Ley. También observaron fiestas religiosas. (Deuteronomio 12:12, 18; 16:11, 14) Lo más importante, las mujeres en el antiguo Israel podrían tener un relación personal con Él omnipotente Dios y podían orar individualmente a él. -1 Samuel 1:10.

En línea con la posición de liderazgo del hombre, Dios le dio a Noé, Abraham y a Moisés varias tareas.

En el primer siglo, las mujeres temerosas de Dios tuvieron el privilegio de ministrar a Jesús. (Lucas 8: 1-3) Una mujer ungió su cabeza y sus pies durante una cena en Betania. (Mateo 26: 6-13; Juan 12: 1-7) Las mujeres estaban entre las personas a quienes Jesús apareció después de su resurrección. (Mateo 28: 1-10; Juan 20: 1-18) Después de la ascensión de Jesús al cielo, el grupo de unos 120 que se reunieron incluía "algunas mujeres y María, la madre de Jesús". (Hechos 1: 3-15) Indudablemente, muchas o todas estas mujeres se encontraban en la cámara alta en Jerusalén el día de Pentecostés, cuando se envió el espíritu santo y los discípulos de Jesús hablaron milagrosamente en varios idiomas diferentes. Hechos 2: 1-12.

Tanto hombres como mujeres se encontraban entre los que experimentaron el cumplimiento de Joel 2:28, 29, como lo cita el apóstol Pedro en el día de Pentecostés: " Derramaré parte de mi espíritu sobre todo tipo de carne, y tus hijos y tus hijas profetizarán. . . E incluso sobre mis esclavos y sobre mis esclavas derramaré parte de mi Espíritu en esos días". (Hechos 2: 13-18) Por un tiempo después de Pentecostés, las mujeres cristianas fueron favorecidas con los dones del Espíritu. Hablaban en lenguas extranjeras y profetizaban, no necesariamente haciendo predicciones, sino hablando verdades bíblicas.

En su carta a los cristianos en Roma, el apóstol Pablo habla calurosamente de "Febe nuestra hermana", recomendándola a ellos. También se refiere a Trifena y Trifosa, llamándolas "mujeres que trabajan arduamente en el Señor" (Romanos 16: 1, 2, 12). Aunque estas mujeres no ocupaban cargos designados en la congregación cristiana primitiva, ellas y muchas otras mujeres tuvieron la bendición de ser elegidas por Dios para ser asociarse con su Hijo, Jesucristo, en el Reino celestial. (Romanos 8:16, 17; Gálatas 3:28, 29).

¡Qué gran privilegio disfrutan hoy las mujeres! "Yahweh mismo da el dicho; las mujeres que dicen las buenas nuevas son un gran ejército ", dice el Salmo 68:11. Tales mujeres son dignas de elogio. Por ejemplo, su enseñanza hábil en los estudios bíblicos en casa está llevando a muchos aceptar enseñanzas verdaderas que agradan a Dios. Las mujeres cristianas casadas que ayudan a sus hijos a convertirse en creyentes y que apoyan a sus esposos que tienen muchos deberes de congregación también merecen elogios. (Proverbios 31: 10-12, 28) Las mujeres solteras también tienen un lugar digno en el arreglo de Dios, y los hombres cristianos son amonestados a "rogar". . . las mujeres mayores como madres, las mujeres más jóvenes y las hermanas con toda la castidad ". 1 Timoteo 5: 1, 2.

Diferentes Asignaciones del hombre

Un hombre cristiano tiene un rol divinamente asignado y se espera que lo llene. Pablo dijo: "Quiero que sepas que la cabeza de cada hombre es Cristo; a su vez la cabeza de una mujer es el hombre; a su vez, la cabeza de Cristo es Dios" (1 Corintios 11: 3). El hombre también tiene una cabeza: Cristo. De hecho, el hombre es responsable ante Cristo y, en última instancia, ante Dios. Y Dios espera que el hombre ejerza su autoridad con amor. (Efesios 5:25) Esto ha sido así desde que los humanos caminaron la tierra por primera vez.

La Biblia muestra que Dios le dio al hombre tareas en línea con su posición de jefe. Por ejemplo, Dios hizo que el hombre Noé construyera un arca para la preservación de la vida durante el Diluvio. (Génesis 6: 9–7: 24) Al hombre Abraham le fue prometido que, por medio de su simiente, todas las familias y naciones de la tierra se bendecirían a sí mismas. La parte principal de esa semilla es Cristo Jesús. (Génesis 12: 3; 22:18; Gálatas 3: 8-16) Dios designó al hombre Moisés para que sacara a los israelitas de Egipto. (Éxodo 3: 9, 10, 12, 18). Fue a través de Moisés que Dios dio el código de leyes conocido como el pacto de la Ley o la Ley Mosaica. (Éxodo 24: 1-18) Sin excepción, los escritores de la Biblia eran hombres.

Felices en sus roles

Cumplir con los roles que Dios le ha dado trae felicidad tanto a hombres como a mujeres. Los matrimonios felices se producen cuando los esposos y esposas imitan el ejemplo de Cristo y su congregación. "Los esposos", escribió Pablo, "continúen amando a sus esposas, así como Cristo también amó a la congregación y se entregó a sí mismo por ella. . . Que cada uno de ustedes, individualmente, ame tanto a su esposa como a sí mismo" (Efesios 5: 25-33). Por lo tanto, los esposos deben ejercer su autoridad, no de manera egoísta, sino de manera amorosa. La congregación de Cristo no está hecha de humanos perfectos. Sin embargo, Jesús los ama y lo cuida. Del mismo modo, un marido cristiano debe amar y cuidar a su esposa. Una esposa cristiana "debe tener un profundo respeto por su esposo" (Efesios 5:33). En este sentido, ella puede ver a la congregación como un ejemplo. Efesios 5: 21-24 declara: "Estén sometidos unos a otros en temor de Cristo. Que las esposas estén sujetas a sus esposos en cuanto al Señor, porque un esposo es la cabeza de su esposa, como Cristo también es la cabeza de la congregación, siendo él un salvador de este cuerpo. De hecho, como la congregación está sujeta a Cristo, que las esposas también lo sean para sus esposos en todo. "Aunque a la esposa a veces le resulte difícil o estar sujeta a su esposo, como conviene " vuelvase, oportuno] en el Señor" (Colosenses 3:18) Estar en sujeción a su esposo será más fácil si ella recuerda que esto le agrada al Señor Jesucristo.

Cómo se sienten acerca de su papel dado por Dios

"Mi esposo ejerce su autoridad de una manera amorosa y amable", dice Susana. "Usualmente, discutimos las decisiones, y cuando él decide qué se hará o no se hará, sé que es para nuestro beneficio. El arreglo de Dios para las esposas cristianas realmente me hace feliz y nuestro matrimonio fuerte. Estamos cerca y trabajar juntos para lograr metas espirituales ". Una mujer llamada Monica comenta: "El asignado a papel que Dios ha sus hijas es una garantía de su amor por nosotras. Siento que honrar y respetar a mi esposo, así como apoyarlo en los deberes de su congregación, es mi manera de mostrar aprecio a Dios por este arreglo ".

Incluso si su esposo no es un creyente, una esposa cristiana debe someterse a su autoridad. El apóstol Pedro dice: "Ustedes, esposas, estén sujetas a sus propios esposos, para que, si alguno no es obediente a la palabra, puedan ser ganados sin una palabra a través de la conducta de sus esposas, por haber sido testigos de tu casta conducta con un profundo respeto." (1 Pedro 3: 1, 2) Sara, quien respetaba a su esposo, Abraham, tuvo el privilegio de llevar a Isaac y convertirse en ancestra de Jesucristo. (Hebreos 11:11, 12; 1 Pedro 3: 5, 6) Las esposas que se comportan como lo hizo Sara seguramente serán recompensadas por Dios.

La paz y la armonía prevalecen cuando los hombres y las mujeres cumplen sus roles dados por Dios. Esto se traduce en su satisfacción y felicidad. Además, cumplir con los requisitos bíblicos viste a cada uno de ellos con la dignidad asociada con un lugar privilegiado en el arreglo de Dios. "Las mujeres que dicen las buenas nuevas son un gran ejército"

PUNTO DE VISTA DE LA BIBLIA

Fidelidad conyugal ¿Qué significa realmente? La mayoría de las personas esperan que los compañeros de matrimonio sean sexualmente fieles entre sí. Esta visión de la fidelidad conyugal concuerda con la Biblia, que dice: "Que el matrimonio sea honorable entre todos, y que el lecho matrimonial sea sin contaminación" (Hebreos 13: 4).

¿SE ESTÁ REFRENANDO del sexo con otras parejas todo lo que significa ser fiel en el matrimonio? ¿Qué pasa con las fantasías sexuales que involucran alguien que no sea tu compañero de matrimonio? ¿Podría una amistad cercana con alguien del sexo opuesto convertirse en una forma de "infidelidad"?

¿Son inofensivas las fantasías sexuales?

La Biblia presenta el sexo como una parte natural y saludable de la vida matrimonial, una fuente de alegría y satisfacción mutuas. (Proverbios 5:18, 19) Pero muchos expertos modernos creen que es normal, incluso saludable, que una persona casada fantasee con otras parejas sexuales. ¿Son tales fantasías inofensivas mientras no se actúen?

Las fantasías sexuales suelen centrarse en la gratificación personal. Tal comportamiento egocéntrico es contrario al consejo de la Biblia para las personas casadas. Con respecto a las relaciones sexuales, la Palabra de Dios dice: "La esposa no ejerce autoridad sobre su propio cuerpo, pero su esposo sí lo hace; del mismo modo, también, el marido no ejerce autoridad sobre su propio cuerpo, pero su esposa sí lo hace" (1 Corintios 7: 4). Seguir el consejo de la Biblia impide que el sexo se convierta en un acto de lujuria y egoísmo alimentado por la fantasía. Como resultado, ambos matrimonios disfrutan de mayor felicidad. Hechos 20:35; Filipenses 2: 4.

Las fantasías de tener relaciones sexuales fuera del matrimonio implican ensayar mentalmente acciones que, si se llevan a cabo, causarán un gran dolor emocional a la pareja. ¿La participación en fantasías sexuales aumentará la probabilidad de cometer adulterio? La respuesta simple es sí. La Biblia ilustra el vínculo entre pensamientos y acciones: "Cada uno se prueba al ser extraído y seducido por su propio deseo. Luego, el deseo, cuando se ha vuelto fértil, da a luz al pecado" (Santiago 1:14, 15).

Jesús dijo: "Todo el mundo que sigue mirando a una mujer para sentir pasión por ella ya ha cometido adulterio con ella en su corazón". (Mateo 5:28) Al negarse a insistir en las fantasías adúlteras, usted "protégé su corazón" y protege su matrimonio. Proverbios 4:23.

¿Por qué permanecer emocionalmente fiel?

Un matrimonio exitoso requiere darle "devoción exclusiva" a su pareja. (Canción de Salomón 8: 6; Proverbios 5: 15-18) ¿Qué significa esto? Si bien es normal tener amigos de ambos sexos fuera del matrimonio, su compañero de matrimonio primero reclama su tiempo, atención y energía emocional. Cualquier relación que tome lo que correctamente pertenece a su pareja y se la da a otra persona es una forma de "infidelidad", incluso si no hay actividad sexual involucrada. "Todos los que siguen mirando a una mujer para sentir pasión por ella ya han cometido adulterio con ella en su corazón". (Mateo 5:28).

¿Cómo podría desarrollarse tal relación? Alguien del sexo opuesto puede parecer más atractivo o empático que su cónyuge. Pasar tiempo con ese en el lugar de trabajo o en un entorno social puede llevar a discutir asuntos personales, incluidos problemas o decepciones en su matrimonio. Una dependencia emocional puede crecer. La comunicación en persona, por teléfono o por chat en línea puede convertirse en una traición a la confianza. Los compañeros de matrimonio esperan adecuadamente que ciertos temas se discutan solo entre ellos y que su " conversación confidencial " se mantenga privada. Proverbios 25: 9. ¡Cuidado de racionalizar que no existen sentimientos románticos cuando, de hecho, pueden! "El corazón es traicionero", dice Jeremías 17: 9. Si tiene una amistad cercana con alguien del sexo opuesto, pregúntese: '¿Estoy guardando en secreto esta relación? ¿Me sentiría cómodo si mi compañero escuchara nuestras conversaciones? ¿Cómo me sentiría si mi compañero tuviera una amistad similar? " Mateo 7:12.

Una relación inadecuada puede llevar a un desastre conyugal, ya que la cercanía emocional allana el camino para una eventual intimidad sexual. Como Jesús advirtió, "del corazón, vienen. . . adulterios." (Mateo 15:19) Sin embargo, incluso si el adulterio no resulta, el daño causado por la pérdida de confianza puede ser extremadamente difícil de reparar. Una esposa llamada Carolina dijo: "Cuando descubrí que Manuel estaba hablando en secreto por teléfono varias veces al día con otra mujer, mi corazón se rompió. Es muy difícil creer que no estuvieron involucrados sexualmente. No estoy seguro de que alguna vez confíe en él.

Mantenga las amistades con los miembros del sexo opuesto dentro de los límites apropiados. No ignore la presencia de sentimientos impropios ni racionalice motivos impuros. Si siente que una relación amenaza su matrimonio, actúe rápidamente para limitarlo o ponerle fin. La Biblia dice: "Astuto es el que ha visto la calamidad y procede a ocultarse". (Proverbios 22: 3).

Proteja su vínculo de una sola carne

Nuestro Creador pretendía que el matrimonio debiese ser la relación más cercana entre dos humanos. Dijo que el esposo y la esposa "deben convertirse en una sola carne" (Génesis 2:24). El vínculo de una sola carne implica más que la intimidad sexual. Incluye un vínculo emocional cercano, que se fortalece con el desinterés, la confianza y el respeto mutuo. (Proverbios 31:11; Malaquías 2:14, 15; Efesios 5:28, 33). La aplicación de estos principios ayudará a proteger su matrimonio del daño causado por la infidelidad mental y emocional. Sin embargo, es importante tener en cuenta, que solo las relaciones sexuales fuera del matrimonio constituyen fundamentos legales para el divorcio bíblico. (Mateo 19: 9).

¿TE HAS MARAVILLADO? ¿Pueden las fantasías sexuales conducir a acciones? - Santiago 1:14, 15. ¿Podría una amistad cercana con alguien del sexo opuesto amenazar su matrimonio? - Jeremías 17: 9; Mateo 15:19. ¿Cómo puede fortalecer su vínculo matrimonial? —1 Corintios 7: 4; 13: 8; Efesios 5:28, 33.

CAPITULO SIETE

PRINCIPIOS DEL ÉXITO

Los secretos del éxito familiar

Secreto 1

Las prioridades correctas

"Asegúrate de las cosas más importantes" (Filipenses 1:10).

Lo que esto significa. En los matrimonios exitosos, cada cónyuge pone las necesidades del otro por delante de sí mismo, las posesiones, el trabajo, los amigos e incluso otros familiares. El esposo y la esposa pasan mucho tiempo juntos y con los niños. Ambos están dispuestos a hacer sacrificios por los intereses de la familia. Filipenses 2: 4.

¿Por qué importa? La Biblia le da gran importancia a la familia. De hecho, el apóstol Pablo escribió que una persona que no cuida a su familia "es peor que una persona sin fe" (1 Timoteo 5: 8). Sin embargo, con el tiempo, las prioridades de una persona pueden cambiar. Por ejemplo, un consejero familiar notó que muchos de los que asistieron a una conferencia que sostuvo parecían estar más enfocados en la carrera que en la familia. Él dice que fue como si esperaran aprender "técnicas de solución rápida" para que pudieran "marcar" la familia "de su lista de" cosas por hacer "y volver a centrarse en sus profesiones". ¿La lección? Es más fácil decir que ponemos a la familia primero que mostrarla.

Un padre ganador le da alta prioridad a su cónyuge e hijos

Prueba este ejercicio. Califique su sentido de prioridad, utilizando las siguientes preguntas como guía.

Cuando mi cónyuge o mi hijo necesitan hablar, ¿le presto atención a esa persona lo antes posible?

Cuando hablo con otros sobre mis actividades, ¿a menudo me encuentro discutiendo cosas que hago con mi familia?

¿Rechazaré la responsabilidad adicional (en el trabajo o en otro lugar) si mi familia necesitara mi tiempo?

Si respondió afirmativamente a las preguntas anteriores, podría asumir que tiene las prioridades correctas. Pero ¿cómo te calificarían tu cónyuge e hijos? Cómo nos vemos a nosotros mismos no es el único criterio con el que se miden nuestras prioridades. Y ese mismo principio es válido con los otros secretos del éxito que se discutirán. Hacer una resolución. Piense en una o dos formas en que podría demostrar que su familia es lo primero. (Por ejemplo: piense en reducir las cosas que pueden estar entrometiendo el tiempo que sería mejor pasar con su cónyuge e hijos).

¿Por qué no compartir sus resoluciones con su familia? Cuando un miembro muestra voluntad de cambiar, es más probable que los otros lo sigan.

Secreto 2: Secretos de compromiso del éxito de la familiar

Compromiso

"Lo que Dios juntó, no lo separe el hombre" (Mateo 19: 6).

Lo que esto significa. Las parejas exitosas ven su matrimonio como una unión permanente. Cuando surge un problema, se esfuerzan por resolverlo en lugar de usarlo como una excusa para abandonar el matrimonio. Cuando los cónyuges tienen un sentido de compromiso, se sienten seguros. Cada uno confía en que el otro continuará honrando la unión.

¿Por qué importa? En muchos sentidos, el compromiso es la columna vertebral de una relación matrimonial. Sin embargo, después de conflictos repetidos, el compromiso puede parecer más una trampa que una confianza. En efecto, "hasta que la muerte nos separe" se convierte en poco más que un contrato frío, uno de los compañeros desearía tener escapatoria. Es posible que no abandonen el matrimonio literalmente, pero podrían "salir" de otras maneras, por ejemplo, retirándose al silencio pedregoso cuando es necesario discutir temas serios.

El compromiso es como una barandilla que impide que tu matrimonio se salga del curso.

Prueba este ejercicio. Califique su nivel de compromiso, utilizando las siguientes preguntas como guía.

Cuando estamos en medio de una disputa, ¿me arrepiento de haberme casado con mi cónyuge?

¿Sueño a soñar con estar con alguien que no sea mi cónyuge?

¿A veces le digo a mi cónyuge: "Te dejo" o "Voy a buscar alguien que me aprecie"?

Hacer una resolución. Piense en una o dos acciones que podría tomar para fortalecer su compromiso. (Algunas ideas: escriba una nota ocasional a su cónyuge, mantenga las fotos de su cónyuge en exhibición en el trabajo, o llame a su cónyuge todos los días desde el trabajo, solo para mantenerse en contacto.) ¿Por qué no hacer algunas sugerencias y luego preguntar a su cónyuge cuál sería la más significativa para él o ella?

Secretos del éxito familiar

Secreto 3 - Trabajo en equipo

"Dos son mejor que uno. . . Si uno de ellos cae, el otro puede levantar a su compañero" (Eclesiastés 4: 9, 10).

Lo que esto significa. Las parejas exitosas respetan el arreglo de liderazgo de Dios como se describe en la Biblia. (Efesios 5: 22-24) Sin embargo, tanto el esposo como la esposa ven su matrimonio en términos de "nuestro" y "nosotros" en lugar de "mío" y "yo". Cuando hay trabajo en equipo, el esposo y la esposa ya no son solteros en corazón. Son "una sola carne", un término bíblico que describe no solo la permanencia de la unión, sino también su intimidad (Génesis 2:24).

Trabajo en equipo significa que eres piloto y copiloto con el mismo plan de vuelo. ¿Por qué importa? Si usted y su cónyuge no son un equipo, los eventos menores pueden convertirse rápidamente en problemas importantes con cada uno de ustedes atacando al otro en lugar del problema en cuestión. En contraste, cuando usted y su cónyuge son un equipo, se vuelven como piloto y copiloto con el mismo plan de vuelo en lugar de dos pilotos en un curso de colisión. Cuando no está de acuerdo, encuentra soluciones prácticas en lugar de perder tiempo y energía emocional acusando y culpando.

Prueba este ejercicio. Califique su espíritu de trabajo en equipo respondiendo las siguientes preguntas.

¿Veo el dinero que gano como "todo mío", ya que soy el que lo ganó?

¿Me mantengo alejado de los familiares de mi cónyuge, aunque él o ella estén cerca de ellos?

Para relajarme completamente, ¿necesito estar lejos de mi cónyuge?

Hacer una resolución. Piense en una o dos formas en que podría mostrarse más orientado hacia el equipo con su cónyuge.

¿Por qué no preguntarle a su cónyuge qué le sugeriría? Secretos del éxito familiar

Secreto 4 - Respeto

"Quitense de vosotros. . . los gritos y el discurso abusivo". Efesios 4:31.

Lo que esto significa. Tanto las familias con problemas como las exitosas tienen desacuerdos. Pero las familias exitosas discuten asuntos sin recurrir al sarcasmo, insultos y otras formas de lenguaje abusivo. Los miembros de la familia se tratan como a ellos mismos les gustaría ser tratados (Mateo 7:12).

¿Por qué importa? Las palabras pueden convertirse en armas produciendo efectos devastadores. Un proverbio bíblico dice: "Es mejor vivir en una tierra desolada, que con una mujer polémica y enojada" (Proverbios 21:19). Por supuesto, lo mismo podría decirse de un hombre con una lengua amarga. Y cuando se trata de la crianza de los hijos, la Biblia dice: "No exasperes a tus hijos, para que no se desanimen" (Colosenses 3:21). Los niños que son constantemente criticados pueden llegar a sentir que es imposible complacer a sus padres, incluso pueden dejar de intentarlo.

Así como las olas del océano pueden erosionar la roca sólida, un patrón de discurso hiriente puede debilitar a una familia.

Prueba este ejercicio. Califique el nivel de respeto en su familia respondiendo las siguientes preguntas.

En mi familia, ¿los desacuerdos generalmente terminan cuando una persona sale de la habitación?

Cuando hablo con mi cónyuge o mis hijos, ¿recurro al uso de palabras insultantes, como "estúpido", "idiota" o algo similar?

¿Me criaron en una atmósfera en la que el lenguaje abusivo era común?

Hacer una resolución. Piense en una o dos metas que podría establecer con respecto a mostrar respeto en su discurso. (Idea: Decide utilizar declaraciones de "Yo" en lugar de declaraciones de " tú ". Por ejemplo, "Me siento herido cuando tú ...", "en lugar de" Siempre eres ... ")

¿Por qué no le dices a tu cónyuge de tus metas? En tres meses, consulte con su cónyuge para ver cómo ha progresado.

Piense en algunos límites que puede establecer para que no use el habla abusiva cuando se comunique con sus hijos.

¿Por qué no pedir disculpas a sus hijos por los momentos en que les haya hablado con dureza o sarcasmo?

Secretos del éxito familiar

Secreto 5 - Razonabilidad

"Que se sepa tu razonabilidad" (Filipenses 4: 5).

Lo que esto significa. En las familias exitosas, los esposos y las esposas se hacen concesiones por los errores de los demás. (Romanos 3:23) Tampoco son excesivamente rígidos ni demasiado permisivos con sus hijos. Establecen un número modesto de reglas del hogar. Cuando se necesita corrección, la dan "en la medida adecuada". Jeremías 30:11. ¿Por qué importa? La Biblia dice que "la sabiduría de arriba es. . . razonable" (Santiago 3:17). Dios mismo no exige perfección de los humanos imperfectos, entonces, ¿por qué un matrimonio debería exigirse el uno al otro? En realidad, la eliminación de fallas menores solo produce resentimiento, no mejora. Es mejor aceptar el hecho de que "todos tropezamos muchas veces". (Santiago 3: 2).

Como un conductor cuidadoso, un miembro de la familia razonable está preparado para ceder.

Los padres exitosos muestran razonabilidad cuando tratan con sus hijos. Su disciplina no es excesiva, ni son "difíciles de complacer" (1 Pedro 2:18). Otorgan libertades a los adolescentes que demuestran un sentido de responsabilidad. No intenten controlarlos en exceso. Un trabajo de referencia señala que tratar de controlar cada aspecto de la vida de un adolescente "es el equivalente a realizar una danza de lluvia violenta y agotadora para hacer que llueva. No habrá lluvia, pero te cansarás ".

Prueba este ejercicio. Califique su nivel de razonabilidad respondiendo las siguientes preguntas.

¿Cuándo fue la última vez que alabó a su cónyuge?

¿Cuándo fue la última vez que criticó a su cónyuge?

Hacer una resolución. Si luchó por encontrar una respuesta a la primera pregunta en el ejercicio que la acompaña, pero no tuvo problemas para responder a la segunda, piense en una meta que pueda establecer con respecto a sus expectativas.

¿Por qué no discutir con su cónyuge qué soluciones podrían hacer los dos?

Piense en algunas libertades que podría otorgarle a su adolescente cuando él o ella demuestre un sentido de responsabilidad.

¿Por qué no tener una discusión abierta con su adolescente sobre temas como los toques de queda?

Secretos del éxito familiar: Secreto 6 - Perdón

"Continúen aguantándose unos a otros y perdonándose unos a otros libremente" (Colosenses 3:13).

Lo que esto significa. Las parejas exitosas aprenden del pasado; pero no hacen un seguimiento de las quejas anteriores y luego las usan para hacer afirmaciones radicales, como "Siempre llegas tarde" o "Nunca escuchas". Tanto el esposo como la esposa creen que "es hermoso". . . pasar por alto la transgresión". Proverbios 19:11.

¿Por qué importa? Dios está "listo para perdonar", pero eso no siempre es así con los humanos. (Salmo 86: 5) Los errores viejos que quedan sin resolver pueden producir capas de resentimiento que se acumulan hasta el punto en que el perdón parece imposible. Cada cónyuge puede retirarse a un rincón emocional; cada uno permanece insensible a los sentimientos del otro. Ambos se sienten atrapados en un matrimonio sin amor.

Cuando perdonas, la deuda se cancela. No intentas reclamar.

Prueba este ejercicio. Mire las fotografías antiguas de usted y su cónyuge tomadas antes en su matrimonio o durante su noviazgo. Intente reavivar la calidez que sintió antes de que los problemas se arrastraran y nublaran su vista. Luego piensa en las cualidades que primero te atrajeron a tu cónyuge.

¿Qué cualidades admiras más de tu cónyuge ahora?

Piensa en algunos efectos positivos para que tu seas una persona más indulgente y puedas llevarte mejor con tus hijos.

Hacer una resolución. Piense en una o dos maneras en que decidirá mantener las quejas pasadas fuera de los desacuerdos actuales que pueda tener con su cónyuge.

¿Por qué no alabar a su cónyuge por las cualidades que admira de él o ella? (Proverbios 31:28, 29).

Considere algunas formas en que demostrará perdón con sus hijos.

¿Por qué no discutir con sus hijos el tema del perdón y cómo la capacidad de perdonar beneficia a cada miembro de la familia?

Secretos del éxito familiar: Secreto 7 -Una base firme

Secreto 7 - Una fundación firme

Lo que esto significa. Las familias fuertes no resisten automáticamente, como tampoco una casa se mantiene en pie durante muchas décadas. Una estructura sólida necesita una base firme, y lo mismo se puede decir de una familia fuerte. Las familias exitosas se basan en una fuente de orientación que funciona.

¿Por qué importa? El asesoramiento sobre la vida familiar abunda en libros, revistas y programas de televisión. Algunos consejeros matrimoniales instarían a las parejas con problemas a permanecer juntas, mientras que otros instarían a esas mismas parejas a separarse. Los expertos incluso cambian su propio pensamiento sobre tales temas. Por ejemplo, en 1994, un terapeuta popular que se especializa en temas de adolescentes escribió que al principio de su carrera, ella sentía que "los niños estaban mejor con padres solteros felices que con padres casados infelices. Pensé que el divorcio era una mejor opción que luchar por un mal matrimonio". Sin embargo, después de dos décadas de experiencia, ella cambió de parecer. Ella declaró: "El divorcio destruye a muchos niños".

Con una base bíblica firme, su familia puede resistir las tormentas que la amenazan.

Las opiniones están sujetas a cambios, pero el mejor consejo que se puede encontrar siempre reflejará de alguna manera los principios que se encuentran en la Palabra de Dios, la Biblia. Es posible que haya notado que un principio bíblico se encuentra en la parte superior de dichos principios que han ayudado a muchas familias a encontrar el verdadero éxito. Como todas las demás familias, ellos experimentan problemas. La diferencia es que la Biblia les ha proporcionado una base firme para el matrimonio y la vida familiar. Esperamos que la Biblia sea verdad, ya que su autor, Dios, es el originador de la familia. (2 Timoteo 3:16-17).

Prueba este ejercicio. Haga una lista de las escrituras citadas en la parte superior de los principios de este capítulo. Agrega cualquier otro texto de la Biblia que te haya ayudado. Mantenga una lista de estos a mano, y consúltelos a menudo. Hacer una resolución. Determine aplicar la Biblia en su vida familiar.

Cómo los niños cambian un matrimonio

Carlos: "Mary y yo estábamos encantados con la llegada de nuestra hija. Pero perdí mucho sueño en los primeros meses después de que ella nació. Teníamos todo tipo de planes sobre cómo tratar con ella, pero todos se desvanecieron rápidamente ".

María: "Con el nacimiento de nuestro bebé, mi vida ya no era mía. De repente, todo giraba en torno al siguiente biberón, al siguiente cambio de pañal o al siguiente intento de calmar al bebé. El ajuste fue inmenso. Pasaron meses antes de que mi relación con Carlos volviera a la normalidad ".

MUCHOS estarían de acuerdo en que tener hijos es una de las mayores alegrías de la vida. La Biblia describe a los niños como "una recompensa" de Dios. (Salmo 127: 3) Los nuevos padres como Carlos y Mary también saben que los niños pueden cambiar un matrimonio de manera inesperada. Por ejemplo, una nueva madre puede concentrarse en su bebé y sorprenderse de cómo su cuerpo y su corazón responden a cada gemido del recién nacido. En cuanto al nuevo padre, puede maravillarse con el vínculo que se forma entre su esposa y el bebé, pero también puede preocuparse de que se le deje de lado de repente.

De hecho, el nacimiento de un primer hijo puede ser un catalizador para una crisis en un matrimonio. Las inseguridades emocionales de un individuo y los problemas no resueltos de una pareja pueden surgir, exponerse y magnificarse por las tensiones de la paternidad.

¿Cómo pueden los nuevos padres adaptarse a los agitados primeros meses cuando el recién nacido requiere toda su atención? ¿Qué puede hacer una pareja para mantener su intimidad? ¿Cómo pueden manejar cualquier desacuerdo sobre la crianza de los hijos? Examinemos cada uno de esos desafíos y consideremos cómo los principios bíblicos pueden ayudar a una pareja a enfrentarlos.

RETO 1: La vida de repente gira en torno al niño.

Un nuevo bebé consume el tiempo y los pensamientos de su madre. Ella puede sentir un profundo sentimiento de satisfacción emocional al cuidar a su bebé. Mientras tanto, su marido puede sentirse descuidado. Manuel, que vive en Brasil, dice: "El cambio de enfoque de mi esposa hacia mi bebé fue el cambio más difícil de aceptar para mí. Antes, éramos solo nosotros dos, y de repente, solo eran mi esposa y el bebé. "¿Cómo puedes sobrellevar la agitación?

Una clave para el éxito: ser paciente. "El amor es sufrido y amable", dice la Biblia. El amor "no busca sus propios intereses, no se provoca" (1 Corintios 13: 4, 5) Cuando llega un nuevo bebé, ¿qué pueden hacer el esposo y la esposa para aplicar ese consejo?

Un marido sabio demuestra su amor por su esposa educándose sobre el impacto físico y mental que el parto tiene en una mujer. Si lo hace, se dará cuenta de por qué su esposa puede ser propensa a cambios repentinos de humor. Adrian, quien vive en Francia y es padre de una niña de 11 meses, admite: "Los cambios de humor de mi esposa a veces son difíciles de tratar con ella. Pero trato de recordar que su frustración no está en realidad dirigida a mí personalmente. Más bien, es una respuesta a las tensiones desconocidas de nuestra nueva situación ".

¿A veces su esposa malinterpreta sus intentos de ayudar? Si es así, no te ofendas rápidamente. (Eclesiastés 7: 9) En su lugar, busque pacientemente sus mejores intereses, no los suyos, y evitará enojarse. Proverbios 14:29.

Por otro lado, una esposa exigente tratará de alentar a su esposo en su nuevo papel. Ella lo involucrará en el cuidado de los niños, mostrándole pacientemente cómo cambiar los pañales o preparar biberones, aunque al principio pueda parecer torpe.

Erika, una madre de 26 años, reconoció que necesitaba hacer algunos ajustes en la forma en que trataba a su esposo. "Tenía que ser menos posesiva con el bebé", dice ella. "Y tuve que recordarme a mí misma que no debía ser demasiado exigente cuando mi esposo trató de aplicar mis sugerencias sobre el cuidado del bebé".

INTENTE ESTO: esposas, si su esposo realiza alguna tarea de cuidado de niños de una manera diferente a la suya, resista la tentación de criticarlo o rehacer el trabajo. Felicítelo por lo que hace adecuadamente, y usted aumentará su confianza y lo alentará a que le brinde el apoyo que necesita. Maridos, reduzcan las actividades que no sean esenciales para que tenga todo el tiempo posible para ayudar a su esposa, especialmente durante los primeros meses después de que nazca el bebé.

RETO 2: Tu relación como pareja se debilita.

Agotados por el sueño fragmentado y las crisis inesperadas, muchos padres nuevos luchan por mantenerse cerca. Viviana, una madre francesa de dos bebés, admite: "Al principio, estaba tan concentrada en mi deber como madre que casi me olvido de mi papel como esposa".

Por otro lado, un esposo puede no reconocer que el embarazo ha afectado a su esposa, tanto física como emocionalmente. Un nuevo bebé puede consumir tiempo y energía que ambos solían mantener una íntimidad emocional y sexualmente. Entonces, ¿Cómo y cuándo puede una pareja garantizar que su bebé indefenso y adorable no se convierta en una division que los separe?

Una clave para el éxito: reafirmar su amor el uno por el otro. Al describir el matrimonio, la Biblia dice: "Un hombre dejará a su padre y a su madre y debe unirse a su esposa y ellos deben convertirse en una sola carne.", (Génesis 2:24) Dios quiso que los niños finalmente abandonaran a sus padres. En contraste, Dios espera que el vínculo de una sola carne entre un esposo y su esposa dure toda la vida. (Mateo 19: 3-9) ¿Cómo puede apreciar este hecho ayudar a una pareja con un nuevo bebé a mantener las prioridades adecuadas?

Viviana, citada anteriormente, dice: "Pensé en las palabras en Génesis 2:24, y ese verso me ayudó a darme cuenta de que me había convertido en "una sola carne" con mi esposo, no con mi hijo. Vi la necesidad de fortalecer nuestro matrimonio ". Teresa, la madre de una niña de dos años, dice:" Si empiezo a sentirme distante de mi marido, hago esfuerzos inmediatos para prestarle toda mi atención, aunque solo sea por un rato cada día ".

PREGÚNTESE . . . Durante la semana pasada, ¿qué he hecho para demostrarle a mi cónyuge que aprecio lo que él o ella hacen por la familia? ¿Cuándo fue la última vez que hice tiempo para tener una conversación sincera con mi cónyuge que no girara en torno a la crianza de los hijos?

Si eres esposo, ¿qué puedes hacer para fortalecer el matrimonio? Dile a tu esposa que la amas. Respalda tus palabras con actos de ternura. Haga un esfuerzo consciente para disipar cualquier sentimiento de inseguridad que su esposa pueda tener. Sara, una madre de 30 años, dice: "Una esposa necesita saber que aún es valiosa y querida, a pesar de que su cuerpo no es lo que era antes de su embarazo". Alan, quien vive en Alemania y es el padre de dos niños, ve la necesidad de brindar apoyo emocional. Él dice: "Siempre he tratado de ser un hombro para que mi esposa llore".

Comprensiblemente, la llegada de un bebé interrumpe la relación sexual de una pareja. Así que un esposo y una esposa necesitan discutir las necesidades de cada uno. La Biblia dice que los cambios en la relación sexual de una pareja deben hacerse por "consentimiento mutuo" (1 Corintios 7: 1-5) Eso requiere comunicación. Dependiendo de su educación o antecedentes culturales, puede ser reacio a hablar sobre asuntos sexuales con su cónyuge. Pero tales conversaciones son vitales ya que una pareja se ajusta a las rutinas de la paternidad. Sea empático, paciente y honesto. (1 Corintios 10:24). De este modo, usted y su cónyuge evitarán malentendidos y profundizarán su amor mutuo. (1 Pedro 3: 7, 8).

Una pareja también puede profundizar el amor que sienten el uno por el otro expresando aprecio. Un marido sabio se dará cuenta de que gran parte del trabajo realizado por una nueva madre no se ve. Viviana dice: "Al final del día, a menudo siento que no he logrado nada, ¡aunque he estado ocupada cuidando al bebé constantemente!" A pesar de estar ocupada, una esposa que discierne tendrá cuidado de no menospreciar la contribución de su esposo a la familia. — Proverbios 17:17.

PRUEBE ESTO: Las madres, si es posible, toman una siesta cuando su bebé está durmiendo. Al "recargar sus baterías", tendrá más energía para su matrimonio. Los padres, siempre que sea posible, levántate por la noche para alimentar o cambiar al bebé para que su esposa pueda descansar. Reafirme regularmente su amor por su pareja dejándole notas, enviándole mensajes de texto o hablándole por teléfono. Como pareja, tómese un tiempo para tener conversaciones individuales. Hable sobre lo demás, no solo sobre su hijo. Mantenga fuerte su amistad con su cónyuge y podrá manejar mejor los desafíos de la paternidad.

RETO 3: No estás de acuerdo con la crianza de los hijos.

Una pareja podría encontrar que sus antecedentes hacen que discutan. Una madre japonesa llamada Asami y su esposo, Katsuro, se enfrentaron a este desafío. Asami dice: "Sentí que Katsuro era demasiado dósil con nuestra hija, mientras que él sentía que estaba siendo demasiado dura con ella". ¿Cómo puedes evitar trabajar uno contra el otro?

Una clave para el éxito: comuníquese con su pareja y apóyese mutuamente. El sabio rey Salomón escribió: "El orgullo solo genera contiendas, pero la sabiduría esta con quienes oyen consejos." (Proverbios 13:10). ¿Cuánto sabe sobre el enfoque de su compañero para criar hijos? Si espera hasta que nazca su bebé antes de hablar sobre temas específicos de entrenamiento infantil, es posible que termine luchando entre sí en lugar de enfrentar el desafío con éxito.

Por ejemplo, ¿qué respuestas a las siguientes preguntas ha acordado: "¿Cómo podemos enseñarle a nuestro niño buenos hábitos de alimentación y de sueño? ¿Debemos recoger siempre al bebé si llora a la hora de acostarse? ¿Cómo deberíamos reaccionar ante los contratiempos del entrenamiento? " Obviamente, las decisiones que tome serán diferentes a las de otras parejas. Elías, el padre de dos hijos, dice: "Necesitas hablar sobre las cosas para estar en la misma onda. Entonces, juntos, podrán responder a las necesidades de su hijo ".

PRUEBA ESTO: piensa en las técnicas de crianza que tus propios padres utilizaron cuando te criaron. Decida cuáles de sus actitudes y acciones le gustaría imitar al criar a su hijo. También decide qué actitudes y acciones, si las hay, quieres evitar repetir. Discute tus conclusiones con tu pareja.

Un niño puede cambiar un matrimonio para siempre

Al igual que un par de patinadores inexpertos necesitan tiempo y paciencia para encontrar su equilibrio en el hielo, usted necesita tiempo para adaptarse a sus nuevos roles como padres. Eventualmente, sin embargo, ganarás confianza.

La crianza de los hijos pondrá a prueba su compromiso con su matrimonio y cambiará para siempre su relación con los demás. Sin embargo, también le dará la oportunidad de desarrollar cualidades valiosas. Si aplica el sabio consejo de la Biblia, su experiencia será como la de un padre llamado Alfredo. Él dice: "Criar hijos ha tenido un buen efecto en mi esposa y en mí. Ahora somos menos egocéntricos, y nos hemos vuelto más amorosos y comprensivos". Ciertamente, este tipo de cambios son bienvenidos en un matrimonio. Muchas madres sufren episodios leves de depresión en las semanas posteriores al parto. Algunos experimentan una condición más grave conocida como depresión posparto. De acuerdo con un trabajo académico, el verbo Hebreo que se traduce como "palo" en Génesis 2:24 puede "llevar la sensación de aferrarse alguien con afecto y lealtad".

Siete pasos para una mejor crianza

PASO UNO - Busque un buen consejo

"Confía en el Señor con todo tu corazón y no te apoyes en tu propio entendimiento". —Proverbios 3: 5

¿Por qué dar este paso? La primera vez que los padres sostienen a un niño recién nacido en sus brazos, pueden verse afectados por emociones conflictivas. "Sentí una profunda alegría y maravilla", dice Vicente, un padre que vive en Gran Bretaña. "Pero también experimenté un abrumador sentido de la responsabilidad y no me sentía preparado para el trabajo". Mónica, una madre que vive en Argentina, dice: "Me preocupaba si podía atender las necesidades de mi niña. Me pregunté: '¿Podré entrenarla para que se convierta en una adulta responsable?'"

¿Puedes relacionarte con las alegrías y los miedos de esos padres? Ciertamente, criar a un niño es una de las tareas más exigentes y, a la vez, satisfactorias y frustrantes pero gratificantes que cualquier humano puede intentar. Como dijo un padre, "solo tienes una oportunidad de criar a tu hijo". Dada la enorme influencia que los padres tienen sobre la salud y la felicidad de sus hijos, es posible que sientas una gran necesidad de consejos confiables sobre cómo ser un mejor padre. El desafío: todos parecen tener consejos sobre la crianza de los niños. En el pasado, los nuevos padres confiaban en el ejemplo de sus padres o en sus convicciones religiosas para guiarlos. Pero en varias tierras, la unidad familiar está decayendo y la religión ha perdido su influencia. Como resultado, muchos padres recurren a expertos en crianza de niños para obtener asesoramiento. Algo de lo que dicen estos expertos se basa en principios sólidos. En otros casos, el consejo de dichos expertos puede ser contradictorio y pronto puede considerarse obsoleto.

La solución: busque el consejo de la Persona que más sabe sobre cómo criar a sus hijos: el Creador de la vida humana, Dios todopoderoso. (Hechos 17: 26-28) Su Palabra, la Biblia, contiene consejos directos y ejemplos prácticos que pueden ayudarlo a convertirse en un mejor padre. "Daré consejo y fijire mis ojos sobre ti", promete. (Salmo 32: 8).

¿Qué consejo les da Dios a los padres para ayudarles a criar niños felices?

PASO DOS - Crea un hogar amoroso

¿Por qué dar este paso? Los niños necesitan amor y si no se los damos se marchitan sin él. En la década de 1950, la antropóloga MF Ashley Montagu escribió: "Lo que más necesita el organismo humano para su desarrollo es una nutrición del amor; la fuente de casi toda la salud está en la experiencia del amor, especialmente durante los primeros seis años de vida ". Los investigadores modernos se hacen eco de la conclusión de Montagu de que" los niños sufren graves efectos paralizantes cuando se exponen a una dieta inadecuada de amor ". El desafío: Vivir en Este mundo sin amor, egoísta, tensa los lazos familiares. (2 Timoteo 3: 1-5) Las parejas casadas pueden encontrar que las demandas financieras y emocionales de criar a sus hijos hacen que los problemas matrimoniales existentes aumenten. Por ejemplo, las diferencias de opinión entre una pareja casada sobre cómo disciplinar y recompensar a los niños pueden aumentar la tensión entre dos personas que ya tienen dificultades para comunicarse.

La solución: planificar el tiempo regular en familia. Las parejas casadas también necesitan planear tiempo juntos. (Amos 3: 3) Aproveche el tiempo después de que los niños se hayan acostado. No permitas que la televisión te robe estos valiosos momentos. Mantén el romance en tu matrimonio expresando regularmente afecto el uno por el otro. (Proverbios 25:11; Canción de Salomón 4: 7-10) En lugar de "encontrar faltas" constantemente, busque formas cada día para alabar a su cónyuge. — Salmo 103: 9, 10; Proverbios 31:28.

"Amor . . . Es un lazo perfecto de unión. "- Colosenses 3:14

Dile a tus hijos que los amas. El Dios Todopoderoso puso el ejemplo para los padres al expresar abiertamente el afecto por su Hijo, Jesús. (Mateo 3:17; 17: 5) Federico, un padre que vive en Austria, dice: "He descubierto que los niños son un poco como algunas flores. Así como estas pequeñas plantas se vuelven hacia el sol para recibir luz y calor, los niños buscan a sus padres por amor y por la seguridad de que son miembros valiosos de la familia ".

Ya sea que esté casado o sea padre soltero, si ayuda a su familia a desarrollar un amor mutuo y por Dios, su vida familiar mejorará. Sin embargo, ¿qué dice la Palabra de Dios sobre el ejercicio de la autoridad paterna?

PASO TRES - Ejercita tu autoridad

¿Por qué dar este paso? Los estudios demuestran que "los niños criados por padres amorosos pero autoritarios, aquellos que apoyan a sus hijos pero que mantienen límites firmes, sobresalen académicamente, desarrollan mejores habilidades sociales, se sienten bien con ellos mismos y son más felices en general que los niños cuyos padres son demasiado indulgentes o excesivamente ásperos", dice la revista Parents.

El desafío: Desde la infancia hasta la adolescencia, los niños desafiarán su derecho a ejercer autoridad sobre ellos. "Los niños aprenden rápidamente cuando sus padres tienen miedo de hacer valer su autoridad y pueden confiar en que se rindan", escribe John Rosemond, ¡autor del libro Parent Power! "Cuando se trata de una pregunta de '¿Quién es el jefe?' Si los padres no corren con el balón, los niños lo harán ", dice.

La solución: no se preocupe si alejará a sus hijos o aplastará su espíritu si ejerce su autoridad. El Dios Todopoderoso, el creador de la vida familiar, no pretende que los niños tengan la misma opinión sobre cómo se gobierna la familia. Más bien, él designa a los padres a su posición de autoridad y les ordena a los niños: "Sean obedientes a sus padres". - Efesios 3:14, 15; 6: 1-4.

Puedes ejercer tu autoridad sin llegar a ser un tirano. ¿Cómo? Siguiendo el ejemplo de Dios. Él tiene el poder de obligar a sus hijos humanos a hacer su voluntad, sin embargo, apela al bien en nosotros. "¡Ojalá realmente prestaras atención a mis mandamientos! Entonces tu paz se volverá como un río", declara su Palabra. (Isaías 48:18) el Señor quiere que lo obedezcamos, no porque le tengamos un miedo morboso, sino porque lo amamos. (1 Juan 5: 3) Él es razonable en lo que requiere de nosotros y sabe que nos beneficiaremos si vivimos de acuerdo con sus estándares morales. Salmo 19: 7-11. "Disciplina a tus hijos, y. . . darán deleite a tu corazón. "—Proverbios 29:17,

¿Cómo puede ganarse la confianza para ejercer su autoridad parental de manera equilibrada? Primero, necesitas estar convencido de que Dios requiere esto de ti. Segundo, debes estar seguro de que vivir de acuerdo con los estándares morales de Dios es lo mejor para ti y para tus hijos. — Romanos 12: 2. ¿Qué debes hacer específicamente para ejercer tu autoridad?

PASO CUATRO: defina las reglas familiares y aplíquelas rápidamente

¿Por qué dar este paso? "El hecho es que", dice Ronald Simons, sociólogo de la Universidad de Georgia, "a los niños les va mejor con reglas claras y consecuencias firmes. Sin estructura, los niños se vuelven ensimismados, egoístas e infelices, y también hacen que todos a su alrededor se sienta miserables ". La Palabra de Dios simplemente dice:" Si amas a tus hijos, los corregirás ". Proverbios 13:24, Siglo Nuevo Versión.

El desafío: Definir límites razonables para el comportamiento de sus hijos y hacer cumplir esos límites requiere tiempo, esfuerzo y perseverancia. Y los niños parecen tener una necesidad natural de probar cualquiera de esos límites. Gustavo y Sonia, que están criando a dos hijos, resumen el desafío bien. "Los niños son personas pequeñas con sus propias mentes y deseos y una tendencia innata al pecado", dicen. Estos padres aman mucho a sus hijas. Pero admiten: "A veces, los niños pueden ser tercos y egoístas".

La solución: Imitar la manera en que Jehová trató a la nación de Israel. Una de las formas en que expresó su amor por su gente fue definiendo claramente las leyes que esperaba que siguieran. (Éxodo 20: 2-17) El describió las consecuencias de desobedecer esas leyes. — Éxodo 22: 1-9. "Solo deje que su palabra Sí signifique Sí, su No, No." Mateo 5:37. Por lo tanto, ¿por qué no hacer una lista escrita de las leyes o reglas del hogar que usted siente que sus hijos deben obedecer? Algunos padres sugieren limitar esta lista a unas pocas reglas, tal vez unas cinco. Una lista corta de reglas de la casa bien elegidas es menos difícil de hacer cumplir y es más probable que sea recordada. Junto a las reglas, escriba las consecuencias por romperlas. Asegúrese de que los castigos sean razonables y que esté dispuesto a hacerlos cumplir. Revise las reglas con regularidad para que todos, incluidos mamá y papá, sepan exactamente qué se espera de ellos.

Si se rompen las reglas, aplique las consecuencias rápidamente, haciéndolo de manera calmada, firme y consistente. Nota: Si está enojado, espere hasta que se calme antes de administrar cualquier disciplina. (Proverbios 29:22) Sin embargo, no postergar. No negociar Si lo hace, su hijo pensará que las reglas no deben tomarse en serio. Esto es similar a lo que dice la Biblia: "Porque la sentencia en contra de una mala obra no se ha ejecutado rápidamente, es por eso por lo que el corazón de los hijos de los hombres se ha puesto totalmente en ellos para hacer el mal" (Eclesiastés 8:11).

¿De qué otra manera puede hacer valer su autoridad de una manera que beneficie a sus hijos?

PASO CINCO - Establecer y mantener rutinas

¿Por qué dar este paso? Las rutinas son una parte importante de la vida adulta. El trabajo, la adoración e incluso la recreación generalmente siguen rutinas establecidas. Los padres obstaculizan a sus hijos si no les enseñan a estructurar su tiempo y a seguir un horario. Por otro lado, "los estudios demuestran que tener reglas y estructuras hace que un niño se sienta seguro y que le enseñe autocontrol y autoconfianza", dice el Dr. Laurence Steinberg, profesor de psicología.

El reto: la vida es agitada. Muchos padres trabajan largas horas, por lo que pueden tener poco tiempo para pasar con sus hijos en forma regular. Establecer y mantener rutinas requiere autodisciplina y determinación para superar la resistencia inicial de un niño a cumplir con las rutinas.

La solución: aplicar, en principio, el consejo de la Biblia para "dejar que todo suceda decentemente y por acuerdo" (1 Corintios 14:40). Por ejemplo, mientras sus hijos son muy pequeños, muchos padres establecen sabiamente una hora de acostarse firme y regular. Sin embargo, la hora de acostarse debe ser agradable. Tatiana, que vive en Grecia y es madre de dos niñas, dice: "Cuando los niños están en la cama, los acaricio y les cuento lo que hizo mamá cuando estaban en la escuela. Luego les pregunto si les gustaría contarme algunas de las cosas que hicieron ese día. Están relajados. A menudo se abren a mí". Ismael, el marido de Tatiana, les cuenta cuentos a las niñas. "Comentan sobre la historia", dice, "y, a menudo, la discusión se centra en sus preocupaciones personales. Nunca funciona si solo exijo que las niñas me digan qué les preocupa". Por supuesto, a medida que los niños crezcan, querrá ajustar la hora de acostarse de manera apropiada. Pero si mantiene la rutina, es probable que sus hijos continúen usando este tiempo para hablar con usted.

Además, las familias sabiamente harán un hábito comer al menos una comida al día juntas. Para establecer este hábito, las comidas deben ser un poco flexibles. "A veces llego tarde a casa del trabajo", dice Memo, padre de dos niñas. "Mi esposa podría darles un bocadillo a las niñas para que las cuiden, pero siempre tiene a todos esperando hasta que podamos tener nuestra comida como familia. Discutimos las actividades de nuestro día, revisamos un texto bíblico, hablamos sobre problemas y nos reímos juntos. No puedo enfatizar lo importante que ha sido esta rutina para la felicidad de nuestra familia ".

Para dominar este paso, no permita que la búsqueda de posesiones materiales desplace las rutinas familiares. Aplique el consejo de la Biblia para "asegurarse de las cosas más importantes" (Filipenses 1:10).

¿Qué más pueden hacer los padres para mejorar la comunicación con sus hijos?

"Que todo suceda decentemente y por orden". —1 Corintios 14:40

PASO SEIS - Reconoce los sentimientos de tu hijo

¿Por qué dar este paso? Los niños quieren y necesitan a las personas más importantes en sus vidas, sus padres, para saber cómo se sienten. Si los padres contradicen habitualmente a sus hijos cuando se expresan tales sentimientos, será menos probable que los niños se abran a ellos e incluso empiecen a dudar de su capacidad para sentir y pensar por sí mismos.

El desafío: los niños son propensos a expresar sus pensamientos y emociones en términos extremos. Es cierto que algo de lo que dicen los niños es inquietante para que los padres escuchen. Por ejemplo, un niño frustrado puede decir: "Odio mi vida". La respuesta instintiva de un padre puede ser: "¡No, no!" Los padres pueden preocuparse de que reconocer los sentimientos o pensamientos negativos de un niño equivalga a tolerarlos.

La solución: aplique el consejo de la Biblia para ser "rápido en escuchar, lento en hablar, lento en ira". (Santiago 1:19) Note que Dios reconoció los sentimientos negativos de muchos de sus siervos fieles al tenerlos registrados en la Biblia. (Génesis 27:46; Salmo 73:12, 13) Por ejemplo, cuando Job experimentaba pruebas extremas, dijo que deseaba morir. Job 14:13.

Obviamente, algunos de los pensamientos y sentimientos de Job necesitaban ser corregidos. Pero en lugar de negar los sentimientos de Job o impedir que hablara, Dios dignificó a Job al permitirle pacientemente que derramara su corazón. Solo después Dios lo corrigió amablemente. Un padre cristiano expresó el asunto de esta manera: "Ya que Dios me permite derramar mi corazón en oración, creo que es justo que permita que mis hijos me expresen sus sentimientos positivos y negativos".

"Cuando alguien responde a un asunto antes de que lo escuche, es una tontería de su parte". Proverbios 18:13.

La próxima vez que sienta la tentación de decirle a su hijo: "Realmente no debes de sentirte así" o "Honestamente no puedes pensar eso", recuerde la famosa regla de Jesús: "Tal como quieras que te hagan los hombres, haz lo mismo con ellos." (Lucas 6:31) Por ejemplo, imagina que te han tratado con dureza en el trabajo o que has sufrido alguna decepción, posiblemente debido a tu propio fracaso. Expresa su frustración a un amigo cercano, diciendo que no puede hacer frente a su trabajo. ¿Qué querrías que hiciera tu amigo? ¿Le dice que realmente no se siente así e inmediatamente señala que el problema es culpa suya? ¿O preferiría que su amigo dijera: "Eso debe haber sido difícil? ¿Has tenido un día difícil?

Tanto los niños como los adultos son mucho más propensos aceptar consejo si sienten que el que lo ofrece realmente los entiende y las dificultades que enfrentan. "El corazón del sabio hace que su boca muestre perspicacia, y a sus labios agrega persuasión", dice la Palabra de Dios. (Proverbios 16:23). ¿Cómo puede asegurarse de que cualquier consejo que dé sea tomado en serio? Tome en serio cualquier declaración que hagan sus hijos acerca de terminar con su vida.

PASO SIETE - Enseña con el ejemplo

¿Por qué dar este paso? Las acciones enseñan. Las palabras a menudo solo imparten información. Por ejemplo, los padres pueden decirles a sus hijos que sean respetuosos y que digan la verdad. Sin embargo, si estos mismos padres se gritan entre sí o a sus hijos y dicen mentiras para excusarse de las obligaciones inconvenientes, enseñan que así es como deben comportarse los adultos. Copiar a los padres es una de las formas más poderosas en que los niños aprenden. "Ahora bien, si tú enseñas a otros, ¿por qué no te enseñes a ti mismo? "Romanos 2:21

El reto: los padres son imperfectos. "Todos pecaron y no alcanzan la gloria de Dios", escribió el apóstol Pablo. (Romanos 3:23) En cuanto al control de nuestro discurso, el discípulo Santiago escribió: "Pero ningun hombre puede domar la lengua". (Santiago 3: 8) Además, no es raro que los niños prueben a los padres. Paciencia hasta el límite. "Me sorprendió la facilidad con la que mis hijos podían hacerme perder los estribos", dice Lauro, padre de dos hijos, que normalmente es calmado y autocontrolado.

La solución: esforzarse por ser buenos, no perfectos, ejemplos. Usa tu mal comportamiento ocasional para enseñar una lección positiva. "Si perdí la paciencia con mis hijos o si tomé una decisión equivocada que los afectó negativamente", dice Chris, padre de dos hijos, "admitiría mi error y me disculparía. Esto les enseñó a mis hijos que los padres también cometen errores y que todos debemos trabajar para mejorar nuestra conducta ". Ismael, mencionado anteriormente, dice:" Descubrí que porque me disculpo cuando pierdo los estribos, mis niñas aprendieron a decir que Lo siento cuando cometen errores ".

Dios dice: "No irriten a sus hijos, sigan educándolos en la disciplina y la regulación mental de Jehová". (Efesios 6: 4) Cuando alguien con autoridad dice una cosa pero hace otra, esto irrita a los niños tanto. Como, o posiblemente más, lo hacen los adultos. Por lo tanto, ¿por qué no hacerse estas preguntas al final de cada día? Si no hubiera dicho una palabra en todo el día, ¿qué lecciones habrían aprendido mis hijos de mis acciones? ¿Son estas las mismas lecciones que trato de enseñar verbalmente? Cuando un padre se disculpa, un niño también aprende a hacerlo. Enseña a tus hijos a ser respetuosos.

Un proverbio alemán dice: "Con el sombrero en la mano, uno recorre toda la tierra". En muchas culturas, un hombre que se quita el sombrero al entrar en la casa de alguien o al intercambiar saludos se considera un gesto de cortesía que le ganó respeto. Por lo tanto, el significado del proverbio mencionado anteriormente es que las personas están inclinadas a ser más amables y están mejor dispuestas hacia aquellos que tienen buenos modales.

¡Qué refrescante es cuando los jóvenes son educados! En estos tiempos de falta de respeto creciente, saber cómo tratar a los demás es práctico y beneficioso. Más que eso, las Escrituras nos amonestan a "comportarnos de una manera digna de las buenas nuevas acerca de Cristo". (Fil. 1:27; 2 Tim. 3: 1-5) Es vital que enseñemos a nuestros hijos a respetar otros. ¿Cómo se les puede enseñar no solo a ser exteriormente educados sino a ser genuinamente respetuosos?

Buenos modales enseñados por ejemplo

Los niños aprenden imitando los ejemplos que observan. Por lo tanto, una manera fundamental en la que los padres pueden inculcar buenos modales a sus hijos es ser educados. (Deut. 6: 6, 7) El razonar con su hijo sobre la cortesía es importante, pero eso solo no es suficiente. Junto con los recordatorios, un buen ejemplo es absolutamente esencial.

Considere el caso de Paula, que fue criada en un hogar cristiano por una mamá soltera. Mostrar respeto hacia todos se convirtió en parte de su personalidad. ¿Por qué? Ella responde: "Mamá dio el ejemplo, por lo que ser respetuosos nos llegó naturalmente a nosotros desde niños". Un cristiano llamado Walter enseñó a sus hijos a respetar a su madre incrédula. Él dice: "Traté de enseñar a mis hijos a respetar a su madre con mi propio ejemplo, nunca hablé despectivamente de mi esposa". Walter continuó instruyendo a sus hijos en la Palabra de Dios, y oró pidiendo la ayuda de Dios. Uno de ellos sirve ahora como un predicador, y el otro es un voluntario. Sus hijos aman y respetan ambos padres.

La Biblia dice: "Dios es un Dios, no de desorden, sino de paz". (1 Co. 14:33) Todo lo que Dios hace es ordenado. Los cristianos deben esforzarse por imitar esta cualidad divina y mantener las cosas ordenadas en el hogar. Algunos padres han capacitado a sus hijos para que hagan sus camas todos los días antes de ir a la escuela, para poner su ropa en el lugar adecuado y para ayudar con las tareas domésticas. Si los niños observan un ambiente bien ordenado y limpio en el resto de la casa, es más probable que mantengan sus habitaciones y pertenencias limpias.

¿Cómo ven sus hijos lo que están aprendiendo en la escuela? ¿Expresan aprecio por lo que sus maestros están haciendo por ellos? Como padre, ¿expresas tal aprecio? Sus hijos tenderán a reflejar la misma actitud hacia su trabajo escolar y los maestros que usted muestra. ¿Por qué no animarlos a hacer una práctica de agradecer a sus maestros? Expresar gratitud por los servicios prestados es una excelente manera de mostrar respeto, ya sea a un maestro, un médico, un comerciante o cualquier otra persona. (Lucas 17:15, 16) Los jóvenes cristianos que se destacan entre sus compañeros de escuela debido a la cortesía y la buena conducta son dignos de elogio.

Los miembros de la congregación cristiana deben dar un buen ejemplo cuando se trata de modales. ¡Qué bueno es ver a los jóvenes que están asociados con la congregación mostrar amabilidad diciendo "por favor" y "gracias"! Cuando los adultos muestran respeto por Dios al estar atentos a la instrucción proporcionada durante las reuniones, se anima a los jóvenes a imitarlos. Los niños pueden aprender a respetar a sus vecinos observando buenos ejemplos de buenos modales. Por ejemplo, Andres de cuatro años, ya ha aprendido a decir: "Disculpe", cuando tiene que pasar por los adultos. ¿Qué más pueden hacer los padres para ayudar a sus hijos aprender lo que se espera de ellos en el camino de una conducta adecuada? Los padres pueden y deben tomarse el tiempo para compartir con sus hijos las lecciones aprendidas de los muchos ejemplos que se encuentran en la Palabra de Dios. Rom. 15: 4.

Enseñar con ejemplos de la Biblia

La madre de Samuel probablemente preparó a su hijo para inclinarse ante el Sumo Sacerdote Eli. Cuando ella llevó a Samuel al tabernáculo, él probablemente tenía solo tres o cuatro años. (1 Samuel 1:28). ¿Podría usted ensayar con su pequeño hijo saludos como "buenos días", "buenas tardes", "buenas noches" o lo que sea habitual en el lugar donde vive? Al igual que el joven Samuel, sus hijos también pueden ser "agradables tanto desde el punto de vista de Dios como el de los hombres". 1 Sam. 2:26.

¿Por qué no usar conciderar la Biblia para resaltar el contraste entre respeto y falta de respeto? Por ejemplo, cuando el infiel rey de Israel, Ocozías, quiso ver al profeta Elías, envió a "un capitán de cincuenta con sus cincuenta hombres" para convocarlo. El oficial exigió que el profeta lo acompañara. Esa no era manera de hablarle a un hombre que era el representante de Dios. ¿Cómo respondió Elías? "Bueno, si soy un hombre de Dios", dijo, "deja que el fuego descienda de los cielos y te consúma a ti y a tus cincuenta". Y eso es exactamente lo que sucedió. "El fuego descendió de los cielos y fue a devorarlo a él y a sus cincuenta". - 2 Reyes 1: 9-10.

Un segundo capitán de los 50 fue enviado a buscar a Elías. Él también trató de ordenarle a Elías que fuera con él. Una vez más, el fuego descendió de los cielos. Pero entonces, un tercer capitán de los 50 vino a Elías. Este hombre mostró respeto. En lugar de dar una orden a Elías, se arrodilló y suplicó: "Hombre del verdadero Dios, por favor, que mi alma y el alma de estos cincuenta siervos suyos sean preciosos a sus ojos. Aquí el fuego bajó de los cielos y se comió a los dos ex capitanes de los cincuenta y cincuenta, pero ahora deja que mi alma sea preciosa ante tus ojos ". ¿El profeta de Dios dispararía fuego sobre alguien que pudo haber tenido miedo, pero habló con tal respeto? ¡Eso sería impensable! En cambio, el ángel de Dios le dijo a Elías que fuera con este oficial. (2 Reyes 1: 11-15) ¿Eso no enfatiza el valor de mostrar respeto?

Cuando el apóstol Pablo fue detenido en el templo por soldados romanos, no asumió que tenía derecho a hablar. Respetuosamente le preguntó al oficial a cargo: "¿Se me permite decirle algo?" Como resultado, a Pablo se le dio la oportunidad de hablar en su propia defensa. Hechos 21: 37-40.

Durante el juicio, Jesús fue abofeteado en la cara. Sin embargo, él sabía cómo protestar: "Si he hablado mal, testifica en qué está mal; y si bien, ¿por qué me golpeas? "Nadie pudo encontrar ninguna falla en la forma en que Jesús habló. Juan 18:22, 23.

La Palabra de Dios también proporciona ejemplos de cómo podemos responder a una corrección severa y cómo reconocer respetuosamente algunas faltas o negligencias pasadas. (Gen. 41: 9-13; Hechos 8: 20-24) Por ejemplo, Abigail se disculpó por la manera insolente en que su esposo, Nabal, trató a David. A su disculpa le agregó un regalo de generosas provisiones. David estaba tan impresionado con lo que hizo Abigail que, después de la muerte de Nabal, la eligió para que fuera su esposa. 1 Sam. 25: 23-41.

Enseñe a sus hijos a ser respetuosos, ya sea una cuestión de mostrar respeto en circunstancias difíciles o simplemente de mostrar buenos modales. "Dejar que nuestra luz brille ante los hombres" de esta manera "trae gloria a nuestro Padre, que está en los cielos".— Mat. 5:16. Por supuesto, los padres deben ayudar a sus hijos a ver la diferencia entre ser respetuosos con los adultos y someterse alguien cuyo motivo pueda ser perjudicial.

CAPITULO OCHO

A NIVEL DE LA VIOLENCIA CONTRA LAS MUJERES

PUNTO DE VISTA DE LA SANTA BIBLIA.

El 25 de noviembre es el Día Internacional para la Eliminación de la Violencia contra la Mujer. Este día fue reconocido por la Asamblea General de las Naciones Unidas en 1999 con una visión a aumentar la conciencia pública sobre las violaciones de los derechos de las mujeres. ¿Por qué se consideró necesario este paso?

En muchas culturas las mujeres son vistas y tratadas como inferiores o como ciudadanos de segunda clase. Los prejuicios contra ellos están muy arraigados. La violencia de género en todas sus formas es un problema continuo, incluso en el llamado mundo desarrollado. Según las evidencias disponibles, la violencia contra las mujeres es de alcance mundial y tiene lugar en todas las sociedades y culturas. Afecta a las mujeres sin importar su raza, origen étnico, origen social, nacimiento u otro estado. Para la gran mayoría de las mujeres, la violencia contra las mujeres es un tema tabú, invisible en la sociedad y un hecho vergonzoso de la vida. Las estadísticas publicadas por una institución de victimología en Holanda indican que el 23 por ciento de las mujeres en un país sudamericano, o aproximadamente 1 de cada 4, sufre algún tipo de violencia doméstica. Asimismo, el Consejo de Europa estima que 1 de cada 4 mujeres europeas sufre violencia doméstica durante su vida. Según el Ministerio del Interior británico, en Inglaterra y Gales en un año reciente, un promedio de dos mujeres cada semana fueron asesinadas por sus parejas actuales o anteriores. La revista *India Hoy Internacional* informó que "para las mujeres en toda la India, el miedo es un compañero constante y la violación es el extraño al que deben enfrentarse en cada esquina, en cualquier camino, en cualquier lugar público, a cualquier hora". Amnistía Internacional describe la violencia contra las mujeres y las niñas como el "desafío de derechos humanos más generalizado" de hoy. ¿Las estadísticas mencionadas anteriormente reflejan la actitud de Dios hacia las mujeres?

¿Cómo Dios y Cristo Ven a las Mujeres?

¿Cómo podemos tener una imagen completa de cómo el Dios Todopoderoso ve a las mujeres? Una forma es examinar la actitud y la conducta de Jesucristo, que es "la imagen del Dios invisible" y que refleja perfectamente la visión de Dios de los asuntos. (Colosenses 1:15) Los tratos que Jesús tuvo con las mujeres de su época muestran que el Padre Todopoderoso y Jesús respetan a las mujeres y que ciertamente no aprueban el tratamiento opresivo que es tan común en muchas tierras hoy en día.

Considere, por ejemplo, la ocasión en que Jesús le habló a una mujer en un pozo. "Una mujer de Samaria vino a sacar agua", dice el relato del Evangelio de Juan, y "Jesús le dijo: 'Dame de beber'" Jesús estaba dispuesto a hablar en público con una mujer samaritana, aunque la mayoría de los judíos no tenían tratos con los samaritanos. Según La Enciclopedia Internacional Estándar, para los judíos "la conversación con una mujer en un lugar público fue particularmente escandalosa". Sin embargo, Jesús trató a las mujeres con respeto y consideración y no tenía prejuicios raciales ni prejuicios de género. Por el contrario, fue a la mujer samaritana a quien Jesús, por primera vez, se identificó claramente como el Mesías. — Juan 4: 7-9, 25, 26.

En otra ocasión, se acercó a Jesús una mujer que durante 12 años había estado sufriendo de un flujo de sangre vergonzoso y debilitante. Cuando ella lo tocó, fue sanada instantáneamente. "Jesús se dio la vuelta y, notándola, dijo: 'Ten ánimo, hija; tu fe te ha sanado'" (Mateo 9:22) De acuerdo con la Ley Mosaica, una mujer en su condición no debía estar en una multitud de personas, y mucho menos tocar a otros. Sin embargo, Jesús no la reprendió. Más bien, él la consoló compasivamente y se dirigió a ella como "hija". ¡Cómo esa palabra debe haber tranquilizado su corazón! ¡Y qué feliz debe haber sido Jesús al sanarla!

Después de que Jesús resucitó, su primera aparición fue a María Magdalena y a otro de sus discípulos, a quienes la Biblia se refiere como "la otra María". Jesús pudo haber aparecido primero a Pedro, a Juan, o a uno de los otros discípulos varones. En cambio, dignificó a las mujeres al permitirles ser las primeras testigos oculares de su resurrección. Un ángel les instruyó para informar a los discípulos varones de Jesús acerca de este evento asombroso. Jesús dijo a las mujeres: "Vayan, informen a mis hermanos". (Mateo 28: 1, 5-10) Ciertamente, Jesús no se vio afectado por los prejuicios comunes a los judíos de su época, según los cuales las mujeres no podían servir como testigos legales.

Entonces, lejos de ser parcial en contra de las mujeres o de tolerar actitudes chauvinistas hacia ellas de alguna manera, Jesús demostró que respetaba y apreciaba a las mujeres. La violencia contra ellas fue completamente contraria a lo que Jesús enseñó, y su actitud, podemos estar seguros, fue un reflejo perfecto de la forma en que su Padre Abba, el Todopoderoso Jehová, ve las cosas.

Mujeres Bajo El Cuidado Divino

"En ninguna parte del Mediterráneo antiguo o del Cercano Oriente se otorgó a las mujeres la libertad que disfrutan en la sociedad occidental moderna. El patrón general era uno de subordinación de mujeres a hombres, así como los esclavos estaban subordinados a los libres, y jóvenes a viejos. Los niños varones eran más estimados que las mujeres y, en ocasiones, se dejaba morir a las niñas por exposición". Así es como un diccionario de la Biblia describe la actitud prevaleciente hacia las mujeres en la antigüedad. En muchos casos, casi los pusieron al mismo nivel que los esclavos.

La Biblia fue escrita en un momento en que las costumbres reflejaban esta actitud. Aun así, la ley divina, tal como se expresa en la Biblia, mostraba un gran respeto por las mujeres, lo que contrastaba con las actitudes de muchas culturas antiguas.

Dios protegió a Sara dos veces

La preocupación del Padre por el bienestar de las mujeres es evidente en los diversos casos en que actuó en nombre de sus adoradoras. Dos veces intervino para proteger a la bella esposa de Abraham, Sara, de ser violadas. (Génesis 12: 14-20; 20: 1-7) Dios mostró su favor a la menos querida esposa de Jacob, Lea, al "abrir su vientre", de modo que ella diera un hijo. (Génesis 29:31, 32) Cuando dos parteras israelitas temerosas de Dios arriesgaron sus vidas para preservar a los hijos varones hebreos del infanticidio en Egipto, Dios "les presentó a las familias" (Exodo 1:17, 20, 21). También respondió. La ferviente oración de Ana. (1 Samuel 1:10, 20) Y cuando la viuda de un profeta se enfrentó a un acreedor que estaba a punto de tomar a sus hijos como esclavos para pagar su deuda, Dios no la dejó en la estacada. Con amor, Dios le permitió al profeta Eliseo multiplicar su suministro de aceite para que ella pudiera pagar la deuda y aún tuviera suficiente aceite para su familia. Así preservó a su familia y su dignidad. — Éxodo 22:22, 23; 2 Reyes 4: 1-7.

Los profetas condenaron repetidamente la explotación de las mujeres o el uso de la violencia contra ellas. El profeta Jeremías les dijo a los israelitas en el nombre de Dios: "Haced juicio y justicia, y librad al que está siendo robado de la mano del defraudador; y no maltrate a ningún residente extranjero, niño sin padre o viuda. No les hagas violencia. Y no derrames sangre inocente en este lugar" (Jeremías 22: 2- 3). Más tarde, los ricos y poderosos de Israel fueron condenados porque habían expulsado a las mujeres de sus hogares y maltrataron a sus hijos. (Miqueas 2: 9) El Dios de la justicia ve y condena el mal y el sufrimiento que causa a las mujeres y sus hijos.

La "Esposa Capaz"

Una visión apropiada de una esposa capaz es presentada por el antiguo escritor de los Proverbios. Dado que esta hermosa descripción del papel y el estado de una esposa se incluyó en la Palabra de Dios, podemos estar seguros de que él la aprueba. Lejos de ser oprimida o ser vista como inferior, tal mujer es apreciada, respetada y de confianza.

La "esposa capaz" del capítulo 31 de Proverbios es una trabajadora vigorosa, virtuosa e industrial. Ella trabaja duro en lo que es "el deleite de sus manos" y participa en transacciones comerciales e incluso inmobiliarias. Ella ve un campo y procede a comprarlo. Ella hace ropa interior y las vende. Ella les da cinturones a los comerciantes. Ella es vigorosa en su fuerza y actividad. Además, sus palabras de sabiduría y su bondad amorosa son muy apreciadas. Como resultado, es muy estimada por su esposo, por sus hijos y, lo más importante, por el Dios Todopoderoso.

Las mujeres no deben ser víctimas oprimidas de los hombres que se aprovechan de ellas, las maltratan o las someten abusos de cualquier tipo. En cambio, la mujer casada debe ser el "complemento" feliz y consumado de su esposo. — Génesis 2:18.

Dando Honor

Al escribir a los esposos cristianos acerca de cómo deberían tratar a sus esposas, el inspirado apóstol Pedro instó a los esposos a imitar las actitudes de Dios y de Jesucristo. "Maridos, igualmente. . . dando honor", escribió. (1 Pedro 3: 7) Asignar honor a una persona implica que uno valora y respeta a tal persona. Por lo tanto, el hombre que honra a su esposa no la humilla, no la rebaja ni la trata con violencia. Más bien, él demuestra con sus palabras y sus obras, en público y en privado, que la aprecia y la ama.

El matrimonio de Carlos y Cristina estaba en peligro.

Honrar a la esposa de uno ciertamente contribuye a la felicidad en un matrimonio. Considere el ejemplo de Carlos y Cristina. En cierto punto de su vida matrimonial, a menudo se encontraban discutiendo sin llegar a una conclusión. A veces, simplemente dejaban de hablarse. No sabían cómo resolver sus problemas. Él era agresivo; Ella era exigente y orgullosa. Sin embargo, cuando comenzaron a estudiar la Biblia y a aplicar lo que aprendieron, las cosas empezaron a mejorar. Cristina observa: "Me doy cuenta de que las enseñanzas de Jesús y el ejemplo que dejó han transformado mi personalidad y también la de mi esposo. Gracias al ejemplo de Jesús, me he vuelto más humilde y comprensiva. He aprendido a buscar la ayuda de Dios en la oración, como lo hizo Jesús. Carlos ha aprendido a ser más tolerante y mostrar más autocontrol, a honrar a su esposa como Dios desea ".

Su matrimonio no es perfecto, pero ha resistido la prueba del tiempo. En los últimos años han tenido que enfrentar serias dificultades: Carlos perdió su trabajo y tuvo que someterse a una cirugía para el cáncer. Sin embargo, estos trastornos no han sacudido su vínculo matrimonial, que se ha fortalecido aún más. Desde que la humanidad cayó en la imperfección, las mujeres en muchas culturas han sido tratadas de manera deshonrosa. Han sido abusadas física, mental y sexualmente. Pero ese no es el trato que Dios les dio. El registro de la Biblia muestra claramente que no importa qué puntos de vista culturales puedan prevalecer, todas las mujeres deben ser tratadas con honor y respeto. Es lo que Dios les ha dado.

¿La Biblia Discrimina Contra las Mujeres? Consideremos el Punto de Vista de la Biblia.

Según Tertullian, un teólogo del siglo III, una vez describió a las mujeres como "la puerta del diablo". Otros han usado la Biblia para retratar a las mujeres como menos importantes que los hombres. Como resultado, muchas personas sienten que la Biblia discrimina a las mujeres. Algunos eruditos sintieron que la Biblia y la Iglesia han sido los mayores obstáculos en el camino de la emancipación de las mujeres, enseñando completamente el sometimiento y la degradación de la mujer. Si bien algunos pueden tener hoy puntos de vista tan extremos, muchos aún sienten que algunas partes de la Biblia apoyan la discriminación contra las mujeres. ¿Se justifica tal conclusión?

Cómo se Ven las Mujeres en las Escrituras Hebreas

"Tu deseo será para tu esposo, y él te dominará" (Génesis 3:16). Los críticos señalan esto como un juicio de Eva por parte de Dios y como la aprobación divina de la sujeción de la mujer por parte del hombre. Sin embargo, en lugar de una declaración del propósito de Dios, esta es una declaración precisa de las tristes consecuencias del pecado y el rechazo de la soberanía de Dios. El abuso de las mujeres es el resultado directo de la naturaleza caída de la humanidad, no la voluntad de Dios. Las esposas en muchas culturas han sido dominadas por sus esposos, a menudo de maneras muy duras. Pero este no era el propósito de Dios.

Tanto Adán como Eva fueron hechos a la imagen de Dios. Además, recibieron el mismo mandato de Dios para ser fructíferos, llenar la tierra y dominarla. Debían trabajar juntos como un equipo. (Génesis 1:27, 28) Claramente, en ese punto ninguno de los dos dominaba cruelmente al otro. Génesis 1:31 dice: "Dios vio todo lo que había hecho y, ¡mira! fue muy bueno". En algunos casos, los relatos bíblicos no indican la opinión de Dios sobre un asunto. Pueden ser solo narrativas históricas. El relato de Lot que ofrece a sus hijas a los sodomitas se relaciona sin el comentario moral ni el juicio de Dios. Génesis 19: 6-8.

El hecho es que Dios odia todas las formas de explotación y abuso. (Éxodo 22:22; Deuteronomio 27:19; Isaías 10: 1, 2) La Ley Mosaica condenó la violación y la prostitución. (Levítico 19:29; Deuteronomio 22: 23-29) El adulterio estaba prohibido y la pena era la muerte para ambas partes. (Levítico 20:10) En lugar de discriminar a las mujeres, la Ley las elevó y protegió de la explotación rampante común en las naciones circundantes. Una esposa judía capaz era una persona altamente respetada y estimada. (Proverbios 31:10, 28-30) El hecho de que los israelitas no siguieran las leyes de Dios al mostrar respeto por las mujeres fue su culpa, no la voluntad de Dios. (Deuteronomio 32: 5) En última instancia, Dios juzgó y castigó a la nación como un todo por su flagrante desobediencia. A diferencia de muchos de sus contemporáneos, nuestro Señor Jesucristo trató a las mujeres con respeto.

¿Es la Discriminación de Sujeción?

Cualquier sociedad puede funcionar bien solo cuando hay orden. Esto requiere la administración de la autoridad. La alternativa es el caos. "Dios es un Dios, no de desorden, sino de paz" (1 Corintios 14:33). El apóstol Pablo describe el arreglo de la cabeza de familia: "La cabeza de cada hombre es Cristo; a su vez la cabeza de una mujer es el hombre; a su vez, la cabeza de Cristo es Dios." (1 Corintios 11: 3) Cada individuo, excepto Dios, se somete a una autoridad superior. ¿El hecho de que Jesús tenga cabeza significa que está siendo discriminado? ¡Por supuesto que no! El hecho de que se haya asignado a los hombres las Escrituras para que tomen la iniciativa en la congregación y la familia no significa que las mujeres estén siendo discriminadas. Para prosperar, tanto la familia como la congregación necesitan que las mujeres y los hombres desempeñen sus respectivos papeles con amor y respeto. Efesios 5: 21-25, 28, 29, 33.

Jesús siempre trató a las mujeres con respeto. Se negó a seguir las tradiciones y regulaciones discriminatorias enseñadas por los fariseos. Habló con mujeres no judías. (Mateo 15: 22-28; Juan 4: 7-9). Él enseñó a las mujeres. (Lucas 10: 38-42) Él protegió a las mujeres de ser abandonadas. (Marcos 10:11, 12) Quizás el paso más revolucionario para su época fue que Jesús aceptó a las mujeres en su círculo íntimo de amigos. (Lucas 8: 1-3) Como la encarnación perfecta de todas las cualidades de Dios, Jesús mostró que los individuos de ambos sexos tienen el mismo valor ante los ojos de Dios. De hecho, entre los primeros cristianos, tanto hombres como mujeres recibieron el don del Espíritu Santo. (Hechos 2: 1-4, 17, 18) Para aquellos ungidos, que tienen la posibilidad de servir como reyes y sacerdotes con Cristo, no habrá distinción de género en absoluto una vez resucitados a la vida celestial. (Gálatas 3:28) El autor de la Biblia, Dios Todopoderoso, no discrimina a las mujeres.

La Discriminación Contra las Mujeres debe parar.

En África occidental, un hombre de negocios compra un niño de nueve años. En Asia, un bebé recién nacido es enterrado vivo en la arena del desierto. En un país oriental, un niño pequeño muere de hambre en un orfanato, no deseado y desatendido. Un denominador común vinculó estas tragedias: todas las víctimas eran niñas. Su condición de mujer significaba que eran considerados prescindibles. Estos no son casos aislados. En África, miles de niñas y mujeres jóvenes son vendidas a la esclavitud, la trata de personas moderna, algunas por tan solo $ 15. Y se informa que cada año cientos de miles de chicas jóvenes son vendidas o forzadas a la prostitución, principalmente en Asia. Peor aún, las cifras de población de varios países indican que hasta 100 millones de niñas están "desaparecidas". Evidentemente, esto se debe al aborto, el infanticidio o la negligencia total de las mujeres.

Durante mucho tiempo-siglos-las mujeres han sido vistas de esta manera en muchas tierras. Y en algunos lugares todavía lo son. ¿Por qué? Porque en esas tierras, un mayor valor se coloca en los niños. Allí, se siente que un niño puede continuar la línea familiar, heredar propiedades y cuidar a los padres cuando envejecen, ya que a menudo estas tierras no tienen una pensión del gobierno para los ancianos. Un dicho asiático alega que "criar a una niña es como regar una planta en el jardín de tu vecino". Cuando crezca, se irá a casar o incluso podrá ser vendida para la prostitución y, por lo tanto, no será de gran ayuda para cuidar a los padres ancianos.

Compartir más pequeño

En los países plagados de pobreza, esta actitud significa menos alimentos, menos atención médica y menos educación para las niñas de la familia. Investigadores en un país asiático encontraron que el 14 por ciento de las niñas estaban desnutridas, en comparación con solo el 5 por ciento de los niños. En algunos países, dos veces más niños que niñas son llevados a centros de salud, explica un informe del Fondo de las Naciones Unidas para la Infancia (UNICEF). Y más del 40 por ciento de las mujeres jóvenes en África, así como en el sur y el oeste de Asia, son analfabetas. Hay un terrible apartheid de género en el mundo en desarrollo.

Este "segregación de género" no desaparece cuando las niñas alcanzan la edad adulta. La pobreza, la violencia y el trabajo implacable son con demasiada frecuencia la suerte de una mujer, precisamente porque es una mujer. Los estudios en Comercio revelan que "las mujeres hacen dos tercios del trabajo del mundo ... Sin embargo, ganan solo una décima parte de los ingresos del mundo y poseen menos del uno por ciento de las propiedades del mundo. Se encuentran entre los más pobres de los pobres del mundo. "

Según un informe de las Naciones Unidas, más del 70 por ciento de los 1.300 millones de personas en el mundo que viven en la pobreza extrema son mujeres. "Y está empeorando", agregó el informe. "El número de mujeres rurales que viven en la pobreza absoluta aumentó en casi un 50% en las últimas dos décadas. Cada vez más, la pobreza tiene cara de mujer". Aún más traumática que la pobreza aplastante es la violencia que destruye la vida de tantas mujeres. Se estima que cien millones de niñas, principalmente en África, han sufrido mutilación genital. La violación es un abuso generalizado que permanece casi sin documentar en algunas áreas, aunque los estudios indican que en algunas tierras 1 mujer de cada 6 es violada durante su vida. Las guerras afectan tanto a hombres como a mujeres, pero la mayoría de los refugiados obligados a huir de sus hogares son mujeres y niños.

Madres y Proveedores: la carga de cuidar a la familia a menudo recae más en la madre. Probablemente trabaja más horas y puede ser el único proveedor. En algunas zonas rurales de África, casi la mitad de las familias están encabezadas por mujeres. En algunas localidades del mundo occidental, una proporción significativa de las familias está encabezada por mujeres.

Además, especialmente en los países en desarrollo, las mujeres tradicionalmente manejan algunos de los trabajos más laboriosos, como buscar agua y leña. La deforestación y el sobrepastoreo han hecho estas tareas mucho más difíciles. En algunos países afectados por la sequía, las mujeres pasan tres o más horas al día en busca de leña y cuatro horas al día en busca de agua. Solo cuando se hace este trabajo pesado pueden comenzar a hacer el trabajo que se espera de ellos en el hogar o en la tierra.

Obviamente, tanto los hombres como las mujeres sufren en los países donde la pobreza, el hambre o la lucha es la tarifa diaria. Pero las mujeres sufren desproporcionadamente. ¿Cambiará esta situación alguna vez? ¿Existe alguna posibilidad real de que algún día las mujeres en todo el mundo sean tratadas con respeto y consideración? ¿Hay algo que las mujeres puedan hacer ahora para mejorar su suerte?

Hace tres mil años, un hombre llamado Lemuel escribió una brillante descripción de una esposa capaz. Esto está registrado en la Biblia en el capítulo 31 de Proverbios. La mujer cuyos méritos él exaltó estaba ciertamente ocupada. Ella cuidaba a su familia, comerciaba en el mercado, compraba y vendía tierras, hacía ropa para su hogar y trabajaba en los campos. Esta mujer no fue dada por sentado. 'Sus hijos la llaman bienaventurada, y su marido la elogia'. Tal esposa es un tesoro. La Biblia dice: "Ella vale mucho más que los rubíes" (Proverbios 31: 10-28).

Desde la época de Lemuel, el trabajo de las mujeres se ha vuelto, en todo caso, más complicado. Su rol en el siglo XX a menudo requiere que sean esposas, madres, enfermeras, maestras, ganadoras de pan y agricultoras, todo al mismo tiempo. Innumerables mujeres hacen sacrificios heroicos solo para asegurar que sus hijos tengan suficiente para comer. ¿No todas estas mujeres también merecen aprecio y alabanza?

Mujeres como Ganadoras de Pan: muchas mujeres deben trabajar en condiciones miserables.

Hoy en día, más mujeres que nunca tienen que trabajar fuera del hogar para ayudar a mantener a su familia o son el único apoyo de su familia. El libro La Mujer y la crisis económica mundial señala un informe que dice: "El trabajo doméstico no es el único trabajo que hacen las mujeres. Hay relativamente pocas mujeres en el mundo que pueden afirmar que son 'solo un ama de casa'". Y el trabajo de las mujeres es raramente glamoroso. Aunque las revistas o las telenovelas pueden representar a mujeres como ejecutivas en oficinas lujosas, la realidad suele ser muy diferente. La gran mayoría de las mujeres del mundo trabajan largas horas por escasa recompensa material.

Cientos de millones de mujeres trabajan en la tierra, cultivando cultivos, cuidando pequeñas parcelas familiares o cuidando el ganado. Esta labor, generalmente mal pagada o no, alimenta a la mitad del mundo. "En África, el 70 por ciento de los alimentos son cultivados por mujeres, en Asia la cifra es del 50-60 por ciento y en América Latina el 30 por ciento", informa el libro Mujeres y medio ambiente. Muchas mujeres en el mundo occidental trabajan en oficinas. Cuando las mujeres tienen un empleo remunerado, generalmente ganan menos que los trabajadores masculinos, simplemente porque son mujeres. Esta discriminación es una píldora particularmente amarga para tragar para una madre que es el único sostén de la familia, un papel que se está volviendo cada vez más común. Un informe de las Naciones Unidas calcula que entre el 30 y el 50 por ciento de todos los hogares en África, el Caribe y América Latina dependen de una mujer como su principal proveedor. E incluso en las tierras más desarrolladas, un número cada vez mayor de mujeres ha tenido que convertirse en el principal proveedor.

La pobreza rural en gran parte del mundo en desarrollo está acelerando esta tendencia. Un esposo que encuentra una lucha constante para alimentar a su familia puede decidir mudarse a una ciudad cercana o incluso a otro país para obtener trabajo. Deja a su esposa para cuidar a la familia. Si él es lo suficientemente afortunado como para encontrar un trabajo, envía cheques de pago a casa. Pero a pesar de sus buenas intenciones, esto a menudo no continúa. La familia que dejó atrás puede hundirse aún más en la pobreza, y su bienestar ahora depende de la madre. Este círculo vicioso, descrito acertadamente como la feminización de la pobreza, supone una carga enorme para millones de mujeres. "Los hogares encabezados por mujeres, que se estima en un tercio del total mundial, tienen muchas más probabilidades de ser pobres que los encabezados por hombres, y el número de esos hogares está aumentando", explica el libro La mujer y la Salud. Pero por difícil que sea, poner comida en la mesa no es el único desafío que enfrentan las mujeres.

Madres y Maestras: Una madre también tiene que cuidar el bienestar emocional de sus hijos. Ella juega un papel vital en ayudar a un niño aprender sobre el amor y el afecto, lecciones que pueden ser tan importantes como satisfacer sus necesidades físicas. Para convertirse en un adulto bien equilibrado, un niño necesita un ambiente cálido y seguro mientras crece. Una vez más, el papel de la madre es crucial.

Un padre cálido se preocupa por el niño, expresa afecto, con frecuencia o regularmente pone en primer lugar las necesidades del niño, muestra entusiasmo por las actividades del niño y responde con sensibilidad y empatía a los sentimientos del niño. Los niños que han recibido tanto afecto de una madre solícita deben mostrarle su aprecio. Proverbios 23:22. A través de la lactancia materna, muchas madres brindan un ambiente cálido para sus hijos desde el nacimiento. Especialmente en los hogares pobres, la leche materna es un regalo inestimable que le puede dar a su recién nacido. Curiosamente, la Biblia nos dice que el apóstol Pablo comparó su afecto por los cristianos en Tesalónica con el de una "madre lactante" que "aprecia a sus propios hijos" (1 Tesalonicenses 2: 7, 8).

Las Madres son Maestras en el Hogar: Además de alimentar y cuidar a sus hijos, la madre suele ser su principal maestra. "Escucha, hijo mío, a la disciplina de tu padre, y no abandones la ley de tu madre", aconseja la Biblia, aludiendo a la extensa función que desempeñan las madres en la educación de sus hijos. (Proverbios 1: 8). Es principalmente la madre o la abuela que enseña pacientemente al niño a hablar, a caminar, a hacer las tareas domésticas y muchas otras cosas.

La Compasión es Muy Necesaria

Uno de los mayores regalos que las mujeres pueden dar a sus familias es la compasión. Cuando un miembro de la familia se enferma, la madre asume el rol de enfermera, mientras sigue cuidando de todas sus otras responsabilidades. De hecho, las mujeres proporcionan la mayor parte de la atención médica en el mundo. La compasión de una madre puede incluso motivarla a comer menos para que sus hijos no se queden sin comer. Los investigadores han descubierto que algunas mujeres consideran que la ingesta de alimentos es suficiente, aunque estén desnutridas. Están tan acostumbradas a dar la mayor parte a sus esposos e hijos que, mientras puedan trabajar, se consideran bien alimentadas.

A veces, la compasión de una mujer se expresa en su preocupación por el medio ambiente local. Ese ambiente le importa a ella, ya que también sufre cuando la sequía, la desertificación y la deforestación empobrecen la tierra. En una ciudad de la India, las mujeres se indignaron cuando se enteraron de que una empresa maderera iba a talar unos 2.500 árboles en un bosque cercano. Las mujeres necesitaban esos árboles como alimento, combustible y forraje. Cuando llegaron los madereros, las mujeres ya estaban en su lugar, con las manos unidas, rodeando de forma protectora los árboles. "Tendrás que cortarnos la cabeza si quieres cortar los árboles", dijeron las mujeres a los madereros. La buena noticia, ese bosque fue salvado.

"Dale a Ella la Recompensa que ha Ganado"

Ya sea en el rol de sostén de la familia, madre, maestra o fuente de compasión, una mujer es digna de respeto y reconocimiento, como lo es su trabajo. El sabio Lemuel, quien habló tan bien de una esposa capaz, valoró tanto el trabajo de una mujer como su consejo. De hecho, la Biblia explica que su mensaje se derivó en gran parte de las instrucciones que su madre le había dado. (Proverbios 31: 1) Lemuel estaba convencido de que una esposa y madre concienzudas no deberían darse por sentadas. "Dale la recompensa que ha ganado", escribió. "Sus obras traen su alabanza" (Proverbios 31:31).

Sin embargo, cuando Lemuel registró esos puntos de vista, no fueron solo un reflejo del pensamiento humano. Están registrados en la Biblia, que es la Palabra de Dios. "Toda la Escritura es inspirada por Dios". (2 Timoteo 3:16) Esos sentimientos reflejan el punto de vista del Dios Todopoderoso de las mujeres, ya que Dios inspiró esos pasajes en la Biblia para nuestra instrucción.

Además, la Palabra inspirada de Dios dice que los esposos deben "asignar [a sus esposas] honor". (1 Pedro 3: 7) Y en Efesios 5:33, se le dice al esposo: "Que cada uno de ustedes, individualmente, ame a su esposa como a sí mismo". De hecho, Efesios 5:25 dice: "Maridos, sigan amando a sus esposas, así como Cristo también amó a la congregación y se entregó a sí mismo por ella". Sí, Cristo expresó tanto amor por sus seguidores que estuvo dispuesto a morir por ellos. ¡Qué ejemplo tan bueno y desinteresado que puso para los esposos! Y los estándares que Jesús enseñó y vivió reflejaron los estándares de Dios, que están registrados en la Biblia para nuestro beneficio. Sin embargo, a pesar de su arduo trabajo en tantas áreas, muchas mujeres rara vez reciben crédito por lo que hacen. ¿Cómo pueden incluso ahora mejorar su suerte en la vida? Además, ¿hay alguna posibilidad de que las actitudes hacia ellas cambien? ¿Cuáles son las perspectivas de futuro para las mujeres?

"La historia de la humanidad es una historia de repetidas lesiones y usurpaciones de parte del hombre hacia la mujer". Así leyó la Declaración de Sentimientos de Seneca Falls, Nueva York, escrita en Estados Unidos hace 150 años como una protesta contra la injusticia hacia las mujeres. Indudablemente, se ha progresado desde entonces, pero como dice la publicación de Naciones Unidas Las Mujeres del Mundo 1995, todavía queda mucho camino por recorrer. "Con demasiada frecuencia, las mujeres y los hombres viven en mundos diferentes", informa, "mundos que difieren en el acceso a la educación y las oportunidades de trabajo, y en la salud, la seguridad personal y el tiempo libre". Una mayor conciencia de esto ha llevado a las naciones aprobar leyes para proteger los derechos de las mujeres. Pero las leyes no pueden cambiar los corazones, donde se encuentran las raíces de la injusticia y el prejuicio. Por ejemplo, consideremos la difícil situación de las prostitutas. La legislación destinada a detener la desgracia internacional de la explotación sexual de los niños tiene un buen significado, pero a menudo es inefectiva. Del mismo modo, la ley en sí misma no impide la violencia. La evidencia revela que la violencia contra las mujeres es un problema mundial generalizado.

La mayoría de las leyes son inadecuadas para detener esa violencia, a menos que cambien los valores culturales y sociales actuales.

Los "valores culturales y sociales" por lo general se basan en una tradición profundamente arraigada: un hueso duro de roer. La tradición hace que los hombres crean que las mujeres deben ser usadas en lugar de ser amadas, trabajadas en lugar de ser atendidas. Como resultado, una mujer no tiene voz, no tiene derechos y tiene pocas posibilidades de mejorar su situación.

Educar Esposos y Padres

La Plataforma de Acción para la celebración de la mujer es que solo la acción inmediata y concertada de todos puede lograr un mundo pacífico, justo y humano en el que las mujeres sean respetadas. Cualquier acción para hacer que la vida de las mujeres sea más 'pacífica, justa y humana' debe comenzar en casa, con esposos y padres. En este sentido, estoy convencido de que una educación bíblica equilibrada y sólida es la clave del éxito. Una vez que los hombres aprenden que Dios espera que traten a sus esposas e hijas con respeto y consideración, se lo toman en serio y lo hacen.

En África Central, Pablo, un hombre casado con cuatro hijos, ahora está atento a las necesidades de su esposa. Él la ayuda a cuidar a los niños, e incluso sirve la comida cuando los invitados comen con la familia. Tal actitud considerada es muy inusual en su país. ¿Qué le hace apreciar a su esposa y cooperar con ella?

"Cuando comencé a estudiar la Biblia, aprendí dos principios importantes con respecto al papel del esposo", explica Pablo. "Han tenido un gran impacto en la forma en que veo a mi esposa. El primero, en 1 Pedro 3: 7, explica que un esposo debe honrar a su esposa como el" vaso más frágil, y como a coherederas ". El segundo, en Efesios 5:28, 29, dice que un esposo debe tratar a su esposa 'como a su propio cuerpo'. "Desde que seguí ese consejo, nos hemos acercado mucho más. Por eso, los hombres debemos atribuir mayor valor al consejo de Dios que a las costumbres locales".

Moisés, de África occidental, admite que antes de comenzar a estudiar la Biblia, no trataba a su esposa adecuadamente. "Incluso solía golpearla cuando me enojaba", confiesa. "Pero la Biblia me enseñó que debía cambiar mis formas. Ahora me esfuerzo mucho por controlar mi temperamento y amar a mi esposa como a mi propio cuerpo. Y ambos somos mucho más felices". (Colosenses 3: 9, 10, 19) Su esposa, Perla, está de acuerdo: "Ahora Moisés me trata con más respeto y afecto que la costumbre de la mayoría de los esposos de nuestra comunidad. Podemos hablar sobre nuestros problemas y trabajar juntos como un equipo. "

Pablo y Moisés aprendieron a respetar y apreciar a sus esposas porque se tomaron en serio las instrucciones de la Palabra de Dios, lo que deja en claro que la injusticia a las mujeres desagrada profundamente a nuestro Creador.

La Preocupación de Dios por las Mujeres

Dios siempre ha estado preocupado por las mujeres y su bienestar. Aunque les dijo a nuestros primeros padres que, debido a su rebelión, la imperfección llevaría a que las mujeres fueran 'dominadas', este nunca fue el propósito de Dios. (Génesis 3:16) Él había creado a Eva como "un complemento" de Adán y como una compañera para él. (Génesis 2:18) En la Ley Mosaica, dada al antiguo Israel, Dios condenó específicamente el maltrato a las viudas e instruyó a los israelitas a tratarlas con amabilidad y ayudarlas. Éxodo 22:22; Deuteronomio 14:28, 29; 24: 17-22.

Jesús, en imitación de su Padre celestial, no siguió la tradición generalizada de su época que denigraba a las mujeres. Hablaba con amabilidad a las mujeres, incluso aquellas que tenían mala reputación. (Lucas 7: 44-50) Además, a Jesús le complacía ayudar a las mujeres que tenían problemas de salud. (Lucas 8: 43-48) En una ocasión, cuando vio a una viuda llorar la reciente muerte de su único hijo, inmediatamente se acercó a la procesión fúnebre y resucitó al joven. (Lucas 7: 11-15).

Las mujeres estaban entre los primeros discípulos de Jesús y fueron las primeras en presenciar su resurrección. La Biblia habla muy bien de mujeres como Lida, Dorcas y Priscilla como ejemplos de hospitalidad, compasión y valor. (Hechos 9: 36-41; 16:14, 15; Romanos 16: 3, 4) Y los primeros cristianos fueron entrenados para mostrar respeto a las mujeres. El apóstol Pablo le dijo a su compañero misionero Timoteo que tratara a "las mujeres mayores como madres, a las mujeres más jóvenes como a las hermanas con toda castidad" - 1 Timoteo 5: 2.

Mujeres Que Han Encontrado Respeto

Los esposos cristianos siguen las pautas de la Biblia y respetan y honran a sus esposas. Si eres un hombre cristiano, mostrarás el mismo respeto hacia las mujeres. Nunca usarás la tradición como una excusa para maltratarlas. El trato respetuoso de las mujeres, además, puede dar un testimonio elocuente de su fe. (Mateo 5:16) Sofía, una joven de África, describe cómo se benefició al observar los principios cristianos en acción. "Crecí en un ambiente donde las mujeres y las niñas eran maltratadas. Mi madre trabajaba 16 horas al día, pero lo único que recibía eran quejas si se dejaba algo sin hacer. Peor aún, mi padre la golpeaba cuando bebía demasiado. Otras mujeres en nuestra área sufrieron lo mismo. Pero sabía que ese trato era incorrecto, que llenaba nuestras vidas de frustración e infelicidad. Sin embargo, parecía que no había manera de cambiar este estado de cosas. Sin embargo, cuando era adolescente, empecé a estudiar la Biblia. Me impresionó mucho cuando leí las palabras del apóstol Pedro, quien dijo que las mujeres deberían ser tratadas con honor. Pero pensé: "Es muy poco probable que la gente apliqué este consejo, especialmente en vista de nuestra tradición local ".

Una solución permanente

El respeto que observó Sofia no fue accidental. Fue el resultado de un programa de enseñanza, basado en la Palabra de Dios, que ayuda a las personas a valorarse unas a otras como lo hace Dios. Esta es una indicación de lo que se puede hacer incluso ahora y de lo que se hará en todas partes cuando el Reino de Dios gobierne sobre toda la tierra. (Daniel 2:44; Mateo 6:10) Este gobierno celestial eliminará toda injusticia. La Biblia nos asegura: "Cuando hay juicios de usted [Dios Todopoderoso] para la tierra, la justicia es lo que los habitantes de la tierra productiva ciertamente aprenderán" (Isaías 26: 9).

Incluso ahora, la educación en justicia está cambiando la forma de pensar de millones de personas. Cuando todos los humanos vivos estén sujetos al Reino de Dios, esta educación continuará en toda la tierra y terminará con el trato opresivo de los hombres hacia las mujeres, una consecuencia del pecado de Adán. Jesucristo, el Rey designado por Dios, no permitirá que la injusticia hacia las mujeres marque su gobierno. Al describir esa regla de Cristo, la Biblia dice: "Él librará al pobre que clama por ayuda, también al afligido y al que no tiene quien lo ayuda. Sentirá pena por el humilde y el pobre, y por las almas de los pobres". las que salvará. De la opresión y de la violencia, él redimirá su alma "(Salmo 72: 12-14).

Esta sección del libro se ha concentrado en los problemas de las mujeres. Sin embargo, se reconoce que muchos hombres también han sido maltratados. A lo largo de la historia, hombres poderosos y malvados han cometido horrores indescriptibles contra hombres y mujeres. Y algunas mujeres han hecho lo mismo. Por ejemplo, la Biblia menciona el derramamiento de sangre inocente por parte de mujeres malvadas como Jezabel, Atalía y Herodías. 1 Reyes 18: 4, 13; 2 Crónicas 22: 10-12; Mateo 14: 1-11. Así, toda la humanidad necesita el nuevo mundo de Dios, bajo el gobierno de su Reino. Pronto, cuando amanezca ese día, ni las mujeres ni los hombres volverán a ser discriminados o maltratados. En su lugar, cada día será uno de "deleite exquisito" para todos. - Salmo 37:11.

Niñas Prostitutas: ¿quién tiene la culpa?

Cada año, alrededor de un millón de jóvenes son obligadas a prostituirse. Cada año, aproximadamente un millón de niños, en su mayoría niñas, son obligados o vendidos para la prostitución. Alicia, que viene del sudeste asiático, recuerda lo que le pasó algunos de sus compañeros de clase. "Paula se convirtió en prostituta cuando solo tenía 13 años. Era una buena chica, pero su madre a menudo se emborrachaba y solía jugar al póquer, por lo que no tenía tiempo para cuidar de su hija. La madre de Paula la alentó a ganar dinero y a trabajar como prostituta. Samantha, otra alumna de mi clase, venía del norte del país. Tenía solo 12 años cuando sus padres la enviaron a la capital para trabajar como prostituta. Trabajar durante dos años para pagar el contrato firmado por sus padres. Samantha y Paula no son inusuales: 5 de las 15 niñas de mi clase se convirtieron en prostitutas ".

Hay millones de jóvenes como Samantha y Paula. La industria del sexo es un mercado enorme con su propio impulso, vender a una niña de 14 años se ha vuelto tan común que es trivial. Y una vez que estas niñas son vendidas a la esclavitud sexual, pagar el precio de compra puede resultar casi imposible. Martha, cuyo padre la vendió cuando tenía 12 años, todavía debía $300 (US) después de siete años de prostitución. "No había nada que pudiera hacer, estaba atrapada", explica.

Escapar del SIDA puede ser casi tan difícil para las niñas como escapar de los proxenetas que las esclavizan. Una encuesta realizada en el sudeste asiático indicó que el 33 por ciento de estas prostitutas infantiles estaban infectadas con el virus del SIDA. Mientras la industria de la prostitución de cinco mil millones de dólares crece rápidamente, es probable que estas niñas sigan sufriendo.

¿A quién hay que culpar por esta espantosa práctica? Obviamente, los que compran o venden a las niñas a la prostitución tienen una gran parte de la culpa. Pero también deben condenarse los hombres despreciables que usan a las niñas para satisfacer sus deseos sexuales. Porque sin tales practicantes de la inmoralidad, la prostitución de estas chicas no existiría.

Ayuda para Mujeres Maltratadas

Beatriz es una madre vivaz y atractiva de cuatro hijos, casada con un cirujano muy respetado en América del Sur. "Mi esposo es encantador con las damas, popular entre los hombres", dice ella.

Pero hay un lado oscuro en la pareja de Beatriz, uno que incluso sus amigos cercanos no ven. "En casa, es un monstruo. Es intensamente celoso". La cara de Beatriz está grabada con ansiedad mientras continúa su historia. "El problema comenzó después de que nos casamos por unas pocas semanas. Mis hermanos y mi madre nos visitaron, y pasamos un buen rato hablando y riéndome con ellos. Pero cuando se fueron, mi esposo me tiró violentamente al sofá, salvaje con rabia. No podía creer lo que estaba pasando ".

Lamentablemente, ese fue solo el comienzo de la terrible experiencia de Beatriz, ya que a lo largo de los años ha sido golpeada repetidamente. El abuso parece seguir un ciclo predecible. El marido de Beatriz la golpea, luego se disculpa profusamente y promete no volver a hacerlo. Su conducta mejora, al menos por un tiempo. Entonces la pesadilla comienza de nuevo. "Sigo pensando que quizás esta vez él cambie", dice Beatriz. "Incluso cuando me escapo, siempre vuelvo con él". Beatriz teme que un día la violencia de su marido se intensifique aún más. "Él ha amenazado con matarme a mí, a los niños y a él mismo", dice ella. "Una vez me puso tijeras en la garganta. ¡Otra vez me amenazó con un arma, me apuntó a la oreja y apretó el gatillo! Afortunadamente, no hubo una bala, pero casi muero de miedo".

Un Legado de Silencio

Al igual que Beatriz, millones de mujeres en todo el mundo están sufriendo a manos de hombres violentos. Muchos de ellos guardan silencio sobre su terrible experiencia. Ellas razonan que reportar el asunto será inútil. Después de todo, muchos esposos abusivos simplemente han negado cargos con declaraciones tales como "Mi esposa es excitable " o "Ella tiende a exagerar". Es triste que muchas mujeres vivan con un miedo constante a ser atacadas en un lugar donde deberían sentirse más seguras: su propia casa. Sin embargo, la simpatía se muestra con demasiada frecuencia al perpetrador en lugar de a la víctima. De hecho, algunos no pueden creer que un hombre que parece ser un ciudadano honrado golpea a su pareja. Considere lo que le pasó a una mujer llamada Leticia cuando habló sobre el abuso que estaba recibiendo de su respetado esposo. "Uno de nuestros conocidos me dijo: '¿Cómo puedes acusar a un hombre tan bueno?' ¡Otro dijo que de alguna manera debía estar provocándolo! Incluso después de que mi esposo estuvo expuesto, algunos de mis amigos comenzaron a evitarme. Sentían que debería haberlo soportado porque 'así es como son los hombres' ".

Como lo demuestra la experiencia de Leticia, a muchos les resulta difícil comprender la sombría realidad del abuso del cónyuge. ¿Qué impulsa a un hombre a ser tan cruel con la mujer que dice amar? ¿Cómo se puede ayudar a las víctimas de la violencia? Tenemos que reconocer que muchos hombres también son víctimas de violencia. Pero los estudios indican que las mujeres tienen más probabilidades de sufrir lesiones que son mucho más graves. Por eso, discuto el abuso en el que la víctima es mujer.

El Amplio Alcance de la Violencia Doméstica

De acuerdo con la Declaración de las Naciones Unidas sobre la Eliminación de la Violencia contra la Mujer, el término "violencia contra la mujer" puede referirse a "cualquier acto de violencia de género que resulte o pueda dar como resultado daño físico, sexual o mental o "El sufrimiento de las mujeres, incluidas las amenazas de tales actos, la coerción o la privación arbitraria de la libertad, ya sea en la vida pública o privada". Esta violencia incluye, entre otras cosas, "la violencia física, sexual y psicológica que se produce en la familia y en la comunidad en general, incluida la golpiza, el abuso sexual de niñas, la violencia relacionada con la dote, la violación conyugal, la mutilación genital femenina y otras prácticas tradicionales perjudiciales". a las mujeres ".

¿Por qué los Hombres Golpean a las Mujeres?

Algunos expertos dicen que las mujeres tienen más probabilidades de ser asesinadas por sus parejas masculinas que por todos los demás tipos de perpetradores combinados. En un esfuerzo por contener la tendencia que ocurre del abuso del cónyuge, se han realizado numerosos estudios. ¿Qué clase de hombre golpea a su esposa?

¿Cómo fue su infancia? ¿Fue violento durante el cortejo? ¿Cómo responde el agresor al tratamiento?

Una cosa que los expertos han aprendido es que no todos los agresores son iguales. En un extremo de la escala está un hombre cuya violencia es esporádica. Él no usa un arma y no tiene antecedentes de abusar de su compañera. Para él, un episodio violento está fuera de lugar y parece estar motivado por factores externos. En el otro extremo está un hombre que ha desarrollado un patrón crónico de golpes. Su abuso está en curso, y hay poca o ninguna señal de remordimiento.

Sin embargo, el hecho de que haya diferentes tipos de agresores no significa que algunas formas de maltrato no sean serias. De hecho, cualquier tipo de abuso físico puede causar lesiones, incluso la muerte. Por lo tanto, el hecho de que la violencia de un hombre sea menos frecuente o menos intensa que la de otro no la hace excusable. Simplemente no existe tal cosa como el maltrato "aceptable". ¿Qué factores, sin embargo, podrían hacer que un hombre maltrate físicamente a la mujer que prometió apreciar por el resto de su vida?

La Conexion Familiar

No en vano, varios hombres físicamente abusivos fueron criados en familias abusivas. La mayoría de los maltratadores se criaron en zonas de guerra domésticas, puedo concluir que esta nota ha dedicado tiempo ayudar a las mujeres maltratadas, a asesorar e investigar el abuso de cónyuges. Como bebés y niños pequeños, crecieron en un entorno hostil donde la violencia emocional y física era "normal". Un hombre que se cría en un ambiente así puede absorber el desprecio de su padre por las mujeres muy temprano en la vida. El niño aprende que un hombre siempre debe tener el control de las mujeres y que la manera de obtener ese control es asustarlas, lastimarlas y degradarlas. Al mismo tiempo, aprende que la única manera segura de obtener la aprobación de su padre es comportarse como lo hace su padre.

La Biblia deja bastante claro que la conducta de un padre puede tener un impacto significativo en un niño, ya sea para bien o para mal. (Proverbios 22: 6; Colosenses 3:21). Por supuesto, el ambiente familiar no justifica el maltrato de un hombre, pero puede ayudar a explicar dónde se sembraron las semillas de un temperamento violento. La violencia doméstica puede afectar seriamente a los niños.

Influencia Cultural

Golpear a una mujer en algunas tierras se considera aceptable, incluso normal. Lamentablemente, el derecho de un esposo a golpear o intimidar físicamente a su esposa es una convicción profundamente arraigada en muchas sociedades. Incluso en tierras donde tal abuso no se considera aceptable, muchas personas adoptan un código de conducta violento. El pensamiento irracional de algunos hombres en este sentido es impactante. Según el Correo Semanal Guardian de Sudáfrica, un estudio en la Península del Cabo descubrió que la mayoría de los hombres que afirmaban que no abusaban de sus parejas sentían que golpear a una mujer era aceptable y que tal conducta no constituye violencia.

Evidentemente, tal visión distorsionada a menudo comienza en la infancia. En Gran Bretaña, por ejemplo, un estudio mostró que el 75 por ciento de los niños de 11 y 12 años sienten que es aceptable que un hombre golpee a una mujer si se le provoca.

Indicadores de Riesgo

Los siguientes son indicadores de riesgo de abuso físico y emocional en el ámbito doméstico:

El hombre tiene participación previa en violencia doméstica.

Está sin trabajo.

Él usa drogas ilegales al menos una vez al año.

Cuando vivía en casa, vio a su padre golpear a su madre.

La pareja no está casada; ellos cohabitan

Si está empleado, tiene un trabajo mal pagado.

Él no se graduó de la escuela secundaria.

Tiene entre 18 y 30 años.

Uno o ambos usan la violencia hacia los niños en el hogar.

Los ingresos están por debajo del nivel de pobreza.

El hombre y la mujer son de diferentes orígenes culturales.

Un agresor que ha agredido a su esposa no es menos criminal que un hombre que ha golpeado a un extraño. ¡Cuando los hombres golpean a las mujeres no hay excusa para golpear!

Los factores anteriores pueden ayudar a explicar el abuso del cónyuge, pero no lo justifican. En pocas palabras, golpear a la pareja es un pecado grave a los ojos de Dios. En su Palabra, la Biblia, leemos: "Los esposos deben amar a sus esposas como a sus propios cuerpos. El que ama a su esposa se ama a sí mismo, porque ningún hombre odió su propia carne, sino que la alimenta y la cuida, como el Cristo también lo hace la congregación. "- Efesios 5:28, 29.

La Biblia hace mucho tiempo predijo que durante "los últimos días" de este sistema de cosas, muchos serían "abusivos", sin "afecto natural" y "feroces". (2 Timoteo 3: 1-3) La prevalencia del abuso del cónyuge es simplemente otra indicación de que estamos viviendo en el mismo período de tiempo designado por esta profecía. ¿Pero qué se puede hacer para apoyar a las víctimas de abuso físico? ¿Hay alguna esperanza de que los agresores puedan cambiar su conducta? Vamos a mirar más lejos, Cómo resolver problemas pacíficamente.

POR QUÉ RECORREN A LA VIOLENCIA

Un bebe, prematuro de 27 semanas de edad, nació en Denver, Colorado, EE. UU. El niño sobrevivió y, después de tres meses en el hospital, fue devuelto a casa con sus padres. Tres semanas después, el niño estaba de vuelta en el hospital. ¿Por qué? Había sufrido una lesión cerebral masiva debido a un violento temblor de su padre. El padre no pudo soportar el llanto del bebé. El niño quedó ciego y discapacitado. La medicina moderna lo había salvado del trauma de su nacimiento, pero no podía salvarlo de la violencia de su padre.

Innumerables niños son maltratados, golpeados o asesinados en uno de los lugares más violentos del mundo: ¡el hogar! ¡Algunos estiman que hasta 5,000 niños al año mueren a manos de sus padres solo en los Estados Unidos! Y los niños no son las únicas víctimas. Según la revista World Health, "el abuso de la esposa es la principal causa de lesiones entre las mujeres en edad reproductiva" en los Estados Unidos. ¿Qué de otras tierras? "Entre un tercio y más de la mitad de las mujeres encuestadas [en países en desarrollo] informan haber sido golpeadas por su pareja". Sí, la violencia está cobrando su precio, especialmente en el hogar.

Muchos esposos y esposas tratan de resolver sus desacuerdos con violencia. En algunos países, los padres y los maestros utilizan la violencia para eliminar la ira de los niños. Por pura diversión, los matones atacan a los más débiles, sometiéndolos a la violencia. ¿Por qué los humanos se ponen tan violentos?

Por qué las Personas se Vuelven Violentas

Algunos afirman que los humanos son violentos por naturaleza. Mientras que el crimen violento ha aumentado entre los jóvenes. Y el interés por la violencia ha aumentado. Las principales cadenas de televisión duplicaron la cantidad de historias de crímenes y triplicaron su cobertura de asesinatos. ¡Sí, el crimen vende! No solo toleramos la violencia, la colocamos en las primeras páginas de nuestros periódicos. Un tercio o un cuarto de nuestros programas de televisión lo utilizan para la diversión de nuestros niños. ¡Condonar! Mis queridos amigos, parece que nos encanta.

Estudios científicos recientes sugieren que tanto la biología cerebral como el medio ambiente tienen mucho que ver con la agresión humana. Lo que todos estamos empezando a concluir es que los malos entornos a los que cada vez más niños están expuestos están, de hecho, creando una epidemia de violencia. Los eventos ambientales realmente están causando cambios moleculares en el cerebro que hacen que las personas sean más impulsivas. Factores como el colapso de la estructura familiar, el aumento en la crianza de los hijos solteros, la pobreza persistente y el abuso crónico de drogas pueden hacer que la química del cerebro caiga en un modo agresivo, un efecto que antes se creía imposible, dice el libro Dentro del Cerebro.

Se afirma que los cambios en el cerebro incluyen la reducción del nivel de serotonina, una sustancia química del cerebro que se cree que mantiene a raya a la agresión. Los estudios revelan que el alcohol puede disminuir el nivel de serotonina en el cerebro, dando así una base científica para el vínculo conocido desde hace mucho tiempo entre la violencia y el abuso del alcohol.

Otro factor más está involucrado en el aumento de la violencia hoy en día. "Recuerde", alerta un libro de profecía de confianza, la Biblia, que "habrá momentos difíciles en los últimos días. La gente será egoísta, codiciosa, presumida y engreída; ... será desagradable, despiadada, calumniosa, violentos y feroces; odiarán a los buenos; serán traicioneros, imprudentes e hinchados de orgullo ... Manténganse alejados de esas personas ". (2 Timoteo 3: 1-5, versión en inglés de hoy) Sí, la violencia que vemos hoy es un cumplimiento de la profecía bíblica sobre "los últimos días".

Algo más hace que este sea un momento especialmente violento. "Ay de la tierra y del mar", dice la Biblia, "porque el Diablo ha venido a ti, con gran ira, sabiendo que tiene un corto período de tiempo". (Apocalipsis 12:12) El diablo y sus hordas de demonios han sido expulsados del cielo y ahora están concentrando su malevolencia en la humanidad. Como "el gobernante de la autoridad del aire", el diablo manipula "el espíritu que ahora opera en los hijos de la desobediencia", haciendo de la tierra un lugar cada vez más violento (Efesios 2: 2).

¿Cómo, entonces, podemos hacer frente al "aire" violento del mundo actual? ¿Y cómo podemos resolver las diferencias sin violencia?

Los Hechos y Cifras sobre la Violencia Doméstica.

La violencia doméstica, también conocida como violencia de pareja, es un patrón de comportamiento coercitivo que es usado por una persona para obtener poder y control sobre otra. Puede incluir el uso de violencia física y sexual, abuso verbal y emocional, acoso y abuso económico. También puede ocurrir intimidación sexual, emocional y psicológica. La violencia doméstica puede incluir:

Violencia física

Empujar, incitar, agarrar, abofetear, golpear y restringir entre otros actos

Intimidación física (bloqueo de puertas, tirar objetos).

Uso de armas

Acoso de abuso sexual

Ataques a partes sexuales del cuerpo.

Actividades sexuales forzadas

Presión para tener relaciones sexuales

Violación (incluida la violación conyugal / pareja)

Abuso emocional / psicológico / verbal

Amenazas y tácticas coercitivas.

Controlar lo que la víctima puede y no puede hacer.

Socavando la autoestima y la autoestima de una víctima.

Humillación, denigración

Amenazar con dañar o matar a una mascota

Aislar a la víctima de la familia o amigos

Culpar del abuso a la víctima

Interrogando a la víctima y sus hijos.

Insultos y gritos

Abuso economico

Mantener el control sobre las finanzas.

Retención de acceso al dinero

Haciendo a la víctima económicamente dependiente

No permitir que la víctima trabaje o vaya a la escuela

La violencia doméstica ocurre dentro de las relaciones del sexo opuesto, así como las relaciones entre personas del mismo sexo, entre las parejas íntimas que están casadas, divorciadas, viviendo juntas, saliendo o que anteriormente estaban en una relación. Es importante tener en cuenta que la violencia doméstica no solo afecta a quienes son víctimas de abuso, sino que también tiene un efecto importante en los familiares, amigos, compañeros de trabajo, otros testigos y en la comunidad en general.

Lo que debemos saber sobre la Violencia Doméstica.

La violencia doméstica es un crimen basado en el género y las mujeres tienen más probabilidades de sufrir violencia doméstica que los hombres. Según la Encuesta Nacional sobre Violencia contra la Mujer (NVAWS, por sus siglas en inglés), aproximadamente 1,5 millones de mujeres son violadas y / o agredidas físicamente por un compañero íntimo cada año (Tjaden y Thoennes, 2000). Según el Resumen de datos de delitos del Bureau of Justice, que midió solo agresiones físicas, "hubo 691,710 victimizaciones violentas no fatales cometidas por los cónyuges, novios o novias actuales o anteriores de las víctimas durante el año 2001 (Rennison, 2003). De estos, 85 el porcentaje era contra mujeres (Rennison, 2003). El NVAWS también encontró que el 22,1 por ciento de las mujeres encuestadas, en comparación con el 7,4 por ciento de los hombres, informaron haber sido agredidos físicamente por una pareja actual o anterior en su vida (Rennison, 2003).

Las mujeres también reportan haber sufrido violencia física más severa que los hombres. Las mujeres son 2 a 3 veces más propensas a reportar ataques físicos menores (empujar, agarrar, arrojar) que los hombres (Tjaden y Thoennes, 1998). En comparación, las mujeres son 7 a 14 veces más propensas que los hombres a reportar ataques físicos graves (golpes, estrangulaciones, amenazas de armas o uso de armas) (Tjaden y Thoennes, 1998).

En 2000, 1.247 mujeres fueron asesinadas por un compañero íntimo, mientras que 440 hombres fueron asesinados por un compañero íntimo (Rennison, 2003). Un estudio más reciente de BJS sugiere que el 33% de las víctimas femeninas en comparación con el 4% de las víctimas masculinas fueron asesinadas por un compañero íntimo.

Las víctimas de violencia doméstica experimentan muchas barreras al abandonar relaciones abusivas. Estos incluyen el miedo al abusador, creer que el abusador se llevará a sus hijos, con la esperanza de que el abusador cambie, vergüenza y auto culpa de su situación. Las opciones financieras limitadas, la falta de transporte, la falta de conocimiento de los servicios existentes y la falta de proximidad a esos servicios también son factores importantes.

Las comunidades específicas que experimentan múltiples formas de desventaja pueden experimentar barreras adicionales. Estas incluyen barreras de idioma, exclusión de su comunidad, temor a la deportación y falta de servicios culturalmente relevantes.

No todos los incidentes de violencia doméstica son denunciados a las autoridades. El NVAWS encontró mujeres mayores de 18 años, " aproximadamente una quinta parte de todas las violaciones, una cuarta parte de todas las agresiones físicas y la mitad de todos los acosos perpetrados contra mujeres encuestadas fueron denunciados a la policía" (Tjaden y Thoennes, 2000).

Es importante tener en cuenta que las encuestas pueden no capturar a personas sin hogar o que viven en entornos institucionales, como refugios para personas sin hogar o refugios para mujeres maltratadas (Rennison y Welchans, 2000).

Violencia Doméstica y Poblaciones Específicas

Los miembros de ciertos grupos tienen vulnerabilidades únicas cuando experimentan violencia doméstica. Los miembros de poblaciones específicas pueden verse perjudicados por comportamientos cuando los no miembros no lo harían. Es importante tener en cuenta que los miembros de poblaciones específicas están sujetos a todas las formas de abuso que experimentan las poblaciones en general.

Individuos con discapacidades: Existen múltiples estudios a pequeña escala, pero pocos a gran escala, sobre la violencia doméstica contra individuos con discapacidades, particularmente en los Estados Unidos. Los estudios en pequeña escala existentes informan que casi el 40% de las mujeres con discapacidad informan ser víctimas de violencia doméstica, un porcentaje mucho más alto que la población general (Nosek y Howland, 1998). Los actos de violencia doméstica contra personas con discapacidades incluyen la retención de medicamentos necesarios y tecnologías de asistencia.

Existen importantes barreras para informar, que incluyen el miedo a perder a un cuidador, la incapacidad de comunicarse verbalmente como resultado de una discapacidad y el temor de no ser tomado en serio, entre otros.

Comunidades raciales y étnicas: varios grupos experimentan violencia doméstica a tasas desproporcionadas. El NVAWS encontró que las mujeres y los hombres afroamericanos e indios americanos / nativos de Alaska reportaron tasas más altas de violencia doméstica que las mujeres y los hombres de otras comunidades de color (Tjaden y Thoennes, 2000), mientras que las mujeres y los hombres asiáticos / isleños del Pacífico tendieron a reportan tasas más bajas de violencia por parte de la pareja que mujeres y hombres de otros orígenes minoritarios (Tjaden y Thoennes, 2000). También encontró que el 23.4% de las mujeres hispanas / latinas habían sido víctimas de violencia doméstica en su vida (Tjaden y Thoennes, 2000). La Oficina de Estadísticas de Justicia (BJS) informó que las mujeres afroamericanas experimentaron violencia doméstica a una tasa 35% más alta que las mujeres caucásicas (Rennison y Welchans, 2000).

Una consideración importante con respecto a la raza y la violencia doméstica es el impacto de la clase económica. Una publicación del Instituto Nacional de Justicia (NIJ, por sus siglas en inglés) sugiere que "los afroamericanos y los blancos con las mismas características económicas tienen tasas similares de violencia íntima, pero los afroamericanos tienen una tasa general más alta de violencia intima debido en parte a los mayores niveles de dificultades económicas y ubicación en barrios desfavorecidos "(Benson & Fox, 2004).

Los miembros de las comunidades raciales y étnicas no pueden denunciar toda victimización a las autoridades, por temor a las respuestas racistas contra ellos mismos, el abusador y su familia.

Mujeres inmigrantes: las mujeres inmigrantes a menudo permanecen en relaciones violentas debido a su estatus de ciudadanía. Los abusadores pueden amenazar con deportar (remover) a la víctima al reportar su estado indocumentado al Departamento de Seguridad Nacional, para revocar su patrocinio de residencia de ella, o negarse a presentar las peticiones de inmigración necesarias que otorgarían a la víctima un estado legal en los Estados Unidos (Pendleton, 2003) (Shetty y Kaguyutan, 2002). Además, muchas mujeres inmigrantes enfrentan obstáculos como las barreras del idioma, la falta de comprensión del sistema legal estadounidense y las costumbres culturales al abandonar las relaciones violentas (Raj & Silverman, 2002).

Mujeres rurales: Existen muy pocos datos cuantitativos sobre las mujeres en las comunidades rurales, pero los datos cualitativos sugieren que también experimentan tasas más altas de violencia doméstica (Websdale, 1998) (Adler, 1996). La pobreza, la falta de sistemas de transporte público, la escasez de proveedores de atención médica, el seguro mínimo o la falta de seguro de salud y la disminución del acceso a los recursos son muchas barreras que enfrentan las mujeres que viven en comunidades rurales (Johnson, 2000).

Personas lesbianas, gays, bisexuales y transgénero (LGBT): En 2006, se reportaron un total de 3,534 incidentes de violencia doméstica que afectan a personas LGBT a los 33 programas comunitarios contra la violencia en 12 regiones que conforman la Coalición Nacional de Lucha contra la Violencia Programas de Violencia (NCAVP) (Fountain, 2007). Aunque los datos cuantitativos sobre la victimización LGBT son limitados, los datos cualitativos disponibles sugieren que la victimización LGBT no se reporta, por varias razones, entre ellas el temor de que la policía sea homofóbica y el temor de ser "denunciados" a familiares, amigos y compañeros de trabajo, entre otras razones.

Individuos en la vida posterior: Existen datos cuantitativos limitados sobre las víctimas de violencia doméstica en la vida posterior. A menudo, estos datos se incluyen en el encabezado de "abuso de ancianos", del cual la violencia doméstica en la vida posterior es un subconjunto (Brandl, 2002). El promedio anual de asaltos contra víctimas mayores de 50 años reportados a la policía entre 1993 y 1999 fue de 29,110 (Rennison, 2001). De estos delitos denunciados, el 68.7 por ciento fue cometido por un cónyuge, el 13.3 por ciento por un excónyuge y el 18.0 por ciento por un novio o novia (Rennison, 2001). El subinforme es común dentro de esta población. Las estadísticas demuestran que solo el 39% de estos delitos contra mujeres de 50 años o más fueron denunciados a la policía. En contraste, entre 1993 y 1999, el 57% de la violencia sufrida por mujeres de 25 a 34 años y las de 35 a 49 años la policía "(Rennison, 2001 (pág. 8)).

Jóvenes y niños: Los Centros para el Control de Enfermedades (CDC, por sus siglas en inglés) estiman que 1,5 millones de estudiantes de escuelas secundarias en todo el país han experimentado violencia física en el noviazgo (CDC, 2003). Igualmente, importante es la exposición de los niños a la violencia doméstica. De acuerdo con la Encuesta nacional sobre la exposición de los niños a la violencia (NatSCEV) (Hamby, Finkelhor, Turner & Ormrod, 2009), recientemente completada. El 6.6% de los niños y jóvenes estadounidenses están expuestos a un asalto físico de un padre contra el otro cada año, el 5.7% fueron expuestos a maltrato psicológico y emocional por un padre contra el otro y el 1.3% fueron expuestos agresiones físicas graves de un padre. Esta encuesta representativa a nivel nacional financiada por OJJDP encontró que el 25% de los niños están expuestos algún tipo de violencia familiar durante toda su infancia (0-17 años).

De los hogares donde la policía respondió a las llamadas de violencia doméstica en cinco ciudades de EE. UU., El 43% de los niños en estos hogares tenían menos de 12 años (Rennison y Welchans, 2000). La exposición a la violencia doméstica está asociada con una gran cantidad de problemas infantiles en aumento, como actuar agresivamente con otros, depresión y ansiedad (Kitzmann, Gaylord, Holt y Kenny, 2003) (Wolfe, Crooks, Lee, MacIntyre-Smith, & Jaffe, 2003). Un estudio prospectivo de 20 años con 543 niños descubrió que la exposición a la violencia doméstica entre padres durante la infancia era un factor predictivo estadístico clave de la violencia perpetrada contra una pareja adulta y de recibirla de una pareja adulta (Ehrensaft, Cohen, Brown, Smailes, Chen, & Johnson, 2003). De manera similar, el estudio retrospectivo de Experiencias Adversas a la Infancia de 8,629 adultos encontró que vivir en un hogar donde ocurría violencia doméstica duplicaba la probabilidad de que un niño fuera víctima o perpetrador de violencia doméstica en la edad adulta (Edleson, 2004) (Jaffe) (Kerig, 2003) (Margolin & Gordis, 2004). Muchos niños muestran resistencia frente a la adversidad y la mayoría de los niños expuestos no necesariamente crecen para convertirse en víctimas o perpetradores de violencia doméstica.

Efectos adversos de la violencia doméstica: la violencia doméstica no solo tiene un efecto sobre la salud física y mental de la víctima, sino también otros aspectos de la vida y la prestación de cuidados. Una encuesta realizada en 2003 encontró que 1 de cada 4 madres sin hogar informaron haber sido víctimas de abuso físico por parte de una pareja íntima en el último año. (NCFH, 2003) Además, una encuesta realizada en 2005 mostró que el 50% de las ciudades de los EE. UU 2007).

El CDC descubrió que las víctimas de agresión física a una pareja íntima perdieron 7.2 días de trabajo remunerado, mientras que las víctimas de violación de una pareja íntima perdieron 8.1 días (NCIPC, 2003). El tiempo perdido se calcula por victimización, no por víctima. Por lo tanto, las víctimas de asaltos repetidos pueden perder más trabajo remunerado.

Varios estudios sugieren una fuerte correlación entre la victimización por violencia doméstica y los problemas de salud mental. Estos estudios sugieren tasas elevadas de depresión (tanto a corto como a largo plazo) y trastorno por estrés postraumático (Campbell y Lewandowski) (Coker, Davis, Arias, Desai, Sanderson y Brandt, 2002). Los estudios también sugieren asociaciones entre las experiencias de violencia y el uso de sustancias como mecanismo de afrontamiento o escape (Bennett & Bland, 2008).

Los estudios encontraron que las mujeres agredidas físicamente por su pareja tenían más del doble de probabilidades de sufrir lesiones físicas que los hombres agredidos. La violencia doméstica, o violencia en la pareja, ocurre cuando una persona causa daño físico o psicológico a una pareja actual o anterior. Incluye todos los actos de violencia en el contexto de la familia o las relaciones íntimas. Además de ser la principal causa de lesiones para las mujeres en los Estados Unidos (una mujer es golpeada cada 15 segundos), es un tema de creciente preocupación debido a su efecto negativo en todos los miembros de la familia, especialmente en los niños.

Si bien es difícil obtener información precisa sobre el alcance de la violencia doméstica debido a la falta de información, se conocen algunos aspectos del problema: la violencia doméstica no se limita a ningún grupo socioeconómico, étnico, religioso, racial o de edad y no conoce información geográfica o fronteras educativas. También ocurre dentro de las relaciones de adolescentes y entre parejas del mismo sexo.

Aproximadamente una de cada cuatro mujeres en Estados Unidos será agredida o violada físicamente por un compañero íntimo en algún momento de sus vidas. De hecho, las mujeres estadounidenses tienen más probabilidades de ser agredidas, heridas, violadas o asesinadas por un compañero masculino que por cualquier otro tipo de agresor. Las estimaciones de agresiones a mujeres por parte de sus parejas varían de aproximadamente 2 millones a 4 millones por año en los Estados Unidos. La mayoría de las mujeres asesinadas en el trabajo son asesinadas por una pareja íntima actual o anterior.

¿Cuáles son los signos de violencia doméstica?

Si crees que puedes estar en una relación abusiva, aquí hay algunas preguntas que debes hacerte:

¿Alguna vez ha sido lastimado físicamente, como ser golpeado, empujado, ahogado o golpeado por su pareja o expareja?

¿Alguna vez su pareja ha usado la amenaza de lastimarlo a usted o a los miembros de su familia para que haga algo? ¿Alguna vez tu pareja ha lastimado o abusado de tus mascotas?

¿Alguna vez tu pareja ha destruido tu propiedad o las cosas que te importan?

¿Ha intentado su pareja evitar que vea a su familia, ir a la escuela o hacer otras cosas que son importantes para usted?

¿Sientes que estás siendo controlado o aislado por tu pareja? Por ejemplo, ¿su pareja controla su dinero, transporte, actividades o contactos sociales?

¿Alguna vez ha sido forzado por su pareja a tener relaciones sexuales cuando no quería o para tener relaciones sexuales sin protección?

¿Tu compañero está celoso y siempre pregunta si eres fiel?

¿Tu pareja te culpa regularmente por cosas que no puedes controlar o por sus arrebatos violentos?

¿Tu pareja te insulta regularmente?

¿Alguna vez tienes miedo de tu pareja o de volver a casa? ¿Te hace sentir inseguro?

Hay otros signos de violencia doméstica que los observadores pueden ver en un familiar o amigo que está en una relación abusiva. Incluyen:

Ser propenso "accidentes" o ser repetidamente lesionado.

Tener lesiones que no puedan ser causadas involuntariamente o que no coincidan con la historia de lo que sucedió para causarlas.

Lesiones en muchas partes diferentes del cuerpo, como la cara, garganta, cuello, tórax, abdomen o genitales.

Tener moretones, quemaduras o heridas que tienen la forma de dientes, manos, cinturones, puntas de cigarrillos o que parecen que la persona lesionada tiene un guante o un calcetín (por tener una mano o un pie en agua hirviendo).

Tener heridas en diversos estados de curación.

A menudo en busca de ayuda médica o, por el contrario, a la espera de buscar o no buscar ayuda médica incluso para lesiones graves.

Mostrando signos de depression.

Consumir alcohol u otras drogas.

Intentando suicidarse.

¿Cuáles son los efectos en la salud de la violencia doméstica? Además de las lesiones físicas obvias, la violencia doméstica puede provocar depresión, ansiedad, ataques de pánico, abuso de sustancias y trastorno de estrés postraumático. El abuso también puede desencadenar intentos de suicidio o episodios psicóticos.

¿Cómo puedes dejar a una pareja abusiva? Dejar a un abusador puede ser peligroso. Para hacerlo de la forma más segura posible, debe planificar con anticipación.

CAPITULO NUEVE

HUYENDO DE DIOS

El primer verso de Génesis 16. nos lleva de inmediato a un problema: "Ahora Sarai, la esposa de Abram, no le había dado hijos". Incluso si se lo veía desde un punto de vista puramente humano, la esterilidad de Sarai podría haber sido una tragedia. La incapacidad de una mujer para tener hijos era considerada como un juicio de Dios. En este pasaje y en muchos otros, las mujeres que enfrentaron este problema hablaron como si el Señor hubiera "cerrado" su matriz. Estoy seguro de que la infertilidad de Sarai también fue una decepción para Abram. Tener un hijo era aún más importante para él y para la mayoría de los hombres, porque en el fondo de su mente estaba la promesa que el Señor le había dado. Abram había apostado todo lo que tenía en la promesa, y aún no tenía descendencia, y no se estaba volviendo más joven.

Dando una mano a Dios

Incluso con lo mejor de nuestra intención, Dios realmente no necesita nuestra ayuda. Él hace las promesas; Es su trabajo cumplirlos. Nuestra dificultad es con su tiempo. Él es un Dios eterno que existe fuera del tiempo; Él tiene toda la eternidad en perspectiva, mientras que los seres temporales estamos encerrados en un marco de tiempo. Aprender a moverse en el tiempo de Dios es uno de los aspectos más difíciles de la vida cristiana. Es muy difícil, tal vez casi imposible, debido a nuestra naturaleza voluntaria, comprender plenamente que la inteligencia y la inteligencia del hombre es como una locura ante Dios. Tendemos a tomar el hecho de que estamos hechos a su imagen un poco demasiado lejos. Olvidando que el poder de los hombres no lo glorifica.

Aparentemente, ante la situación de falta de aire, Abram se le ocurrió la primera sugerencia de "ayudar a Dios", el Eliezer debería ser nombrado heredero. El Señor dijo que no. El heredero iba a ser un descendiente de sangre. Sarai ofreció la segunda sugerencia de "darle una mano a Dios", que le entregara a su sirvienta a su esposo, y al hijo nacido de esa unión, él contaba como si fuera su propia práctica, una práctica bastante común. (Vemos que, en los casos de

Raquel, Leah y otros en el Antiguo Testamento.) Sarai era la esposa de Abram. Agar estaba "casada" con Abram, pero en realidad era una concubina. La diferencia entre una concubina y una esposa en esa cultura es que solo había una esposa en el sentido completo del término, aunque a menudo había muchas concubinas. La esposa era la mujer que simbolizaba la unión de los hogares, y la unión entre marido y mujer generalmente era organizada por los padres. La palabra de la esposa era ley sobre otros en la casa. La concubina tenía cierto estatus, pero nunca fue igual a la de una esposa. Si un hombre tenía un hijo junto a una concubina y luego quería deshacerse de ella, no podía hacerlo. Ella era una parte permanente de su hogar desde el momento del parto.

Quizás te preguntes de dónde sacaron Sarai y Abram a un esclavo egipcio. ¿Recuerdas cuando Abram le dijo a Faraón que Sarai era su hermana? Las Escrituras registran que el Faraón fue bueno con él por el bien de Sarai, y Abram adquirió ovejas y vacas, burros machos y hembras, sirvientas, sirvientas y camellos. Agar era parte de ese paquete, y regresó a la Tierra Prometida con Abram y Sarai. Agar fue adquirida en un momento en que Abram estaba fuera de la voluntad de Dios. Con ese comienzo, ¿cuáles serían las consecuencias?

Abram estuvo de acuerdo con Sarai en que "casarse" con Agar podría ser la solución. Agar concibió. Ella sabía que llevaba el hijo deseado de su amo. Las Escrituras dicen que a medida que el niño comenzó a crecer en su vientre, ella comenzó a despreciar a Sarai, y aparentemente no estaba discretamente acerca de revelar ese hecho. Ella puede haber expresado desdén por la esterilidad de su amante, lo que creó una gran tensión en el hogar.

Note la respuesta de Sarai a Abram: "¡Que el mal sea con usted! Di a mi doncella en tu abrazo; y cuando ella concibió, fui despreciada en sus ojos. Jehová juzgue entre tú y yo" (Gn. 16: 5). ¿Sarai había olvidado que toda la Idea se originó con ella? ¡De hecho, si!

Es muy característico de nuestra naturaleza humana mirar a nuestro alrededor y encontrar a alguien a quien culpar si las cosas no salen bien. Hay un pequeño letrero en la puerta de nuestra secretaría: ALGUIEN QUE PUEDE SONREIR CUANDO LAS COSAS SALEN MAL, HA ENCONTRADO A ALGUIEN A QUIEN CULPAR. Somos maestros en evitar la responsabilidad. Si damos un paso o tomamos una decisión contraproducente, nos barajamos un poco hacia un lado, y así podemos evitar las críticas. Si nuestro argumento no es lógico, simplemente protestamos más fuerte. Sarai hizo precisamente eso.

Abram le respondió a Sarai: "De hecho, tu doncella está en tus manos; haz con ella lo que quieras" (Gén. 16: 6). La respuesta de Sarai fue maltratar a Agar, y ésta huyó. La palabra hebrea para *áspero*) 'anab, "deprimir") pinta una imagen del peso acumulado sobre algo. Tal vez matratando a Agar, Sarai su exceso de trabajo, tal vez constantemente molestaba a ella. Pero como lo hizo, Sarai hizo que la vida de Agar fuera absolutamente miserable. Esto es puramente nada más que violencia doméstica en exhibición. Discordia, dolor, angustia, incluso tortura cuando se encontraron en la casa de Abram, esencialmente porque en ella se trataba de cumplir la voluntad y las promesas de Dios de acuerdo con su comprensión.

Agar y el Ángel del Señor.

Habiendo huido de la presencia de Sarai, Agar comenzó a correr hacia su tierra natal, Egipto:

Ahora, el ángel del SEÑOR la encontró junto a un manantial de agua en el desierto, junto al manantial en el camino a Shur, y dijo: "Agar, sierva de Sarai, ¿de dónde vienes y adónde vas?" (Gen 16: 7,8) *Shur* es la palabra hebrea que significa "muro", y el pueblo llamado Shur estaba ubicado en la frontera entre Egipto y los puntos del este. Los registros que datan de dos mil años antes de Cristo hablan de fortificaciones fuertes construidas por los egipcios a lo largo de todo un pozo que separa a Egipto y el área al este de Egipto. Al parecer, Agar había llegado hasta la puerta de la muralla. Se sentó junto a un pozo para refrescarse cuando el ángel del Señor se le apareció.

Génesis 16: 7 es la primera vez que aparece la frase "el ángel del Señor " en el Antiguo Testamento. Como aparece varias veces, debemos distinguir entre el Ángel del Señor y las muchas referencias a otros ángeles en las Escrituras. La frase parece indicar alguien un poco diferente al ángel "usual ", si podemos usar ese término. La palabra *ángel* significa "mensajero" tanto en hebreo como en griego, pero esta frase se usa, la implicación es que el ángel del Señor en realidad toma el lugar del Señor. Algunos eruditos bíblicos han dicho que el ángel del Señor es en realidad una apariencia pre-encarnacional de Jesús, la Palabra que luego se hizo carne. Sin embargo, decidimos pensarlo, debemos considerar que el término y la persona a quien se aplica es especial. Este ángel recibió adoración; ningún otro ángel recibiría adoración alguna vez. El ángel del Señor habló como si Dios estuviera hablando, y fue dirigido como si el ángel del Señor fuera en realidad Dios. Fue el ángel del Señor quien habló a Moisés en una zarza que ardía, pero no fue consumida. Fue el ángel del Señor quien luchó con Jacob (quien terminó cojeando) y dijo: "¡No te dejaré ir a menos que me bendigas!"

Cuando el ángel del Señor le habló a Agar, él se dirigió a ella por su nombre. ¡La conocía! Luego le preguntó de dónde venía y adónde iba. La respuesta de Agar fue clara y directa. "Estoy huyendo de la presencia de mi señora Sarai". Entonces el ángel del Señor le dijo que volviera a Sarai y se sometiera a ella. Eso fue lo último en el mundo que Agar quería escuchar.

Por supuesto, si cuando un cohete se quita su trayectoria es el más mínimo, ese pequeño error termina siendo un gran error. Una pequeña diferencia continuada para una gran distancia resulta en una brecha poderosa. Podríamos perdernos la luna, todo porque estábamos un poquito alejados al principio y no pudimos cambiar nuestra dirección. La vida es así también. A veces, el único camino a seguir es volver atrás, comenzar de nuevo, especialmente si estamos huyendo de Dios. Si estamos en contra de su voluntad y lo sabemos, ¡tenemos que volver! Si Él pone a alguien en nuestro camino que es lo suficientemente amable y gentil como para intentar detenernos y señalar el error en nuestras formas, no debemos resentirlo amargamente. Los problemas rara vez se resuelven huyendo de ellos.

El mandamiento de Dios a Agar fue acompañado por una palabra de aliento: "Multiplicaré mucho tu descendencia, que no podrá hacer contada por causa de la multitud" (Gen. 16:10). Esa promesa debió de parecerle familiar a Agar, ¡tan similar es a la promesa que recibió Abram! Sin duda, la historia de la promesa del patrimonio y la tierra y otras bendiciones se le había contado. El ángel del Señor le siguió profetizando. "He aquí, estás embarazada. [Bueno, eso no era noticia.] Y darás a luz un hijo. [Eso era noticia; aunque ella sospechaba que ese era el caso, no estaba segura.] Llamarás su nombre Ismael [que significa 'Dios oye'], porque el SEÑOR ha escuchado tu aflicción "(Gen. 16:11).

¿Te imaginas cómo debe haber sonado? Este ángel del Señor Dios, el ángel de Yahvé, el ángel que representaba al Dios de su maestro Abram y su esposa Sarai, este Dios, del cual ella sin duda había oído mucho, le hablaba a ella, una esclava egipcia fugitiva. ¿Te imaginas cómo las palabras del ángel la habrán consolado? El ángel del Señor entonces describió al hijo que ella llevaría. "Él será un hombre salvaje; Su mano estará contra todo hombre, Y la mano de todo hombre contra él. Y habitará en presencia de sus hermanos" (v.12). (De lo contrario, ¡será un niño simplemente maravilloso!)

El Dios que me ve

Creo que todos podemos estar de acuerdo en que la descripción del ángel del hijo de Agar no fue tan alentadora, pero el punto es que el Dios de su maestro conocía su situación y le habló sobre su futuro. Estoy impresionado con la respuesta de Agar. No sabemos mucho sobre ella de las Escrituras; Me hubiera gustado saber mucho más de lo que el Antiguo y el Nuevo Testamento nos dicen. En el Nuevo Testamento, ella fue utilizada por Pablo para simbolizar el Antiguo Pacto en oposición al Nuevo. (Vea Gálatas 4: 22-31.) Ella era la hija de la carne, la hija que Abraham produjo cuando se movía según su propia sabiduría. Ella era la hija de la esclavitud. La referencia de

Pablo a Agar no es terriblemente halagadora, y creo que ella tenía más profundidad. Ella le dio un nombre al ángel del Señor que le habló: ***Tú eres el Dios que ve***. Ella nombró al Señor porque no había ningún nombre en su vocabulario suficiente para describir lo que entonces sabía que era verdad. Ella lo llamó **"El Roi",** que significa **" Tú eres un Dios que me ve".** ¡Esa no es una pequeña revelación! No solo eso, sino que ella le dio al lugar donde ocurrió el encuentro otro nombre, también. Ella lo llamó **Beer Lahai Roi, que significa "el pozo del Dios viviente que me ve". Qué legado**.

Muchas personas creen que Dios comenzó el universo en movimiento y luego se fue. Piensan en Dios como un primer principio en algún lugar de la idea filosófica. Pero Agar reconoció que a Dios le importaba lo suficiente como para darle dirección y ánimo. Si solo más personas pudieran ver tan claramente.

Durante el resto de su vida, Agar recordó los lugares de su encuentro con Dios. Tengo en mi propia vida algunos lugares así, ¿verdad? Lugares especiales donde el Señor se acercó, donde reveló una parte de sí mismo, donde manifestó su poder, respondió a una oración especialmente sincera o satisfizo una necesidad sobrenatural. Dios está con nosotros todo el tiempo, por supuesto, pero estos son lugares apartados.

Era característico de la gente en aquellos días hacer un pequeño montón de piedras donde tenían un encuentro con el Señor Dios, o construir un altar. El primer significado de la palabra *altar* en las Escrituras, recuerda, es "un lugar de reunión entre Dios y el hombre".

Una vez leí el testimonio de una mujer que fue criada en una familia estrictamente religiosa. Fue criada como católica romana, pero podría haber sido cualquier denominación. Fue educada en las mejores escuelas parroquiales y, finalmente, se convirtió en monja. Toda su vida, padres y maestros le dijeron que Dios la estaba observando constantemente. Como una niña pequeña, estaba aterrorizada por la perspectiva. Ella pensó, *Dios me ve cuando yo sea viejo.* Esa línea de pensamiento ha sido utilizada por muchas generaciones para controlar a los niños. Muchos de ustedes que leen esto pueden haber tenido ese pensamiento implantado a una edad temprana. Esta persona en particular, sin embargo, nunca superó el temor a esa afirmación. Incluso cuando se convirtió en una adulta bien educada y se comprometió a servir a Dios, no se sintió alentada por la idea de que Dios la veía.

Finalmente, le confió a uno que la estaba ministrando: "Siempre ha sido una barrera para mi relación con Dios, el pensamiento de que Él me está viendo cuando había cosas que quería cubrir de Sus ojos". La persona que la atendía era Inmediatamente dio un don de gran sabiduría de parte de Dios. Su respuesta fue: "Oh, mi querida hermana, ¡qué tragedia que te hayan contado parte de la verdad!" ¡Es verdad que Dios te ve constantemente, pero tengo que decirte que es porque te ama tanto que no puede soportar quitarte los ojos!

Si Dios observa porque quiere registrar cada pequeño error y gran pecado que cometemos, o si observa porque nos ama tanto que no puede apartar Sus ojos de nosotros, hay perspectivas totalmente diferentes. Prefiero pensar lo último, ¿no? Y este es el pensamiento que Agar captó de alguna manera.

Sabes, no creo que Dios haya cambiado mucho su manera de tratar con su pueblo. A lo largo de las Escrituras tenemos evidencia de que el Señor conoce nuestro dolor, que nos ha llamado, que nos ve, que nos conoce. Tenemos Sus mandamientos, y nunca están sin ánimo.

Es realmente un punto simple. Cuando en la búsqueda de la voluntad de Dios, llegamos al lugar donde no podemos ver cómo Dios nos puede llevar, al lugar donde no podemos ver cómo Dios nos puede llevar más lejos o cómo Él puede cumplir una promesa para nosotros. Debemos darnos cuenta de que nuestra experiencia no es suficiente. Nuestra vista no es lo suficientemente aguda como para entender Sus caminos. Entonces es necesario que recurramos a Proverbios 3:5-6: "Confía en el Señor con todo tu corazón, y no te apoyes en tu propio entendimiento; Reconoce en todos tus caminos, y él dirigirá tus caminos.

Dios no puede revelar su propósito cómo o cuándo le gustaría, pero cuando no vemos el fin claramente, debemos avanzar porque sentimos que el Señor nos está guiando. Debemos poner nuestra plena confianza en Él y no revolver buscando formas de tratar de lograr lo que Dios pretende hacer en su tiempo.

Me pregunto, ¿Abram recibió la lección? ¿Sarai? Agar ciertamente lo hizo. ¿Como lo vez tú?

REINCIDENCIA

Si hubiera sido el editor de la Sagrada Escritura cuando se estaba compilando. Estoy absolutamente seguro de que hubiera intentado omitir lo que se ha convertido en Génesis 20. Debo confesar que estoy tentado de omitir cualquier referencia a este capítulo del libro. Es una vergüenza en la vida de un hombre llamado padre de los fieles. Porque no fue fiel en este caso.

Sin embargo, el Nuevo Testamento nos dice que el Antiguo Testamento fue registrado por nuestro bien, para que nosotros, a través de la comprensión de las Escrituras, tengamos esperanza. Aprendemos de la experiencia del pueblo de Dios de otras generaciones. Capítulo 20. Luego, aborda la cuestión práctica: los pecados del pueblo de Dios a veces se convierten en hábitos. La Biblia nunca oculta el hecho de que Dios trabajó a través de instrumentos que eran frágiles, quebradizos y falibles.

David, por ejemplo, fue llamado "un hombre conforme al corazón de Dios", ¿cómo podría Dios estar en compañía de amigos así? David era un adúltero y un asesino, pero tenía un corazón para Dios. Cuando se le señaló su pecado, arrepintio y pidió que se le devolviera el gozo de su salvación (Ver Sal. 51). Sin embargo, no siempre aprendemos de nuestra experiencia. A veces, nuestras experiencias no nos proporcionan el tipo de instrucción de la que podemos derivar crecimiento y luego seguir adelante, más allá de la experiencia. Este es el caso de Abraham.

Podríamos suponer que Abraham había crecido significativamente en su fe veinticinco años después de su viaje a Egipto. Podríamos estar simplemente inclinados a disculpar la falta de fe en la primera parte de su caminar con Dios; después de todo, él no tenía mucha experiencia con los caminos de Dios. No estaba familiarizado con la fidelidad de la provisión de Dios, por lo que podría tener motivos para dudar cuando se enfrentó a una situación difícil. Pero después de haber caminado con Dios durante tantos años, podríamos no ser tan caritativos a nuestro juicio.

Y Abraham partió de allí hacia el sur, y habitó entre Cades y Shur. Y se quedó en Gerar. Ahora Abraham dijo de su esposa: "Ella es mi hermana". Abimelec, rey de Gerar, envió y tomó a Sara. (Gen. 20: 1-2)

Gerar estaba en la costa cerca de Gaza, de hecho, es parte de la Franja de Gaza, y era parte de la tierra conocida en esos días como Filistea, de la cual los filisteos, enemigos del pueblo de Dios, vendrían varios cientos de años por el camino.

Nuevamente, Abraham y su esposa acordaron trabajar en un engaño, y nuevamente, ella fue invitada a formar parte de la casa de un rey. Para entonces Sara tenía noventa años. ¿Era tan inmensamente atractiva a los noventa años que simplemente no podía ser resistida? Puedo haber sido; ella estaba embarazada. No después de que ella dio a luz al hijo de la promesa. O tal vez el rey simplemente quería alinear su casa con la casa de Abraham, que ya era un beduino muy rico y poderoso, y una manera de hacerlo era sacar a una mujer del séquito de otro hombre y agregarla a la suya, que puede haber sido el motivo. Pero cualquiera que sea la razón, "Pero Dios vino a Abimelec en sueños de noche, y le dijo: He aquí, muerto eres, a causa de la mujer que has tomado, la cual es casada con marido" (Gen.20: 3)

Estoy particularmente interesado en Abimelec como personaje de esta historia. El no era un hijo del pacto; Él no era un heredero de la promesa de Dios. No sabemos qué sabía él del Dios que estuvo aquí después de ser llamado el Señor, Dios de Abraham. Podemos suponer que era un pagano. Sabemos que generaciones posteriores de filisteos adoraban a un dios llamado Dagón, y él era un dios horrible. Con eso en mente, me parece interesante que este rey pagano, cuando se despertó en el poder, entendió lo que se le decía. El respondió:

Señor, ¿matarás también a una nación justa? ¿No me dijo él? "Ella es mi hermana? Y ella, incluso ella misma dijo. "Él es mi hermano". En la integridad de mi corazón y la inocencia de mis manos he hecho esto. (Gen. 20: 4.5).

Abimelec era un hombre de honor, y reconoció que lo que había hecho, lo había hecho inocentemente. No sabía que Sarah había conspirado para engañar a la gente de Gerar. Y el Señor le respondió a Abimelec: Sí, sé que hiciste esto en la integridad de tu corazón. Porque yo también te detuve de pecar contra Mí; por eso no te dejé tocarla. Ahora, pues, devolve la mujer a su marido, porque es profeta, y orará por ti y vivirás. Y si no la devolvieres, sabes que de cierto morirás tú y todos los tuyos. (Gen. 20: 6.7)

Temprano en la mañana, Abimelec convocó a los oficiales de su reino y les explicó lo que había sucedido. ¿Puedes imaginar algo asi? El rey se vio envuelto en un desastre sórdido, ¡y no trató de cubrir ni el más mínimo detalle! No solo estoy sorprendido por eso, sino que estoy sorprendido por la respuesta de los funcionarios. Las escrituras registran que "los hombres tenían mucho miedo" (v.8).

Y Abimelec llamó a Abraham y le dijo: "¿Qué nos has hecho? ¿Cómo te he ofendido, que has traído sobre mí y sobre mi reino un gran pecado? Tú me has hecho obras que no se deberían hacer." (Gén. 20: 9)

¿No es eso asombroso? Dudo que alguien en el siglo veinte responda así. Diríamos inmediatamente: "No lo sabía, así que no es mi culpa". "Soy la víctima del pecado de otra persona. "Después de todo, me mintieron, ya sabes. "Protestábamos nuestra inocencia ante Dios y no admitíamos la menor culpa. ¡Pero no Abimelec y sus oficiales!

De alguna manera percibieron que comprendían vagamente. Lo sentían, incluso si no tenían una base intelectual para ello.

Su respuesta fue sorprendente porque su pecado fue cometido en inocencia. Puede notar que más adelante, en el libro de Levítico, se esperaba que un sacrificio devoto que los judíos llevaran ante el Señor era un sacrificio por los pecados cometidos inocentemente: los pecados que cometieron pero que no sabían que cometieron.

Existe un paralelo en la jurisprudencia estadounidense, y se reconoce en todo el mundo, no solo en los Estados Unidos: la diferencia entre homicidio involuntario, no hay intención de matar, y la muerte se considera accidental.

Las Escrituras reconocen que el pecado es pecado, y el pecado es una violación de la voluntad de Dios, ya sea que lo violemos a sabiendas o no. Si la ignorancia de la ley no es una excusa en un tribunal civil, la ignorancia de lo espiritual no es una excusa en los tribunales de Dios. Es posible cometer un pecado, y cometerlo de manera inocente, ni siquiera saber que es pecado, e incurrir en culpa.

Abimelec, un rey pagano, entendió eso y percibió su culpa ante los ojos del Dios de Abraham. Y llamó a Abraham para rendir cuentas.

Qué terrible fue para Abraham traicionar al Dios a quien sirvió ante los ojos del faraón de Egipto y una vez más en Filistea. (¿Podría haber una conexión entre este hecho y el hecho de que durante muchas generaciones las fuerzas egipcias y filisteas causaron estragos en los descendientes de Abraham?)

Abraham traicionó a su Dios. Abimelec pudo decir por el resto de su vida que no pudo creer una palabra de lo que Abraham dijo acerca de su Dios, porque aparentemente Dios no había hecho ninguna diferencia en la vida de Abraham. ¿por qué? fue la pregunta Abraham respondió: "porque pensé, seguramente el temor de Dios no está en este lugar; y me matarán a causa de mi esposa" (v.11). Qué excusa poco convincente. ¿Qué es un insulto a la gente de Gerar? Abraham se convenció a sí mismo de que, como Dios no era conocido en ese lugar, tenía que crear un dispositivo para protegerse. En realidad, el mismo temor que lo había afligido veinticinco años antes le había sobrevenido. Él no había crecido de manera mensurable en todo ese tiempo.

Abimelec, en este punto, era mucho más justo que nuestro padre Abraham. Era un hombre honorable. Puede que no haya sabido mucho acerca del Dios Yahvé, pero lo amó, lo reconoció y lo sirvió a distancia. El argumento de Abraham fue inútil. ¿Y la próxoma vez? "Pero de hecho ella es verdaderamente mi hermana. Ella es la hija de mi padre, pero no la hija de mi madre; y ella se convirtió en mi esposa" (v.12). ¿Abraham quiso decir que no había mentido? Sarah era su hermana, bueno ... una hermanastra. ¿Por qué no le había dicho el resto? Abraham mintió, no por lo que dijo, sino por lo que no dijo.

Las palabras de Abraham fueron malas desde el principio debido a la intención de su corazón. No hay tal cosa como pequeñas mentiras blancas en los ojos de nuestro Dios. Todas las mentiras son grandes pecados negros.

¿Tenía Abraham otra línea para probar? "Y sucedió que cuando Dios me hizo vagar fuera de la casa de mi padre, le dije: 'Esta es el favor que me haras: en cada lugar, dondequiera que vayamos, di de mí:" Él es mi hermano" (v.13). Abraham estaba insertando su pie un poco más profundo en su boca. Abraham afirmó que la mentira era un acuerdo hecho con su esposa treinta y cinco años antes, cuando se había preparado para abandonar la tierra de su padre. Abraham la había comprometido desde el principio "Muéstrame cuánto me amas, cariño ..." solo entre ellos dos. Un pacto del mal, un contrato de engaño.

La mayoría de nosotros, en un momento u otro, hemos contraído el mal con otro. Por ejemplo, un esposo y una esposa pueden acordar engañar a sus impuestos sobre la renta. O una compañía y un empleado pueden acordar llevar a cabo un trato turbio. "Solo nosotros lo sabemos". Podemos mentirnos unos a otros o a nosotros mismos, porque cuando reconocemos que algo está mal, queremos encubrirlo. No queremos enfrentarlo:

Bueno Señor, esto es entre tú y yo; Usted entiende, es una especie de lucha que tengo, Señor.

Señor, que mi esposo me puede matar si ve esta cuenta de cargo, no le dejes ver la cuenta hasta que la alcance a un nivel razonable, ¿de acuerdo?

Seré justo en todas las áreas importantes; usted entiende, ¿no? Solo sigue conmigo en este caso, ¿de acuerdo?

Los resultados de lo que hacemos en condiciones engañosas a menudo son dolorosos. Puede haber un lapso de veinticinco años entre el pecado y la consecuencia, pero siempre ocurre. El escenario se ha establecido. En cuanto a esas pequeñas conversaciones de "mirar a un lado" con el Señor, hasta que se hayan establecido y se hayan arrepentido, nuestras vidas están fuera de línea con la voluntad de Dios.

Nuestras vidas no solo se ven afectadas por nuestro pecado, sino que las vidas de otras personas también se ven afectadas. Se llama "el efecto dominó", porque el círculo de responsabilidad se extiende desde un pecado, al igual que los círculos se extienden después de que una piedra es arrojada a un charco.

Después de todos esos años, Abraham pudo haber repudiado el contrato. O Sarah podría haber dicho: "Realmente no me gusta mentir así. Después de todo, tú eres mi marido. ¿Te avergüenzas de mí? "O Abraham pudo haber venido a Sarah y decirle, yo como cabeza de la casa," ¿Recuerdas el acuerdo que hicimos antes de dejar a Ur en los Caldeos? Me doy cuenta de que estaba basado en el miedo, y no hay fe en Dios en eso. Hay una intención de engañar, y está mal, porque estamos caminando con un Dios santo y delante de él, y Él nos llama a ser santos como Él mismo. Así que olvidemos eso, ¿de acuerdo? Quiero decir, Dios nos salvó una vez,

¡arrepintámonos de eso y sigamos siendo su pueblo!" Ojalá hubiera dicho algo incluso remotamente cercano a eso.

Si vamos a caminar con Dios, debemos romper esos contratos. No debemos andar en contratos contaminados por el mal. Necesitamos romperlos y tomar las consecuencias. ¡Las consecuencias serán menores si lo hacemos pronto, más si lo hacemos más tarde! Dios estará con nosotros. Si continuamos en el engaño, las consecuencias vendrán, pero las enfrentaremos solas.

De vuelta a Abimelec, que era un hombre recto. Entonces Abimelec tomó ovejas, bueyes y sirvientes hombres y mujeres, y se los dio a Abraham; Y le devuelve a Sara su esposa. (¿Le suena familiar? Abraham adquiere a Agar en la bonanza, y la paga de su pecado aún no se ha pagado) Y Abimelec dijo: "Mira, mi tierra está delante de ti; habita donde te plazca. '" (Gen. 20:14, 15)

¿Te imaginas haciendo eso? No puedo. Podría haber respondido como lo hicieron los faraones: "Sal de aquí, ya hemos tenido suficiente de ti". No Abimelec. En realidad, le dio regalos a Abraham. Y Abraham guarda la cara de modo que cuando Abraham desarraigó su hogar una vez más, parecía el acontecimiento más natural.

Las palabras de Abimelec a Sara no dan ninguna indicación de que él se dio cuenta de que ella era parte del engaño. "Le he dado a tu hermano mil. No metió el cuchillo y lo torció, como decimos a veces. Él tomó el enfoque suave y cubrió su pecado por completo.

Si has estado siguiendo esta narrativa con tu propia Biblia, notarás que omití comentarios sobre una parte de lo que Dios le dijo a Abimelec. Hice esto deliberadamente para que pudiéramos enfocarnos en el punto por separado. A los ojos de Dios, él fue infiel. Sin embargo, el Señor no quitó el llamamiento, Dios nunca lo hace. Una llamada es irrevocable. Cuando somos llamados a servir al Señor, ese llamado nunca es revocado. Podemos ser malos sirvientes, o buenos, obedientes o desobedientes; pero la llamada no se elimina, incluso si \ ya no nos movemos debajo de ella. Abraham fue un profeta a pesar de estar envuelto en engaño, y el Señor confirmó el llamado.

¿Quién de nosotros es digno de servir al Señor? ¡Es realmente bueno para nosotros darnos cuenta de que no somos dignos! Nos mantiene en el lugar apropiado, en la mentalidad adecuada ante el Señor. Reconocer nuestra indignidad nunca tuvo la intención de paralizarnos en la inacción, porque la cuestión de nuestro valor no cuenta con Dios. Nuestra rendición, nuestro arrepentimiento, nuestra apertura, nuestra capacidad de enseñar y nuestra capacidad de moldear sí cuentan. Dios hace su trabajo a través de vasos imperfectos, y a menudo tiene que seguir cambiando de forma. Si solo pudiera haber ministros merecedores, ¡Dios no tendría sirvientes en absoluto!

Pienso que la razón por la que el Espíritu Santo quería el pequeño episodio de la infidelidad de Abraham incluido en las Escrituras fue para que podamos comprender que los hombres que han caminado con Dios por muchos años todavía aun pueden caer. Podemos, y muy gravemente, como consecuencia de un pecado no arrepentido y acuerdos ininterrumpidos de nuestras vidas anteriores. O tal vez el Señor quería que entendiéramos plenamente que su llamamiento es realmente irreversible, y que a pesar de que Abraham le falló, todavía era un profeta, y que a pesar de que usted y yo le fallamos, no somos menos llamados a servirle. Las oraciones de Abraham iban a eliminar la plaga del juicio de la casa de Abimelec. Abraham todavía podía ser usado por Dios en medio de su desobediencia, y quizás en el proceso se acercó un poco más al Señor.

Por otra parte, tal vez el Señor Dios quería que entendiéramos que incluso fuera de los límites de nuestros conocidos, entre los que creemos que pueden no ser de la fe, hay algunos que le obedecen. Me encanta la frase en El Libro de la Oración Común cuando oramos por "aquellos cuya fe es conocida solo por ustedes". Aquí hay un hombre que puede que solo haya sentido al Señor, pero que le respondió con integridad. Nosotros, como Abraham, nunca debemos apresurarnos a juzgar que "el temor de Dios no está en este lugar".

Tal vez el Señor Dios de Abraham quería que entendiéramos más plenamente su infinita misericordia y gracia para los caídos en la batalla. Dios tiende a recogerlos, desempolvarlos, arreglarlos un poco y enviarlos de vuelta a las líneas del frente. (La iglesia, sin embargo, es un asunto diferente. Muchas veces he oído decir que "el ejército cristiano es el único que dispara a sus propios heridos").

¿Por qué es que el Señor usó el modelo de un pagano para mostrarnos cómo debemos actuar? ¡Con qué frecuencia, cuando otro se cae, explotamos la situación y la transmitimos al todos, a menudo de forma incorrecta! Qué doloroso para todos nosotros, y más aún para aquellos que serían creyentes y no verían amor en nosotros. ¿Dónde está el testimonio de gentileza y compasión, de sanación y reconciliación que nos fue dado por Jesús?

Si estamos verdaderamente abiertos, nuestras desepciones y maldades nos serán revelados a través del Espíritu Santo para que podamos confesarlos, arrepentirnos de ellas y permitir que Dios se ocupe de ellos. Afortunadamente, Dios no nos trae todo a la vez. ¡No pudieramos soportarlo! Por ahora, concentrémonos en la falta de honradez en nuestras vidas, el espíritu mentiroso, la lengua engañosa o cualquier otra cosa que se nos indique. Oremos para que Dios nos permita cancelar y repudiar los contratos que hemos celebrado.

Mirando de cerca a Sara, nuestra madre

Abraham es el padre del pueblo judío a través de su hijo Isaac. También es el padre de los árabes a través de su hijo Ismael (que se reconoce en el Corán de los musulmanes). El Nuevo Testamento nos dice que todos los que han sido bautizados en Jesucristo son simiente y herederos de Abraham de acuerdo con el pacto.

Escúchame, tú que sigues la justicia, / Tú que buscas al SEÑOR: / Mira a la roca de la cual fuiste excavado, / Y al agujero del pozo en el que te cavaron. / Mira a Abraham, tu padre, / *Y a Sara, que te dio a luz.* (Isaías 51: 1-2, énfasis mío)

Sara es la madre del pueblo hebreo y es muy reverenciada. En muchos sentidos, la tradicional rabínica la ve como modelo. En los libros de Gálatas, aunque ella no se menciona, hay referencias a las dos esposas de Abraham; y aquellos que eran hijos de la fe eran vistos como descendientes espirituales de Sara, la mujer libre (ver Gal. 4: 23)

La primera referencia bíblica a Sara se encuentra en Génesis 11: 29. Es una declaración muy clara, que aparece en parte de la genealogía del padre de Abraham, Taré. "Entonces Abram y Nacor tomaron esposas: el nombre de la esposa de Abram era Sarai".

Sarai (Sara) y Abram (Abraham) pasaron muchos años, más de ochenta años, en estrecha comunión y amor. La vida que compartieron no fue fácil, ya veces fue extremadamente difícil. A pesar de las circunstancias en las que se encontraron, sin embargo, la vida que vivieron juntos estuvo continuamente bajo el llamado de Dios. La llamada nunca fue retirada.

El siguiente pasaje de hoy parece estar fuera de sintonía con los tiempos, pero creo que transmite verdades eternas, no simplemente verdades descriptivas de hechos históricos, sino verdades normativas. El pasaje habla de los asuntos que deben ser, de acuerdo con la voluntad de Dios: las esposas, igualmente, deben ser sumisas a sus propios esposos, para que incluso si algunos no obedezcen la palabra, ellos puedan, sin una palabra, ser ganados por la conducta de sus esposas, cuando observan tu conducta casta y respetuosa. (1 Pe.3: 1.2)

¡Estas pueden ser palabras de combate hoy! Para algunos oídos, suenan como si las mujeres estuvieran en una posición subordinada. ¿Pero es eso lo que Dios tenía en mente?

La Orden debida de Dios

Dios estableció ciertas órdenes. Por ejemplo, estableció un orden para la iglesia. Jesús es el jefe de la iglesia, y si no reconocemos y vivimos de acuerdo con ese orden, perderemos la mano de la bendición de Dios. Igualmente, Dios estableció una orden del hogar. (Véase Ef.5: 23). Estableció al esposo como el jefe de la esposa. Puede parecer que la esposa está relegada a una estatura inferior, pero esa no es la intención. Dios estableció un orden funcional. Una familia en la que el esposo actúa como la cabeza es una familia en línea con el propósito y el plan de Dios. Cualquier otro orden es espiritualmente disfuncional.

A la esposa de un esposo no creyente se le dice que se gane a su esposo sin decir una palabra ". Las esposas están limitadas en lo que se les puede decir a sus esposos, incluso si los esposos son incrédulos o menos avanzados en la fe.

El pasaje continúa: No dejes que tu adorno sea meramente exterior, arreglando el cabello, vistiendo oro o vistiendo prendas finas, sino que sea la persona oculta del corazón, con la belleza incorruptible de un espíritu gentil y tranquilo, que es muy precioso a los ojos de Dios (1 Pedro 3: 3-4).

Nada está intrínsecamente mal con los hermosos peinados, joyas o ropa, pero la belleza que reflejan las mujeres debe surgir de un espíritu hermoso. Como lo que solo llama la atención sobre la apariencia externa, por muy bueno que sea.

El pasaje continúa diciendo: Porque así, también, las santas mujeres que confiaron en Dios también se adornaron, siendo sumisas a sus propios esposos, como Sara obedeció a Abraham, llamándolo señor, cuyas hijas son si hacen el bien. Y no temen con ningún terror. (1 Pedro 3: 5, 6)

Sara fue utilizada como modelo de esposa. Ella ejemplificó la relación correcta entre un esposo y una esposa. Vamos a averiguar por qué.

Solía hablar más sobre la sumisión en el pasado que hoy. Podría decir con mucho sentimiento: "Esposas, sean sometidas a su esposo. "Lo interesante es que mi esposa está de acuerdo en que soy el responsable al final. Si las cosas van mal, nunca podrá decir "Te lo dije". En los últimos años, hemos aprendido que este pasaje significa mucho más de lo que parece a primera vista. Gran parte de la comprensión del orden de Dios se basa en la enseñanza muy clara de la Escritura: ve, entonces, que camines con prudencia, no como tontos, sino como sabios, redimiendo el tiempo, porque los días son malos. Por lo tanto, no sea imprudente, pero entienda cuál es la voluntad del Señor. (Efesios 5:15-17)

¿Qué podría ser más claro? Entienda, tenga cuidado, sepa cómo vivir bajo la dirección de Dios. Esposas, sometance a sus propios esposos, como al Señor. Porque el marido es cabeza de la mujer, así como Cristo es cabeza de la iglesia; y Él es el Salvador del cuerpo. Por lo tanto, así como la iglesia está sujeta a Cristo, así las esposas deben ser para sus propios esposos en todo. (Efesios 5:22 - 24)

¡Eso es una tarea difícil! en su contexto completo, sin embargo, el pasaje está precedido por estas palabras, "someterse el uno al otro en el temor de Dios" (v. 21).

Someterse el uno al otro y al Señor crea un ambiente propicio para la sumisión de la esposa. Para asegurarse de que se transmita el mensaje, Pablo agregó: "Los esposos, amad a las esposas, así como Cristo también amó a la iglesia y se entregó a sí mismo por ella" (v. 25). ¿A qué esposa le importaría someterse a un hombre que la ame como Cristo amó a la iglesia? Así que los esposos deben amar a sus propias esposas como a sus propios cuerpos; el que ama a su mujer se ama a si mismo. Porque nadie odió su propia carne, sino que la nutre y la cuida, al igual que el Señor hace a la iglesia ... Permita que cada uno de ustedes en particular ame a su propia esposa como a sí mismo, y que la esposa vea que respeta a su esposo. (Efesios 5: 28-33).

No creo que sea posible sacar de su contexto el mandamiento del Señor con respecto al liderazgo del esposo y tratar de aplicarlo universalmente. El versículo 22 a menudo está sobrecargado de trabajo y mal aplicado. En el contexto de un esposo y una esposa sometidos al Señor y entre sí, el liderazgo del esposo sobre la esposa es funcional y útil. Además, tiene la bendición de Dios sobre ella. La carga de la responsabilidad recae sobre el marido. Donde toda la relación está en su lugar y el esposo da el ejemplo, la paz de Dios se puede encontrar en el hogar. Donde la relación está fuera de lugar, la paz de Dios está ausente.

Hablamos de este orden en términos de la relación entre Cristo y su iglesia, pero la descripción también se aplica al matrimonio de Abraham y Sara. La relación entre Sara y Abraham era más que esposa y esposo, Sara también era la hermanastra de Abraham, y como él era diez años mayor que ella, probablemente la conocía desde su nacimiento. Desafortunadamente, esta doble relación se convirtió en una fuente de gran decepción cuando Abram y Sarai entraron en Egipto, y nuevamente cuando entraron en Gerar (Filistea). Usaron el mismo engaño en ambas ocasiones; contaron solo la mitad de la historia, mencionando solo la relación de hermana de Sarai con Abram. Habían llegado a un acuerdo para el mal antes de abandonar la tierra de Ur de los Caldeos. ¿Qué le hizo ese hombre a esa mujer? Él la hizo compañera en una mentira. Y ella se sometió a sus deseos.

El hecho de que Sara fuera estéril era particularmente desafortunado en aquellos días. Los niños fueron deseados porque aumentaron el tamaño, la riqueza y la importancia de un grupo familiar. Los muchachos fueron especialmente deseados, porque cuando se casaban, las dotes de sus novias entraban a la familia con ellos; Sin embargo, cuando las niñas se casaban, las fortunas de sus familias disminuyeron. La incapacidad de una mujer para tener hijos era considerada como el reproche de Dios.

Abraham, Isaac y Jacob fueron los tres grandes patriarcas de la raza hebrea. Llama la atención que sus esposas, Sara, Rebeca y Raquel, fueran todas estériles. Eventualmente, los tres pudieron tener hijos, pero durante mucho tiempo no pudieron hacerlo. Otro hilo común en sus historias es que cada mujer con quien está de acuerdo la impregna. Dios, sin embargo, les trajo hijos de manera inequívoca a los suyos.

La familia de Abraham y sus descendientes se construiría sobre la fe en Dios y sus promesas. La provisión de Dios, la herencia de Dios se repite a lo largo de tres generaciones consecutivas. Los esposos llevaban esposas, en los buenos y malos tiempos. Los esposos cuidaban a las esposas, oraban por las esposas y amaban a las esposas como amaban a sus propios cuerpos. Comenzando con el ejemplo de Abraham y Sara, los hijos de Abraham y sus esposas dan el ejemplo que Pablo vio hermosamente en armonía con Cristo y la iglesia.

Sí, Abraham tuvo con Sara algunos puntos muy difíciles. Sí, Sara era a veces menos que la sumisa esposa. (¿Recuerda cómo Sara maltrató a Agar cuando Agar estaba embarazada de Ismael, aunque fue idea suya? ¿Cómo se rió con incredulidad cuando supo que iba a tener un hijo a la edad de noventa? ¿Cómo expulsó a Agar e Ismael? de la casa en ira?) La relación de Sara y Abraham no fue perfecta; Sara y Abraham no eran personas perfectas. ¿Por qué, entonces, son modelos? Modelan lo que Dios puede hacer a pesar de nuestra fragilidad humana. La relación entre Abraham y Sara duró ciento veintisiete años. ¿Dirías que estaban seguros en su matrimonio?

La sumisión de Sara a Abraham se basó en su conocimiento de quién era él y su reconocimiento de su sumisión a su Dios. Ella vio tanto su fidelidad como su falta de fe para con ese Dios, y nunca dijo: "Te lo dije". Su seguridad provino de años de estar bajo la protección de Abraham, esa protección que era del Dios Todopoderoso, y sabiendo que era seguro, a pesar de la angustia de las circunstancias. "Como Sara obedeció a Abraham, llamándolo señor, de cual vosotras habéis venido hacer hijas, si hacéis el bien, sin temer ninguna amenaza" (1 Ped. 3:6)

Reflexiones de Sara, nuestra Madre.

Piensa en Sara, la mujer, que siguió a Abraham fuera de Ur de los Caldeos sin una pregunta, sin saber a dónde iba y tal vez incluso oyendo a sus amigos reírse cínicamente: "¡Qué tonto! Empacar y salir, ¡y ni siquiera saber a dónde va!". Es difícil imaginar la fe de una mujer en un hombre tan fuerte hoy en día, cuando los hombres se enfocan en las carreras desde el jardín de infantes en adelante. Tal vez sería más fácil imaginar la clase de fe de Sara si los hombres de hoy tuvieran una herencia diferente, como la que Abraham pasó a Isaac, quien a su vez se la pasó a Jacob. La herencia de la piedad y la obediencia al plan de Dios y su palabra revelada, sin importar las circunstancias, podría permitir que más mujeres no den paso al miedo en sus matrimonios. Pablo dijo que un hombre limpia a su esposa " lavándola con agua mediante la palabra" (Efesios 5:26). ¿Cómo? A través de la palabra escrita, la Biblia. Al buscar todas las preguntas, al hacer de la palabra de Dios la autoridad común para la vida matrimonial, al orar juntos al Autor para que nos guíe.

Piensa en Sara, la mujer, que estuvo dispuesta aceptar los engaños de su marido, y no una, sino dos veces a los harenes de hombres ricos y poderosos. Debía haber estado un poco insegura de su futuro, y sin duda oraba fervientemente para que, antes de que terminara el período de espera del año habitual y se esperara que sirviera al rey en su cama, su amado Abraham de alguna manera la sacaría.

Pablo escribió que el llamado de un marido a su esposa, como el llamado de Cristo a la iglesia, es "presentarse a sí mismo ... sin tener mancha ni arruga ni nada por el estilo, sino que ella debe ser santa y sin mancha" (Ef. 5:27). Abraham había abdicado la cláusula protectora y afectuosa de su contrato con Sara. Él la había dejado abierta a la infidelidad sexual, de hecho, la había colocado en la cama de otro hombre por preocupación por su propia seguridad y provisión.

Abraham cosechó el desdén de los líderes con los que había tratado de manera engañosa, quienes, más honorables que él, le devolvieron a su hermana / esposa sin mancha. Donde su esposo falló, Dios no lo hizo.

Hay una lección en esto. Incluso cuando parece que las cosas están fuera de control, nunca son irredimibles. La protección de Dios estaba sobre Sara en los harenes, tal como estaba en la tienda de su esposo. Su voluntad y propósitos no fueron frustrados. De hecho, Dios incluso usó esas situaciones para proveer a la familia, para aumentar su sustancia. ¡Él redime nuestros errores! Abraham podría haber perdido todo, incluso su honor. No se equivoque, perdió una preciosa oportunidad de ser testigo del Señor Dios para las personas que engañó; sembró semillas que serían cosechadas en el futuro. Pero Dios aprovechó la oportunidad para enseñarle Abraham una lección privada acerca de Su gracia salvadora.

Piensa en Sara, la mujer, que tuvo que soportar los comentarios susurrados y la risa burlona de las mujeres en su casa cuando su sirvienta dio a luz al hijo de Abraham. El hecho de que la práctica era común no alteraba el hecho de que Dios había favorecido a Agar, y no a Sara. El dolor del reproche de Dios debe haber parecido insoportable, ya que ella corrió a Agar de la casa. Agar regresó a su casa después de su encuentro con el ángel del Señor.

Piense en el dolor que Sara debió haber sufrido al ver crecer a Ismael, vio crecer a su esposo para amar al niño y vio a Abraham llevarlo al Señor, lleno de orgullo, ofreciéndole como el heredero esperado. ¿Estaba secretamente contenta cuando Abraham le dijo que Dios le había dicho que Ismael no era el elegido? ¿Cuándo Dios prometió nuevamente que ella daría a luz al elegido? ¿O se desesperó por lo que podría suceder y dudaba secretamente de la fidelidad de Dios y de la cordura de su marido?

Sara no había oído la voz del Señor mismo. Agar también estaba encima de ella en esa área. Dios había tratado directamente con Agar. Él le había enviado un ángel a ella con una profecía que era auspiciosamente cercana a la que le habían dado a Abraham sobre la herencia de su hijo prometido. ¿Qué pasó por su mente? Las Escrituras no registran los pensamientos más íntimos de Sara, pero su risa (la risa que dio su hijo milagroso a su nombre) indica que, a pesar de las circunstancias, ella entendió que ella y Abraham eran "una sola carne".

El amor de Sara por el marido incluía el conocimiento de que ella estaba unida a él de manera inextricable, para el propósito de Dios, ya sea que ella pensara que él tenía razón, o que estaba cuerdo, o que era justo, o fiel a Dios, o fiel a ella, independientemente de las circunstancias. Este fue un matrimonio para la conveniencia de Dios; no este. Me pregunto, ¿cuántas mujeres de hoy podrían mantener incluso una parte del compromiso inquebrantable de Sara y el amor por su esposo?

Piensa en Sara, la mujer, que sostenía en sus brazos por fin al hijo de la promesa, que veía en los ojos de su esposo el gozo de la fidelidad de Dios. Abraham trató a Sara como una reina, y probablemente aún más después de que Isaac nació. Sin embargo, Sara le pidió Abraham que echara a su hijo Ismael y a la madre de su hijo. Tal vez ella había estado enojada por algo que hizo Ismael. O tal vez ella reaccionó de la protección instintiva de una madre de su descendencia. Abraham tenía todo el derecho de rechazar su solicitud, y Sara sabía que Abraham sometería todas sus decisiones a Dios antes de actuar sobre ellas. ¡Imagínese su alivio cuando descubrió que Dios dijo que estaba dentro de su plan para que Ismael se fuera!

¿Podría Abraham también haber sabido que, al honrar la petición de Sara, se estaba identificando con ella? Tal vez conocía el tormento que ella estaba experimentando y, motivado por su amor por ella, le pidió permiso y gracia al Señor para hacer algo que era muy difícil: dejar que su hijo Ismael saliera de su casa, su cuidado, su supervisión, para someter a Ismael al cuidado de Dios.

Piensa en Sara, la mujer, que cuidó a Isaac, el hijo de la promesa, la mujer cuyo hijo fue llevado a la montaña para ser sacrificado, cuyo hijo amado regresó con su padre con la increíble historia del carnero atrapado por sus cuernos, el sacrificio sustituto. Sara, maravillada por la fe de su esposo e hijo, sin duda lloró de alegría y alivio. A pesar de las circunstancias humanamente imposibles, Dios había sido fiel una vez más.

En la cultura de Sarah, el padre y la madre eran vistos como representantes de Dios en el asunto de la autoridad sobre los niños, sin embargo, ella no era parte de este milagro hasta que terminó. ¿Se encontró cara a cara con el Dios que había llamado a su esposo y les había prometido muchas cosas después de que ella viviera?

¿Podría Sara ver la promesa de salvación a través del sacrificio de otro Hijo, a través de los años del futuro, cuando Su madre vería a su Hijo sacrificio, no escatimado? ese Hijo se "entregaría" en una imagen del diseño de Dios para el matrimonio.

Hablamos a menudo de "morir de sí mismo" en la vida cristiana, y en ninguna parte es más importante que en la relación matrimonial. Renunciar a uno mismo por un esposo o una esposa es casi lo mismo. Renunciar a uno mismo es la sumisión mutua; es atender las necesidades del otro antes que las propias y no mantener el puntaje. Es una tarea difícil. Pero cuanto más lo hacemos, más satisfactorio es y más se satisfacen nuestras propias necesidades. El egoísmo simplemente no tiene lugar en el matrimonio.

Un tributo de lágrimas

La muerte de Sara se registra en Génesis 23. Sara vivió ciento veintisiete años; Estos fueron los años de la vida de Sara. Entonces Sara murió en Quiriat-arba (es decir, Hebrón) en la tierra de Canaán, y Abraham vino hacer duelo por Sara y a llorararla (Gen. 23: 1-2).

Abraham no estaba en casa cuando Sara murió. Tenía vastos rebaños y podría haber estado a veintisiete millas de distancia en Beerseba, o en otro lugar; pero cuando oyó las noticias, se dirigió a Hebrón.

Se puso en el suelo junto a su esposa muerta y lloró. Abraham, el gran patriarca, lloró incontrolablemente al ver a su esposa muerta. No hay registro de que haya derramado una lágrima cuando dejó a su familia y amigos en Ur de los Caldeos. Ni una palabra acerca de las lágrimas cuando enterró a su padre, Terah, en Haran, o cuando se despidió de su amado hijo, Ismael, o cuando se le dijo que sacrificara a su hijo de la promesa, Isaac. Sin embargo, no se avergonzó de llorar ante la vista de Sara, ciento veintisiete años su hermana, más de ochenta años su esposa, muerta delante de él.

La costumbre oriental del día en que uno moría era establecer un lamento de muerte para señalar a la tribu lo que había sucedido para que empezara el luto. Los familiares y amigos continuaron su luto desde el momento del lamento de muerte (descrito como un grito agudo, intenso y penetrante) hasta que tuvo lugar el entierro. Esa era la costumbre, y sin duda fue un dolor y muro periódico que conoció Abraham cuando regresó a su casa.

Pero la pena de Abraham era mucho más que la costumbre dictada. Puedo imaginarme lo que significó para él perder a la única persona sobre la faz de la tierra que pudo compartir esos primeros recuerdos de cómo era la vida antes de dejar a Ur, de la familia que habían dejado atrás. Una gran parte de su vida se había ido. De hecho, una gran parte de él había desaparecido. Perdió a la única persona que lo había conocido como realmente era, pero nunca había dicho: "Te lo dije; perdió a alguien con quien había compartido crecimiento, alegría, vergüenza y angustia". Perdió un confidente, un consolador, una amiga y una hermana cuando Sara murió. Sabía que su pérdida era grande, y no se avergonzaba de su dolor.

Abraham fue a los Het y pidió comprar una cueva para enterrar a su amada: "Extranjero y foratero soy entre vosotros; dadme propiedad para sepultura entre vosotros, y sepultaré a mi muerta de delante de mí" (Gen. 23: 3-4). Aunque había vivido en la tierra durante muchos años, se llamaba a sí mismo un visitante. El autor del Nuevo Testamento de la carta a los hebreos dijo que Abraham se consideraba a sí mismo como un extraño y peregrino en la tierra incluso después de que él entró en la tierra prometida. (Véase Hebreos 11:13). Él nunca construyó una casa; Siempre vivió en carpas. Reconoció que la tierra de la promesa no era su destino final, "porque esperaba la ciudad que tiene fundamentos, cuyo constructor y creador es Dios" (Hebreos 11:10).

Abraham murió antes de llegar a la Tierra de la Promesa, pero lo vio por fe. Y debido a esa fe, Dios dijo: "No me avergüenzo de ser llamado su Dios"

Una vieja canción del evangelio ilustra la realidad de lo que Abraham y Sara experimentaron:

> Este mundo no es mi hogar.

> Solo soy un pasante;

> Mis tesoros estan guardados

> En algún lugar más allá del azul

> Los angeles me llaman

> De la puerta abierta del cielo,

> Y no puedo sentirme como en casa.

> En este mundo ya

Abraham y Sara vivieron una vida rica, llena de problemas, dolor, alegría y asombro. No tenían garantías, salvo la palabra de un Dios que apenas conocían, cuando empezaron. ¿Eran tan diferentes de la forma en que son las parejas cuando se casan? ¡Me atrevo a decir que ninguna pareja puede afirmar que su matrimonio ha sido predecible, en todo caso!

El cristianismo nos dice que no debemos poner un vasto tesoro en este mundo. Este mundo no es más que una antecámara, un vestíbulo, un porche delantero, si se quiere, hacia un reino inmensamente nuevo. ¿Cuán profundamente hemos echado nuestras raíces en este mundo? ¿Podemos ser peregrinos por más tiempo?

¿Cuántas esposas, si fueran llamadas abandonar la familia, los amigos y los entornos familiares, se irían sin dudar para ir a un lugar lejano para servir a Dios con sus esposos? No quiero ser misioneros en India o África o en algún lugar exótico. Me refiero a mudarme al interior de la ciudad desde los suburbios, al país desde la ciudad, al norte desde el sur. O incluso a la iglesia bautista de la iglesia episcopal, si el esposo se sentía más cómodo allí, o para abandonar un grupo o abandonar un pasatiempo en el que el esposo no estaba involucrado. ¿Cuántas esposas son como la esposa de Lot, que se volvió para mirar anhelante? ¿en el pasado? Sara miró hacia adelante, con su esposo, a la promesa que vio cumplida solo después de dejar esta tierra.

Las personas a quienes Abraham habló después de la muerte de Sara fueron honradas. "Tú eres un príncipe poderoso entre nosotros; [en hebreo, las palabras traducen: "Tú eres un príncipe de Dios"] entierra a tus muertos en los lugares de sepultura más selectos" (Gen. 23: 6).

Abraham dijo: "Si tenéis voluntad de que yo sepulte mi muerta delante de mí, oídme, e interceded por mí con Efrón, el hijo de Zohar". (v 8).

La gente intercedió por Abraham y Efrón fue honrado. Él dijo: "No, mi señor, aquí estoy: te doy el campo y la cueva que hay en él; Te lo doy en presencia de los hijos de mi pueblo. Te lo doy. ¡Sepulta a tu muerta!" (v 11).

Pero Abraham insistió, "Antes, si te place, te ruego que me oigas. Yo daré el precio   de la heredad; tómalo de mí y sepultaré en ella a mi muerta ". Y Efrón respondió a Abraham, diciéndole: "Señor, escúchame, la tierra vale cuatrocientos siclos de plata ..." y Abraham escuchó a Efrón; y Abraham pesó la plata para Efrón, que había nombrado al oír a los hijos de Het ... Y después de esto, Abraham enterró a Sara su esposa en la cueva del campo de Macpela, antes de Mamre (es decir, Hebrón) en la tierra de Canaán. (Gen. 23: 11-19).

A menudo, cuando las personas mueren, desean ser enterradas cerca de su lugar de nacimiento o hogar de la infancia. Abraham, sin embargo, no quería llevar a Sara de regreso a Ur ni a Haran ni a ningún otro lugar donde hubieran vivido. El cuerpo de Sara podría haberse conservado para un viaje envolviéndolo y con especias si se hubiera deseado. Pero Abraham eligió enterrar a su esposa en esa cueva en ese campo para reclamar todo el país que le había sido prometido a él, a Sara y a sus descendientes. Ese país era su hogar, y allí era donde serían enterrados.

Abraham fue enterrado en esa misma cueva, al lado de su esposa. Isaac también fue sepultado allí, y Rebeca. Jacob dijo que cuando bajó a Egipto antes de morir: "Voy a estar reunido con mi pueblo; sepultadme con mis padres en la cueva que está en el campo de Efrón el hitita, en la cueva que está en el campo de Macpela" (Gen. 49: 29,30). Hoy en día, una gran mezquita se alza sobre las tumbas de los grandes patriarcas y sus esposas en Hebrón. Después de cuatro mil años, todavía es tierra santa.

Abraham vive en la vida de aquellos que comparten su fe. Si tenemos la fe de Abraham, somos sus hijos; si la misma obediencia, espíritu, confianza y sumisión que Sara, sus hijas.

La historia de Abraham y Sara es nuestro álbum familiar. Abraham y Sara compartieron momentos de excitación, de confusión, de calamidad, de tristeza, de fracaso y de triunfo. Sus experiencias de vida eran muy parecidas a las nuestras. ¿Dios está encendiendo tu corazón con un deseo de compartir su fe?

¿Es reconfortante o perturbador para usted saber que Dios tiene un orden previsto para el matrimonio?

¿Has experimentado luchas similares a las experimentadas por Sara? ¿Cómo ha estado el Señor presente en ellos?

¿Podrías, como mujer, ser llamada la hija de Sara?

RECOMITIR Tener tu matrimonio para la conveniencia de Dios, no el tuyo, tanto como puedas.

Oración

Nuestro Padre celestial, que seamos personas que puedan aprender de la experiencia de los demás. Oramos para que la verdad que enseñe a través de la situación de nuestros antepasados pueda arrojar luz en nuestro camino hoy y siempre. Ayúdanos a volvernos a ti. Ayúdanos a saber que nos ves tal como y somos , y sin embargo, ámanos tanto que no puedas apartar tus ojos de nosotros. Ayúdenos a saber que nos llama por nuestro nombre, que sus mandatos a nosotros son para ser aliento, sus promesas son seguras. Danos gracia para rendirnos a tu tiempo, Señor; Para vivir en tu voluntad por nosotros, te lo pedimos en el precioso nombre Jucristo Amén.

Oh Dios, cuya gloria es siempre tener misericordia, ten compasión de todos los que se han desviado de tus caminos, y llévalos nuevamente con corazones penitentes y una fe inquebrantable para abrazar y retener la verdad inmutable de tu Palabra, Jesucristo, tu Hijo. Quien contigo y el Espíritu Santo vive y reina, un solo Dios por los siglos de los siglos. Oramos para que en tu misericordia ministres a cada uno de nosotros; respire la vida con las palabras que hemos leído, para que nuestros corazones se aceleren y nuestra fe se fortalezca, nuestros horizontes se amplíen y nuestro compromiso se profundice, y sobre todo, para que nuestras vidas sean más efectivas al ser vividas para Su gloria. Oramos en el nombre de Jesucristo. Amén.

Padre en el cielo, te damos gracias por tu Santa Palabra. Te bendecimos hoy por Abraham y Sara, nuestro padre y madre en la fe. Oramos para que nos instruyas de sus vidas, para que no seamos tontos, pero entendamos cuál es tu voluntad para nosotros. Oramos para no ceder al miedo al cumplir Sus planes para nosotros, pero seremos llenos de confianza y obedientes.

Oramos por los matrimonios de hoy, Señor, los que están comenzando, los que están creciendo, los que están en problemas, los que están terminando. Señor, usted es suprema, y sumamente capaz de sanar, reparar, para proporcionar, de cuidar, guiar, bendecir, y restablecer la mano de bendición donde se necesita.

Danos oídos para escuchar y bocas para regocijarnos, corazones para creer y voluntades para obedecer, para que el mundo vea nuestras buenas obras, pero te glorifique a ti, nuestro Padre en el cielo, oramos en el nombre de Jesucristo. Amén.

CAPITULO DIEZ

TODO LO QUE ESTÁ BIEN QUE TERMINE BIEN

DR. ABRAHAM PETERS

PASANDO A TRAVÉS DE LO GRUESO Y LO DELGADO JUNTOS

Cuando Henry Uhrig mira a su esposa Anne - Li, puedes ver el amor que todavía tiene por ella después de 68 años de viaje matrimonial desde el altar. Los Uhrigs se reunieron en un tren en Alemania en 1942. Era marinero, ella era una campesina. Originalmente, fue el primo de Anne Liese quien despertó un interés en Henry, pero solo tenía ojos para Anne-Liese. Todavía tiene ojos para su esposa. " Ella era hermosa", dice Henr y, mirando a los ojos de su esposa. "Ella era como Mona Lisa para mí".

Para la consternación del padre de Anne-Liese, Henry no era un granjero. Era su esperanza que Anne-Liese se casaría con alguien que pudiera hacerse cargo de la granja familiar. En cambio, se enamoró de un marinero. "No le caí bien porque era marinero ", recuerda Henry. "Me dijo que necesito un tipo que ayude en la granja, no un marinero que toque el acordeón". A pesar de eso, a Henry se le concedió el permiso para casarse con su dulce corazón.

Henry y Anne-Liese casaron el 16 de octubre ° 1943. Un año después recibieron a su primer hijo, un hijo, William. En 1952, Henry dejó a su esposa e hijo en busca de una nueva vida en Canadá. Al año siguiente, después de establecerse como soldador y aprender el idioma de la Tierra, se mudó con su familia. La familia, que había crecido hasta incluir a una hija, Chris, se estableció en una granja en Port Colborne antes de mudarse a Fort Erie, donde vivieron durante 43 años.

Annne-liese había empezado a mostrar signos de Alzerimer, dice la hija de la pareja, Chris Alton, de Vineland, y a Henry le resultaba demasiado difícil cuidar de su esposa. Alton los llevó a los dos a su casa, pero eso también resultó difícil. Por consejo del Centro de Acceso de Atención Comunitaria, Anne-Liese se mudó a Kilean Lodge el pasado abril. Dos meses después, Henry se unió a ella. "Una vez que colocaron a mamá, fue muy difícil mantenerlo alejado de ella", dice Chris, sin saber que ella llevó a su padre a la casa de cuidados a largo plazo de Grimsby a diario. La primera noche que colocaron a Anne-Liese, Henry insistió en dormir en su auto, recuerda Chris. "No quería dejarla." La insistencia de Henry en permanecer a su esposa a su lado resultó difícil para el personal al principio, dice Robin Mackie, director ejecutivo. "Siempre estaría aquí, pero no era residente", explica Mackie. "Y estamos cuidando de él y de ella, y afortunadamente con Chris abogando, pudimos juntarlos nuevamente".

Henry se mudó a Kilean en junio. Primero en la sala de hombres. Pero el personal a menudo encontraba a Henry al lado de su esposa. Quería seguir cuidando Anne-Liese. La extrañaba terriblemente. En julio, los Uhrigs se reunieron después de que el personal creó una sala especial para que compartieran. Henry, quien se encuentra en las primeras etapas de la enfermedad de Alzheimer, estaba confundido al principio. Quería llevar a Anne-liese a casa, pero después del personal, y Chris, explicó que la habitación era su nuevo apartamento, se instaló, feliz de compartir un hogar con su verdadero amor. "Cuando finalmente pudimos mantenerlos juntos, todos estábamos absolutamente extasiados ", dice Mackie, observando que el personal disfruta al interactuar con la pareja, especialmente cuando Henry saca su acordeón y las serenatas Anne-Liese con vals. "No hay manera de separarlos" Henry todavía no deja a su esposa. El personal a menudo tiene que recordarle a Henry que es su trabajo cuidar Anne-Liese, especialmente cuando se trata de tareas que involucran levantar objetos.

Mackie bromeó diciendo que el personal está celoso del amor que comparten los Uhrigs, a menudo preguntando a Henry y Anne-Liese cuál es su secreto. "Paciencia", dice Henry. "Anne-Liese tiene una hermosa actitud. Ella está callada y escuchará mi estúpida conversación. Y tuvo la paciencia de escuchar tocar el acordeón, incluso al principio, cuando cometí muchos errores. Ella solo tiene una hermosa y encantadora personalidad ".

Los Uhrigs no están solos. Poco después de que Henry y Anne-Liese se mudaran juntos a Kilean Lodge, otra pareja que había estado viviendo por separado en la casa siguió su ejemplo. Las dos parejas comen todas sus comidas en lo que el personal denomina " mesa de pareja ". Recibí esta fascinante historia de "Focus on Life" según lo informado por Amanda Moore en "Niagara this week" el miércoles 15 de febrero de 2012.

La perspectiva positiva de los adultos mayores sobre el amor y el romance es alentadora, ya que ambos son aspectos importantes de la interacción social. Lo que muchas personas no saben es que mantenerse socialmente activo puede tener un impacto significativo en su salud física e incluso puede ayudar a reducir su riesgo de desarrollar demencia y enfermedad de Alzheimer. También se ha demostrado que tiene un impacto comparable en la mortalidad como el tabaquismo y el alcohol. Y, por supuesto, no hay duda de que también contribuye a la felicidad y la salud emocional.

De acuerdo con un informe de Revera, que operan de 255 instalaciones de alto nivel en Canadá y Estados Unidos, incluyendo Kilean Lodge, siete de cada 10 personas mayores de 75 años dicen que nunca se es demasiado viejo para el amor y la misma cantidad de acuerdo en que el amor y el romance sigue siendo una Aspecto importante de sus vidas. Según el estudio, más hombres están enamorados de la idea del amor que las mujeres, 83 por ciento de los hombres dicen que el amor es importante para ellos en comparación con el 56 por ciento de las mujeres. Eso es cierto para Henry, que a menudo se puede encontrar en la serenata de su esposa del acordeón.

Las relaciones de amor fallan porque en ningún momento en nuestro entrenamiento por parte de la sociedad se nos da un modelo objetivo de lo que es una relación de amor, o cómo hacer que uno tenga éxito. Fundamentalmente, existen tres niveles en los que operan las relaciones íntimas, y nuestra capacitación social solo nos prepara para enfrentarnos a uno de ellos, el más superficial, y aun asi lo hacemos de una manera inepta. Este nivel superficial se llama nivel de expectativas. Normalmente es el único nivel que abordamos conscientemente.

El nivel de expectativas consiste en todas nuestras autoimágenes y auto-importancia. Cuando nos colocamos frente a un espejo, lo que estamos preparando son nuestras expectativas de otras personas. Es el nivel de nuestros sueños y fantasías, en los que todos estamos tan impresionados con nosotros como nosotros mismos con nosotros mismos.

En el nivel de expectativas, lo que más nos interesa de una posible pareja es su atractivo físico, la forma de vestir y el comportamiento, los antecedentes sociales y educativos, las perspectivas de futuro, qué tan "genial" es, cómo se refleja en él, y lo que otros pensarán de nosotros por haber elegido a esta pareja.

En el nivel de expectativas, una "relación de amor" es en realidad un acuerdo de aprobación, un contrato, a Wit: "La parte de la primera parte por el presente acuerda pretender honrar, amar, apreciar y obedecer a la parte de la segunda parte; a cambio de las consideraciones, la parte de la segunda parte acuerda no lastimar, traicionar, ni exponer a la vergüenza pública de la parte de la primera parte para ver el calendario adjunto de actos específicos que se considerarán como "daño", "traicionar al ', y' vergüenza pública ' . "Cualquier violación de este acuerdo por cualquiera de las partes se considerará motivo válido de rencor, venganza y toda forma de comportarse como un bebé grande".

En el nivel de expectativas, nos sometemos a otra persona no por amor, sino por aprobación. El amor y la aprobación no tienen nada que ver el uno con el otro. El amor es un sentimiento ligero, alegre, feliz; recibir aprobación es un sentimiento posesivo, aferrado, apretado, que, sin embargo, tiene un impulso del ego detrás de él. Ese apuro del ego no es el gozo, es la vanagloria, la importancia personal, que hemos sido entrenados para buscar en lugar de amor.

El nivel de expectativas eventualmente debe desgastarse porque su premisa básica es obtener algo por nada. En este nivel, todo lo que estamos poniendo ("dar") es falso, es solo para impresionar a otras personas, o para obtener algo más a cambio. Estamos apagando la falsedad con la esperanza de recuperar algo real (felicidad). Y no es así como se configura el universo. No hay almuerzos gratis o paseos gratis por ahí. Lo que nos engaña es que la mayoría de los mensajes que recibimos, de nuestros padres y compañeros, nuestros maestros y predicadores, nuestros líderes y los medios de comunicación, son que el nivel de expectativas funciona; Y si no es así, es culpa nuestra y deberíamos avergonzarnos de nosotros mismos. Para quien esta trabajando Mira alrededor. ¿Cuántos matrimonios realmente felices conoces (de más de diez años de duración, ya que puede llevar tanto o más tiempo para que el nivel de expectativas disminuya)? Claro, hay algunos, pero no muchos; y usualmente las personas involucradas en matrimonios verdaderamente felices son personas muy, muy especiales por derecho propio. ¿No es esto cierto? Pero también hay muchas relaciones que parecen ser felices en la superficie, pero que en realidad son miserables por debajo: ambos compañeros han aprendido a reprimir sus verdaderos sentimientos y resignarse a la infelicidad sin demostrarlo. Estas personas nunca van más allá del nivel de expectativas.

La razón por la que el nivel de expectativas se derrumba inevitablemente, aunque puede y a menudo se convierte en un verdadero amor después del choque, es porque es totalmente narcisista: no incluye a la otra persona. No permite que la otra persona sea una persona, sino solo un reflejo de nuestras propias imágenes de nosotros mismos. No permite que el espacio de la otra persona sea real: tener sentimientos propios.

Por ejemplo, ¿se le permite a nuestra pareja tener relaciones sexuales con quien desee? ¿Nuestra pareja está autorizada a ser sexualmente activada por alguien que no sea nosotros? ¿Se nos permite a nuestra pareja decirnos que no somos un amante satisfactorio? La lista podría seguir y seguir. Aquí solo se mencionan las expectativas sexuales porque son prácticamente universales, pero tenemos todo tipo de otras vallas que intentamos erigir alrededor de nuestros compañeros para mantenerlos impecables y sin mancha para nosotros: expectativas de que estén de acuerdo con nosotros sobre dinero, crianza de los hijos, carrera, etc.; expectativas de que renunciarán a tomar sus propias decisiones para apoyarnos.

El amor no es algo que obtenemos; El amor es algo que damos, o, mejor dicho, algo que fluye a través de nosotros. No podemos sentarnos y esperar que otras personas nos den el amor solo porque son nuestros padres, cónyuge o hijos. Es cierto que esto puede suceder en ocasiones, tal como ha ocurrido en ocasiones en que hemos encontrado dinero en la calle, lo hemos recogido y ha sido nuestro. Pero esperar que el dinero nos llegue de esa manera es absurdo; y esperar que otras personas nos brinden amor solo porque les hemos asignado una función de apoyo también es absurdo.

El nivel de expectativas eventualmente debe caer bajo su propio peso por puro agotamiento. Cuando las personas están involucradas entre sí en un acuerdo de aprobación, o en cualquier agenda que no sea amor, entonces todos tienen que trabajar horas extras para convencer al otro o para convencerse a sí mismo; y esto es doloroso de soportar.

El nivel de expectativas sería suficientemente problemático y contradictorio si fuera el único nivel en el que nos relacionamos con otras personas. Desafortunadamente, hay dos niveles más profundos que gobiernan el curso de nuestras relaciones, y estos niveles más profundos contradicen el nivel de expectativas.

El nivel que subyace y controla el nivel de expectativas, que asegura que el nivel de expectativas eventualmente se estrellará o se mantendrá en gran sufrimiento, es el nivel de condicionamiento. Es el nivel de nuestro condicionamiento básico por parte de la sociedad, que es odiarnos a nosotros mismos. Bajo el brillo y la gloria de nuestras expectativas, nuestras autoimágenes, está la sombría verdad de que realmente nos odiamos a nosotros mismos. Nuestros padres y la sociedad nos enseñan a odiarnos a nosotros mismos: a las mujeres se les enseña a odiar su apariencia y sus cuerpos; A los hombres se les enseña a odiar sus sentimientos suaves y tiernos (como abrir la puerta a la homosexualidad).

Considerando que el nivel de expectativas está configurado para que las personas sean "agradables" entre sí (haga el acuerdo: "No lo voy a exponer como un mentiroso y falso si no me expone como un mentiroso y falso"), El nivel de condicionamiento está configurado para dividir a las personas, para hacer que teman y desconfíen entre sí. No estamos entrenados para relacionarnos íntimamente unos con otros, sino para pelearnos unos contra otros, para sentirnos heridos, celosos, competitivos, críticos; elegir el uno al otro y doblarse fuera de forma, en lugar de ser felices y aceptar. La relación padre / hijo es la configuración básica de la guerra; La guerra hombre / mujer está injertada en la parte superior.

Mientras estamos a nivel de expectativas, nos decimos a nosotros mismos que lo que queremos es vivir felices para siempre, nuestra sociedad nos condiciona a sentirnos indignos y avergonzados de nosotros mismos y negarnos el mismo amor que conscientemente nos decimos que buscamos. Nuestros padres nos capacitan para odiarnos de la misma manera en que nuestros padres se odiaban a sí mismos.

El nivel de acondicionamiento es el nivel al que se dirige la psicoterapia (desafortunadamente, una vez que el daño ya está hecho). Estamos tan abrumados por nuestros padres cuando somos pequeños, tan impresionados por su divinidad, que tememos expresar o permitirnos sentir abiertamente, enojo contra ellos, o cualquier otro sentimiento que no aprobarían, lo que contradice su esperanza de heredar. Así, el nivel de expectativas de nuestros padres se convierte en nuestro nivel de condicionamiento.

La sociedad llama al enamoramiento con nuestras propias imágenes de "amor"; y así, en un nivel de expectativas, nos decimos que entramos en relaciones para obtener "amor"; mientras que, en un nivel condicionante, entramos en relaciones para negarnos el amor, para señalar, a través del reflejo de otra persona, precisamente cómo nosotros mismos Son incapaces de dar y recibir amor.

Uno podría preguntarse por qué las personas querrían recrear en sus relaciones amorosas las situaciones de su infancia que les causaron más dolor y trauma. La razón es que esas heridas nunca se curaron adecuadamente. Todavía son crudos y supurantes, y extremadamente sensibles al tacto. Solo al desgarrar nuevamente esas heridas y limpiar toda inmundicia, el odio a sí mismo, puede ocurrir una verdadera sanación. Y solo al organizar una situación similar a la que produjo esas heridas originalmente, se pueden volver abrir (en realidad no es la única forma de hacerlo; hay formas mucho más hábiles de hacerlo, como Imaginacion Activa, que es descrito en mi libro Formas de pensamiento. Sin embargo, la forma más popular de hacerlo es encajar los cuernos con otra persona e infligir dolor y sufrimiento entre ellos.

Al igual que en el nivel de expectativas, nuestro objetivo es la validación de nuestras imágenes, en el nivel de acondicionamiento nuestro objetivo es recrear toda la agitación emocional que nuestros padres nos infligieron, pero esta vez para obtener el anillo de amor que nuestros padres nos negaron.

Hasta hace poco, la sociedad tenía el quinto Mandamiento y una serie de sanciones sociales en vigencia contra el examen del nivel de condicionamiento. Freud fue uno de los primeros en observar bien y de cerca este nivel de interacción humana. Y en la actualidad hay muchos libros populares y buenos sobre el tema de los padres tóxicos, cómo todos nos casamos con nuestro padre o nuestra madre y buscamos en el matrimonio el mismo dolor y no cumplimiento que nuestros principales cuidadores nos hicieron sentir en la infancia. El problema es que no nos molestamos en leer estos libros hasta que nuestras relaciones ya están en serios problemas. Estos libros deben ser obligatorios para todos los estudiantes de secundaria.

"¡No culpes a tus padres! ¡Solo espera hasta que seas un padre!", Nos dicen (nuestros padres). Bueno, eso está mal; debemos culpar a nuestros padres, porque solo al culparlos conscientemente estamos en condiciones de perdonarlos conscientemente. Solo cuando podemos ver que fue su propio odio hacia sí mismo que sus padres les impusieron lo que los impulsó a hacer lo que nos hicieron a nosotros; solo cuando podemos verlos como personas con tanto o más dolor como nosotros, quienes realmente trataron de hacer lo mejor por nosotros de la mejor manera que supieron; solo así podremos perdonar a nuestros padres. Y solo entonces podemos perdonarnos a nosotros mismos y dejar de lado nuestro propio odio, ya no necesitamos volver a representarlo o culparnos a nosotros mismos una y otra vez porque amamos a nuestros padres, y todo lo que les importaba era tener razón.

El tercer (y más profundo) nivel de relación es el nivel de karma, el nivel de las lecciones que estamos tratando de aprender de ciertas personas, en base a nuestras experiencias con ellos en otras vidas y realidades. Todo lo que está mal o fuera de lugar en una relación se origina en el nivel del karma. Nuestras primeras impresiones a nivel de nuestro instinto son buenos indicadores del tipo de karma que tenemos con ellos; pero nuestras mentes conscientes a menudo entierran tal información directamente como se percibe.

Por ejemplo, podría suceder que la razón por la que una persona determinada nos excite sexualmente es que en una vida anterior hemos violado y torturado a esa persona; por algunas razones, tal vez, ese individuo ha estado ansioso por toda una vida para corregir los asuntos. Ese podría ser el karma que hemos establecido con alguien; pero todo lo que nuestra mente consciente sabe, en su nivel de expectativa, es que esa persona nos enciende sexualmente y queremos que la persona la valide teniendo sexo con nosotros. Y así pusimos nuestra cabeza en la soga de esa persona, y luego nos preguntamos por qué las cosas no funcionan como habíamos fantaseado.

El karma y los niveles de condicionamiento trabajan en conjunto para controlar las circunstancias reales y el curso de una relación. Por ejemplo, si en el nivel de condicionamiento decidimos recrear el abandono de un padre y elegimos un compañero que nos abandonará, podríamos seleccionar para ese rol alguien que en una vida anterior abandonamos. Esto puede considerarse una penitencia; pero también podemos verlo como una especie de "me rascas la espalda y te rasco la tuya", como diciendo: "Te hice sufrir en esa vida, y ahora quiero saber cómo te sentiste, sentir los sentimientos".

Te hice sentir". En el nivel de karma, al igual que en el nivel de condicionamiento, tratamos de reafirmar los eventos que producirán una resonancia con algún problema emocional no resuelto en la totalidad de nuestro ser.

Las agendas que hemos establecido con otras personas en el nivel del karma a menudo se revelan en las primeras impresiones que tenemos de ellas y que reprimimos de inmediato. Es difícil describir esto, y es diferente para todos, pero a menudo, al encontrarnos con alguien con quien tenemos una agenda kármica pesada en marcha, obtenemos un FLASH, un sentimiento o pensamiento consciente, de algo que deseamos o nos sentimos amenazados por esa persona. Y luego "olvidamos" lo que acabamos de sentir, porque si tenemos mal karma con la persona, entonces ese flash fue de un lado de nosotros que no queremos enfrentar o reconocer conscientemente, un lado al que estamos llamando esa persona actuará abiertamente por nosotros, nos embestirá, hasta que nos veamos obligados a reconocerlo. Por lo tanto, "olvidamos" esta primera impresión, y luego fingimos que no entendemos por qué la persona que amamos y en la que confiamos tanto podría haber cambiado tanto.

Por supuesto, podemos realizar regresiones de vidas pasadas para verificar qué tipo de karma tenemos con alguien antes de involucrarnos seriamente con él, como hacer un cheque de crédito o SIDA para un posible cónyuge. En la India, la astrología se ha basado históricamente en este tipo de información. Pero también es posible evitar dificultades con solo estar alerta a nuestros propios sentimientos viscerales e impresiones intuitivas de otras personas, en lugar de ignorar esta información esencial en una relación.

Así, la intensidad básica o el tema emocional de una relación se establece en el nivel del karma; el script particular, la secuencia de eventos que se desarrollará en una relación, se configura en el nivel de condicionamiento; y el vestuario, las apariencias superficiales o los espectáculos presentados en beneficio de los vecinos, se establecen en el nivel de expectativas.

El brillo del nivel de expectativas nos impide ver lo que está sucediendo en los dos niveles más profundos; y el nivel de expectativas es una mentira. Lo que realmente está sucediendo en una relación en los niveles de condicionamiento y karma siempre es bastante visible; pero pretendemos que no lo vemos, pretendemos que no lo entendemos, con el fin de mantener nuestras expectativas el mayor tiempo posible.

Por "mentira" se entiende algo que sentimos, pero que suprimimos u ocultamos. Por ejemplo, si nuestra pareja sexual está haciendo algo que no se siente bien y nos apaga, y nos quedamos allí y lo tomamos porque estamos muy avergonzados de hablar y posiblemente herir los sentimientos de nuestra pareja, entonces eso es una mentira. Cada vez que no comunicamos algo que estamos sintiendo porque nos avergüenza hacerlo, o porque no queremos herir o provocar a la otra persona o convertirnos en un objetivo de su desaprobación, mentimos. Mentir conduce a esconderse detrás de la espalda de la otra persona. Las mentiras llevan a más mentiras. Podemos saber si la mentira se está dando en una relación de esta manera: si hay un área en la que no confiamos en la otra persona; donde retenemos de la otra persona; donde tenemos miedo de la otra persona (su desaprobación o rechazo); donde sentimos algo distinto de BUENO sobre la persona; Entonces ese es un lugar donde estamos mintiendo. Estamos entrenados para mentir a otras personas y luego sentirnos traicionados cuando nuestras mentiras están expuestas.

Toda mentira es una contradicción. Las mentiras siempre deben existir en parejas, mientras que la verdad, el amor, simplemente es. Por ejemplo, en el nivel de nuestras expectativas, podríamos configurar el par: "Quiero que seas honesto conmigo" y "No quiero saber cómo te exita otra persona". En el nivel de nuestra condicionando podríamos establecer el par: "¡Realmente te amo, mami!" y "¡Nunca cuestionaré tu amor por mí!" En el nivel del karma, las mentiras no existen per se (está reprimiendo este nivel que hace un mentir fuera de ella); pero se podría decir que la mentira básica o dualidad del nivel de karma es: "Tú y yo somos dos" y "Tú y yo somos uno". Todas las mentiras en una relación se establecen al principio. Por "acostado" se entiende: consciente. Consciente por un momento, y luego, como conscientemente, reprimido, ignorado, "olvidado". Las mentiras básicas del nivel de karma pueden establecerse en los primeros segundos de una relación. Las mentiras del nivel de condicionamiento (el plan de juego de quién va a lastimar a quién y cómo) generalmente se establecen en el momento en que se formaliza la relación, cuando se toma la decisión mutua de comprometerse, en serio. Y el nivel de expectativas es una mentira completa desde el primer pop.

Cualquiera que tenga los ojos abiertos puede ver lo que está pasando. A veces, nuestros padres, amigos u otras personas que se preocupan por nosotros tratan de pasarnos las advertencias. Pero estamos "tan enamorados" y "el amor es ciego" y estamos tan "felices" que no queremos verlo. No queremos que nada nos llame desde esta hermosa nube en la que estamos; Esta hermosa mentira nos estamos diciendo.

Y para cada mentira, el gaitero debe ser pagado. Hay una ley kármica en funcionamiento en todo esto, y cada mentira, no importa cuán pequeña sea, algún día tendrá que ser revelada y admitida, si no, la relación está condenada: condenada a ser algo más que una relación de amor, porque en una relación de amor no hay lugar para mentiras de ningún tipo, en cualquier momento, por cualquier razón.

Toda la alarma sobre la creciente tasa de divorcios en nuestra sociedad, el llamado a un retorno a los "valores tradicionales", es un montón de tonterías. Esos valores tradicionales eran una mentira total, y es asombroso que la raza humana haya soportado esa mentira tanto como lo hizo. Los valores tradicionales significan que te casas en el nivel de expectativas y nunca lo cuestionas. Aprendes a vivir de alguna manera con una mentira, con infelicidad, y te muerdes la lengua porque las sanciones sociales (lo que los vecinos podrían pensar) contra el divorcio eran muy estrictas. En lugar de volver a vivir las mentiras, nuestra sociedad debería dejar de glorificar el nivel de expectativas. Como ocurre también con la guerra, cuando la sociedad deja de glorificar la infatuación, la gente dejará de buscarla.

Las relaciones amorosas fracasan porque entramos en ellas con muchas formas de pensamiento acerca de quiénes somos y qué esperamos obtener, y nos topamos con el karma pesado y las agendas de condicionamiento que ni siquiera teníamos una idea consciente. No somos conscientes de las expectativas que tenemos hasta que esas expectativas no se cumplen; y no entendemos lo que nuestros padres nos hicieron hasta que encontramos a nuestro compañero haciendo lo mismo: hacernos sentir ese sentimiento antiguo y familiar en la boca del estómago.

Mientras nos relacionemos con la otra persona en uno de estos tres niveles, no nos relacionamos con una persona real, sino con nuestra propia autorreflexión, nuestras heridas infantiles o nuestros temores profundamente arraigados e inseguridades. En el nivel de expectativas, nuestra atención se centra en el futuro; en el nivel de condicionamiento está enfocado en el pasado; y en el nivel de karma se enfoca en el pasado remoto. Una verdadera relación de amor, sin embargo, implica relacionarse con una persona real y viva en el momento actual mientras emprende su viaje desde el altar.

ORACIONES

Entendiendo el significado espiritual para usted decretando y declarando en sus Oraciones

"Orarás a Él, y Él te oirá; y pagarás tus votos. 28" También decretarás una cosa, y se establecerá para ti; Y la luz brillará en tus caminos. 29 "Cuando seas abatido, hablarás con confianza, y salvará a la persona humilde ... JOB 22: 27-29.

Y nos hizo reyes y sacerdotes para Dios y su Padre; a él sea gloria e imperio por los siglos de los siglos. Amén. Revelación 1: 6

Los has hecho para ser un reino y sacerdotes para servir a nuestro Dios, y reinarán en la tierra. Apocalipsis 5:10

La excelencia de la sabiduría. Proverbios 8:14 "El consejo es mío y buena sabiduría; lo entiendo, el poder es mío. 15" Por mí reinan los reyes, y los gobernantes decretan la justicia. 16 "Por mí, los príncipes gobiernan, y los nobles, Todos los que juzgan correctamente ...

Desde los días de Juan el Bautista hasta ahora, el reino de los cielos ha sido sometido a violencia, y personas violentas lo han estado atacando. Tómelo por la fuerza. Reclámelo. Aproveche. Mateo 11:12.

La higuera marchita. MARCOS 11:23 "En verdad te digo que si alguien le dice a esta montaña:" Sé elevado y arrojado al mar ", y no tiene ninguna duda en su corazón, pero cree que sucederá, se hará por él. 24 Por lo tanto, te digo que, lo que pidas en oración, cree que lo has recibido, y será tuyo. 25 Y cuando te pones a rezar, si sostienes algo contra otro, perdónalo, para que tu Padre en el cielo también perdone tus ofensas.

DECRETO Y DECLARO EN EL NOMBRE DE JESUCRISTO

Los decretos y declaraciones son oraciones poderosas para manifestar el cielo en la tierra. Decretar y declarar son términos de guerra espiritual que se pronuncian en voz alta al comenzar las oraciones de guerra espiritual al decir: "Decreto y declaro. … "Sin embargo, las dos palabras tienen un significado claramente diferente, y al comprender lo que significan, podemos aprovechar más poderosamente el poder de lo que cada uno hace.

La palabra declarar proviene del hebreo achvah, que significa "dar a conocer" o "presentar una contabilidad". Es comúnmente utilizada por los agentes de aduanas que preguntan a los viajeros internacionales: "¿Tienen algo que declarar?" detalles de lo que tienes, lo que llevas. En lo que respecta a nosotros espiritualmente, las declaraciones son lo que hablamos a la atmósfera, dando a conocer lo que ya poseemos. Podemos declarar nuestra justicia, nuestra salvación, nuestra victoria eterna y nuestra amistad con Dios.

Por el contrario, los decretos son una herramienta por la cual hacemos que las verdades del reino celestial se manifiesten en el reino natural para que se conviertan en nuestra realidad diaria. Decretamos sanidad cuando estamos enfermos. Decretamos provisión y abundancia cuando nos falta. Decretamos la paz cuando hay agitación. Los decretos son una herramienta para cumplir Mateo 6:10: "Venga tu Reino, Hágase tu voluntad en la tierra, como en el cielo" (KJV). Los decretos manifiestan el cielo en la tierra.

La definición inglesa de decreto es "una declaración de verdad que conlleva la autoridad de una orden judicial". Por ejemplo, cuando un acusado es declarado culpable de un delito y condenado a prisión, no puede ignorar esa sentencia porque la autoridad de la orden judicial es tal que, después abra la condena, no tiene más voz en el asunto.

Lo mismo es cierto con los decretos en el ámbito espiritual. Cuando decretamos la provisión y las bendiciones de Dios sobre nuestras vidas, todo lo que se proponga en contra de nuestra provisión y bendición no puede tener más voz en el asunto. Cuando decretamos la paz y la unidad de Dios en nuestra familia, entonces todo lo que se proponga en contra de la paz y la unidad no tiene una objeción válida ni una posición para venir contra nosotros.

El contexto bíblico de los decretos es que son los mismos que la voluntad y los propósitos de Dios. Dado ese peso serio en el espíritu, solo uso las Escrituras como base para los decretos. A menudo podemos tener nuestra propia idea de cómo podrían o deberían ser las cosas, pero no es raro que la forma en que Dios desarrolla sus planes se vea diferente de lo que esperamos.

Decretar nuestra propia visión puede crear confusión, pero debemos decretar Su palabra. Su voluntad establece Su propósito. Este es un punto serio. Considere a los israelitas que se perdieron la Tierra Prometida porque no se veía como esperaban. Considere también a los judíos que extrañaron a su Mesías porque Él no hizo lo que ellos esperaban. Decretar las Escrituras libera los propósitos de Dios en nuestras vidas sin crear confusión o cegarnos a Sus caminos.

En hebreo, decreto significa "dividir, separar y destruir". Esta definición revela más de lo que sucede en el ámbito espiritual. Cuando decretamos, "Estoy bendecido" (inspirado por el Salmo 112: 1), establecemos la bendición mientras nos separamos de todo lo que se proponga en su contra y destruimos los planes del enemigo. Cuando decretamos, "Mis hijos son fuertes y llenos de integridad" (inspirados por el Salmo 112: 2), separamos la fortaleza de nuestros hijos de su debilidad y separamos la deshonestidad y la injusticia de dentro de ellos y en sus corazones. Cuando decretamos, "Mi hogar está lleno de riqueza" (inspirado en el Salmo 112: 3), establecemos nuestra riqueza y destruimos los espíritus de la falta y la pobreza.

La oración es una solicitud, una petición, un pedirle a Dios algo que uno desea. La palabra en inglés "orar", así como "oración", viene del latín precare, que significa "pedir con seriedad, rogar, suplicar".

Hay una serie de palabras hebreas traducidas "orar" y estas incluyen:

palal que significa "intervenir, interceder". La idea fundamental es "caer" y significa "caer al suelo en presencia de alguien con autoridad que defiende una causa" (Génesis 20: 7; Números 11: 3; Deuteronomio 9:20, 26; 1 Samuel 1:10, 27; 2: 1; 7: 5; 2 Crónicas 7:14)

atar, que se utiliza como una petición modesta sumisa y está relacionada con la palabra "sacrificio" (Génesis 25:21)

na que significa "por favor" (Génesis 32:11; Números 14:17, 19; Deuteronomio 3:25; 2 Samuel 15:31)

athar que significa "suplicar, suplicar, suplicar". (Éxodo 8: 9)

tefilah que significa "suplica, suplica, implora" (Salmo 69:14)

Además, una metáfora común para la oración es "clamar" (Números 12:13; Jueces 3: 9).

La palabra griega traducida "orar" es proseuchomai, que aparece 90 veces en el Nuevo Testamento. Literalmente significa "querer, desear o desear". Esta es la Oración, es una ofrenda de nuestros deseos a Dios. Existen numerosos sinónimos de oración en las traducciones al inglés del Nuevo Testamento:

a) Pregunte - aiteo (Mateo 6: 8; 7: 7-11; 18:19; 21:22; Juan 14: 13-14; 15: 7, Colosenses 1: 9; Santiago 1: 5–6; 1 Juan 5:15). Esta fue una palabra principal que Jesús usó para la oración (Juan 14:16; 17: 9, 15, 20).

b) Petición - deesis (Lucas 1:13; Efesios 6:18; 1 Timoteo 2: 1)

c) Súplica - deesis (Filipenses 4: 6; Hebreos 5: 7)

d) Súplica - deesis (1 Timoteo 2: 1; 5: 5)

e) Solicitud - erotao (Juan 16:26; Romanos 1:10; Filipenses 4: 6; 1 Juan 5:15)

f) Suplicar - deomai (Mateo 9:38; Lucas 10:20)

g) Apelación - parakaleo (Mateo 26:53)

h) Implore - parakaleo (2 Corintios 12: 8)

i) Intercede - huperentugchano (Romanos 8:26)

j) Intercede / Intercesión - entugchano (Romanos 8:27, 34; Hebreos 7:25)

Como es evidente a partir de estas palabras, una oración es una súplica, petición y solicitud de pedirle al Dios soberano lo que uno necesita, quiere o desea. Todas las parábolas de Jesús acerca de la oración se refieren a pedir, pedir, declarar y decretar: el hijo le pide pan a su padre, el amigo a la medianoche suplica por comida a su vecino, la viuda le pide justicia al juez, en la parábola del juez injusto. (también conocida como la parábola de la viuda importunada o la parábola de la viuda persistente), es una de las parábolas de Jesús que aparece en Lucas Lucas 18: 1-8. Una interpretación de esta parábola es que demuestra la importancia de la persistencia en la oración, nunca darse por vencido. El recaudador de impuestos pidiendo clemencia. Esta es la naturaleza de una oración: pedir, suplicar, solicitar, decretar y declarar. La dirección de la oración es hacia Dios. Así, por ejemplo, comienza la Oración del Señor, Nuestro Padre que tiene en el cielo (Mateo 6: 9; Lucas 11: 2). Esto se expresa en el acto físico primario y la metáfora de la oración en la Escritura de ofrecer incienso que asciende a Dios (Éxodo 30: 8; Salmo 141: 2; Lucas 1:10; Hechos 10: 4; Apocalipsis 5: 8). A nosotros los creyentes se nos ha dado la autoridad para tener acceso a Dios a través del Señor Jesucristo en el Espíritu Santo (Juan 14: 6; Efesios 2:18: Hebreos 10: 19-22)

La oración, en esencia, es la expresión humilde de la total dependencia de Dios, quien no puede ser obligado o manipulado para responder la oración, sino que concede la respuesta a la oración cuando está complacido de acuerdo con su voluntad misericordiosa y su santo propósito para su gloria. El poder de la oración es Dios que contesta la oración. Esto fue enseñado por el Señor Jesús en uno de los principios más importantes sobre "el poder de la oración" en Mateo 18:19: "Les digo que si dos de ustedes están de acuerdo en la tierra sobre cualquier cosa que puedan pedir, será Hágase por ellos mi Padre que está en el cielo ". Es por eso que Jesús habló de" fe tan pequeña como el grano de una semilla de mostaza ". No es lo grande que es la semilla sino lo grande que es Dios, porque Él es el poder Quien escucha y contesta nuestra oración.

La palabra inglesa "declarar" viene del latín declarar, la raíz es clarus que significa "claro" y significa "completamente". Así "declarar" significa "dejar completamente claro". Una declaración significa "decir algo en de manera enfática, proclamar, contar, anunciar formalmente, declarar, afirmar, afirmar algo que es, dar a conocer, revelar ".

La palabra hebrea principal traducida "declarar" es nagad (63 veces en KJV). También achvah se traduce "declarar" una vez en Job 13:17.

Hay una serie de palabras griegas traducidas "declarar" en la Nueva Versión de la Biblia Estándar Americana:

1) apoangello - "anunciar" (Lucas 8:47; Juan 4:23; Hechos 26:20; 1 Corintios 14:25)

2) parangello - "ordenar, ordenar" (Hechos 17:30)

3) anaangello - "anunciar, informar" (Hechos 20:27)

4) homólogo - literalmente "a la misma palabra", "confesar" (Mateo 7:23)

5) apophthengomai - "hablar" (Hechos 2:14)

6) boao - "clamar" (Hechos 25:24)

7) horizo - "dividir, separar, designar" (Romanos 1: 4)

La raíz de (1), (2) y (3) es angello, que significa "mensaje", y es la raíz de la palabra inglesa "angel" que literalmente significa "mensajero". En términos bíblicos, una "declaración" es un mensaje o una palabra, hablada o escrita, que da a conocer la verdad sobre algo. Los países hacen una "declaración de guerra", lo que significa que dan a conocer que ahora existe un estado de guerra. Cuando una persona ingresa a un país, un agente de aduanas requiere que la persona "declare" lo que está trayendo al país, lo que significa que debe dar a conocer y revelar lo que tiene en su poder. Los decretos y las declaraciones deben ser un aspecto esencial de la oración en el sentido general porque le están hablando a Dios, declarar es dar a conocer algo, reconocer lo que existe, proclamar la verdad de lo que es. Por ejemplo, con respecto a Dios, Deuteronomio 4:13.

Las ramificaciones espirituales son impresionantes. Vemos aquí que cuando decretamos, somos:

1. Hablando las bendiciones de Dios sobre nuestras vidas,

2. Instituir la voluntad y los propósitos de Dios.

3. Separar y destruir los planes del enemigo.

4. Imponer un juicio al enemigo no puede oponerse.

Ese es el poder de los decretos y la declaración de fe audaz en las oraciones de guerra espiritual.

UNA VIDA DE ORACIÓN CON AUTORIDAD PARA DECRETAR Y DECLARAR EN EL NOMBRE DE JESUCRISTO

También decretarás una cosa, y se te confirmará, y la luz brillará sobre tus caminos. A menudo hemos escuchado y leído este pasaje de las Escrituras, pero ¿ha meditado sobre el significado de esta poderosa palabra? TRABAJO 22:28.

Según el decreto del diccionario, se define como una norma legal emitida por un jefe de estado, es decir, un presidente, de acuerdo con ciertos procedimientos. Tiene la fuerza de la ley. En tiempos bíblicos, el Rey tenía la autoridad para hacer decretos. El decreto era un documento escrito y sería muy específico y claro sobre ese tema. Era ley y debía llevarse a cabo de acuerdo con los deseos del Rey y el incumplimiento de este decreto era punible.

La palabra establecida significa: establecer de manera firme o permanente, para lograr la aceptación o el reconocimiento permanente de, para mostrar, revelar que es verdad basado en los hechos. Ahora, echemos un vistazo a la definición de declarar. Declarar dar a conocer o declarar claramente, especialmente en términos explícitos o formales: declarar la posición de uno en una controversia. 2. para anunciar oficialmente; proclamar: declarar un estado de emergencia; para declarar un ganador 3. Declarar enfáticamente para mostrar, revelar o manifestar: los cielos declaran la gloria de Dios

Job 22:28 También decretarás una cosa, y se te confirmará, y la luz brillará sobre tus caminos. La persona que hace el decreto debe estar en una posición de poder y autoridad para hacerlo. Tienes el poder y la autoridad para hacer un decreto y esperar que se cumplan. Deberás decretar, el poder es tuyo, exponer tu caso y escribir las condiciones con respecto a tu hogar, familia, ministerio y todo lo que te concierne. Las palabras que usted hable se establecerán, lo que significa que se manifestarán, revelarán y demostrarán ser verdaderas, tal como lo ha dicho. La luz brillará en tu camino, lo que significa que habrá iluminación en tu mente y espíritu que te hará ver claramente el camino que se te presenta. No tropezarás en la oscuridad, caminarás tímidamente e inseguro, pero tendrás claridad, propósito y dirección.

Por lo tanto, tienes el poder, la autoridad para hablar en tu vida y esperar verlo manifestado en la realidad de tu mundo. Lo que usted decreta también debe declarar que es hablar enfáticamente, dar a conocer y declarar claramente su posición al respecto. Para decretar y declarar una cosa y esperar ver la manifestación, debes conocer la palabra de Dios para que entiendas tu derecho legal a que se respete tu decreto.

Siempre hay condiciones que debes cumplir para tener la autoridad para hacer cualquier cosa en el reino de Dios. Deuteronomio 28: 1 Y sucederá que si escuchas diligentemente la voz de Jehová tu Dios, para observar y hacer todos los mandamientos que te mando hoy, que Jehová tu Dios te ponga en alto sobre todas las naciones de la tierra: cuando escuchas, recibes y obedeces la palabra de Dios, tienes el poder de decretar la palabra.

La palabra de Dios es vida, es rápida y poderosa. Es verdad, corrige, ilumina, cura, entrega y trae resultados visibles. No regresa sin lograr lo que fue enviado a hacer. Lea Jeremías 1: 9-19 para comprender el principio detrás de hablar la palabra de Dios. Jeremías 1: 9 Entonces el SEÑOR extendió su mano y tocó mi boca. Y el SEÑOR me dijo: He aquí, he puesto mis palabras en tu boca. En el versículo 12, le dice a Jeremías que aceleraré mi palabra para cumplirla.

Lee tu biblia; solicite ayuda y orientación al Espíritu Santo sobre lo que necesita decretar en su vida en nombre de sus familias, ministerios, ciudad, gobierno y nación. Hay una palabra en la Palabra de Dios que contiene las respuestas a su pregunta. Debes entender el principio detrás de decretar y declarar. Debe cumplir con la condición: leer, escuchar, obedecer la palabra y pronunciarla. Cree y espera ver la manifestación. Sepa que tiene el derecho de legislar y provocar cambios basados en el poder y el dominio que Dios le ha dado. El trabajo se hace de rodillas en oración y el Espíritu Santo te revelará qué decretar y declarar.

ENTENDER EL PODER ESPIRITUAL Y EL MISTERIO DE ORAR LAS ORACIONES DE GUERRA ESPIRITUAL PROFÉTICAS POR FUEGO POR FUERZA

Salmo 97: 3 El fuego va delante de él y consume a sus enemigos por todos lados.

2 Reyes 1:10 Elías respondió al capitán: "Si yo soy un hombre de Dios, que el fuego descienda del cielo y te consuma a ti y a tus cincuenta hombres". Entonces cayó fuego del cielo y consumió al capitán y sus hombres.

INSTRUCCIÓN DE ORACIÓN ESPECIAL: EN LA MAYORÍA DE LOS PUNTOS DE ORACIÓN QUE COMPARTIMOS, ENCONTRARÁ QUE NO SON COMUNES TIPO DE ORACIONES, ESTO ES PORQUE SON EL NIVEL MÁS ALTO DE LAS ORACIONES DE GUERRA ESPIRITUAL Y NO TODOS TIENEN EL VALOR Y LA FE PARA CONOCERLO. VIOLENTAMENTE POR ORACIÓN DE FUEGO Y FE,

Mateo 11:12 Desde los días de Juan el Bautista hasta ahora, el reino de los cielos ha sido objeto de violencia, y personas violentas lo han estado atacando.

La oración de fe ... Santiago 5:16 Por lo tanto, confiesen sus pecados el uno al otro, y oren unos por otros para que puedan ser sanados. La oración efectiva de un hombre justo puede lograr mucho. 17 Elijah era un hombre con una naturaleza como la nuestra, y oró fervientemente para que no lloviera, y no lloviera en la tierra por tres años y seis meses. 18 Luego oró de nuevo, y el cielo llovió y la tierra produjo su fruto.

LAS ORACIONES ESPIRITUALES DE LA GUERRA DEBEN SER LLAMADAS VERBALMENTE HABLADAS EN VOZ ALTA Y CLARAS Y REPETIDAS COMO MUCHAS VECES NUESTRAS DIOS RESPONDEN POR FUEGO Y TENEMOS AUTORIDAD PARA LLAMAR A CUALQUIER FUERZA MALVADA PARA MORIR POR FUEGO O SER CANCELADO POR FUEGO O SER CONSUMO POR FUEGO. NOTA ESPECIAL DE PRECAUCIÓN Y ADVERTENCIA ES QUE NO TIENE QUE MENCIONAR LOS NOMBRES DE NADIE AL REZAR ESTE TIPO DE ORACIONES QUE NO SON EL PODEROSO NOMBRE DE JESUCRISTO SOLAMENTE Y TENGA EN CUENTA QUE NO ESTÁ LUCHANDO CONTRA LA CARNE Y LA SANGRE

Efesios 6:12 Porque no luchamos contra carne y sangre, sino contra principados, contra poderes, contra los gobernantes de las tinieblas de este mundo, contra la maldad espiritual en lugares altos.

Deuteronomio 4:24 Porque el SEÑOR tu Dios es fuego consumidor, un Dios celoso ...

Hebreos 12: 28 Por lo tanto, dado que recibimos un reino que no puede ser sacudido, demostremos gratitud, por lo cual podemos ofrecer a Dios un servicio aceptable con reverencia y temor; 29 para nuestro Dios es un fuego consumidor.

Éxodo 15: 7 "En la grandeza de tu majestad derribaste a los que se oponían a ti. Desataste tu ira ardiente; los consumió como rastrojo.

Éxodo 24:17 Para los israelitas, la gloria del SEÑOR parecía un fuego consumidor en la cima de la montaña.

Deuteronomio 9: 3 Pero ten por seguro hoy que el SEÑOR tu Dios es el que cruza delante de ti como un fuego devorador. Los destruirá; los someterá delante de ti. Y los expulsarás y los aniquilarás rápidamente, como el SEÑOR te ha prometido.

2 Samuel 22: 9 Humo salía de su nariz; De su boca salía fuego consumidor, de él ardían brasas.

Isaías 33:14 Los pecadores en Sión están aterrorizados; los temblorosos se apoderan de los impíos: "¿Quién de nosotros puede habitar con el fuego consumidor? ¿Quién de nosotros puede habitar con la quema eterna?"

EL PODER DE TUS PALABRAS ES HORA DE CAMBIAR SU PALABRA Y CAMBIARÁ SU MUNDO Y ENTRARÁ EN SU FUTURO GLORIOSO ...

PROVERBIOS 18:20 Con el fruto de la boca de un hombre su estómago estará satisfecho; Estará satisfecho con el producto de sus labios. 21La muerte y la vida están en el poder de la lengua, y los que la aman comerán su fruto. 22El que encuentra esposa, encuentra algo bueno y obtiene el favor de Jehová ...

Mateo 12:37 Porque por tus palabras serás absuelto, y por tus palabras serás condenado ".

Proverbios 10:19 El pecado no se termina multiplicando palabras, sino que los prudentes retienen la lengua.

Proverbios 12:13. Los malhechores quedan atrapados por su charla pecaminosa, y los inocentes escapan a los problemas.

Proverbios 13: 2. Del fruto de sus labios la gente disfruta de las cosas buenas, pero los infieles tienen apetito por la violencia.

Proverbios 13: 3.Los que protegen sus labios preservan sus vidas, pero los que hablan precipitadamente se arruinarán.

Proverbios 21: 23.Los que guardan la boca y la lengua se guardan de la calamidad.

Isaías 3:10. Dígales a los justos que les irá bien, porque disfrutarán del fruto de sus obras.

Proverbios 18: 4-7 Las palabras de la boca de un hombre son como aguas profundas, y la fuente.

Proverbios 10: 20,21,31 La lengua de los justos es como plata de elección: el corazón de los impíos ...

Proverbios 11:30 El fruto de los justos es un árbol de vida; y el que gana almas es sabio.

Mateo 12: 35-37 Un buen hombre del buen tesoro del corazón produce cosas buenas ...

Efesios 4:29 No dejes que ninguna comunicación corrupta salga de tu boca, sino eso.

Colosenses 4: 6 Que tu discurso sea siempre con gracia, sazonado con sal, que tú Tito 1: 10,11 Porque hay muchos habladores y engañadores rebeldes y vanos, especialmente Santiago 3: 6-9 Y la lengua es un fuego, un mundo de iniquidad: así es la lengua entre ...

2 Pedro 2:18 Porque cuando hablan grandes palabras de vanidad hinchables, atraen a ...

Proverbios 10: 9 El que camina recto camina con seguridad: pero el que pervierte sus caminos ...

Eclesiastés 10: 12-14 Las palabras de la boca del sabio son graciosas; pero los labios de un tonto...

Isaías 57:19 Yo creo el fruto de los labios; Paz, paz para el que está lejos ...

Es hora de usar nuestras palabras para declarar cosas buenas ...

Una vez leí un artículo sobre médicos que incorporaron la "terapia de conversación" para tratar a pacientes que sufren de depresión. En lugar de medicar el problema, los médicos instruyeron a los pacientes para que comenzaran a hacer declaraciones positivas sobre sus vidas, diciendo cosas como: "Tengo un futuro brillante. A la gente le gusta estar cerca de mí. Las cosas buenas están en la tienda ". Algunos de los pacientes estaban deprimidos porque enfrentaban enfermedades potencialmente mortales y sentían que no había esperanza. El médico les preguntó: "¿Alguien ha sobrevivido alguna vez a esta enfermedad?" Las respuestas siempre fueron afirmativas. Entonces él les dijo: "Entonces quiero que comiencen a decir:" Lo lograré. Seré una de las personas que supera las probabilidades "." Esos pacientes obedecieron las órdenes del médico y, sorprendentemente, ¡muchos de ellos no solo salieron de su depresión, sino que también se recuperaron por completo!

¡Es hora de usar nuestras palabras para declarar cosas buenas! Di bendiciones sobre tu vida y tu familia. A lo largo del día, diga cosas como: "Tengo el favor de Dios. Soy fuerte y saludable Soy capaz de hacer lo que necesito hacer ". Tengo el favor de Dios. Soy fuerte y saludable Soy capaz de hacer lo que necesito hacer.

¿Sabías que lo que dices sobre ti tiene un mayor impacto en ti que cualquier otra cosa que digan sobre ti? Muchas personas se critican demasiado a sí mismas y dicen: "Soy tan torpe. No puedo hacer nada bien "." Tengo tanto sobrepeso. Nunca volveré a estar en forma "." Nunca obtengo buenos descansos ". Puede que no se den cuenta, pero están maldiciendo su futuro. Esas palabras se hunden en sus mentes. En poco tiempo, desarrollan una mentalidad derrotada, baja autoestima y disminución de la confianza. Peor aún, esas mentalidades negativas pueden interferir con el plan de Dios para sus vidas.

Una de las mejores maneras de liberarse de tales fortalezas es simplemente hablando palabras de victoria. Todos los días, mírate en el espejo y declara: "La Palabra de Dios dice que soy fuerte. Dios está peleando mis batallas por mí. Estoy entusiasmado con mi futuro ". Quizás estés solo porque no tienes muchos amigos. En lugar de quejarte, comienza a declarar: "Dios está trayendo grandes personas a mi vida. Sé que Él me ama, así que puedo arriesgarme a amar a los demás ".

Di bendiciones sobre tu vida, y mientras lo haces, saldrás con más confianza, serás más amable y, a su vez, atraerás nuevos amigos. Cuando llegue el desánimo, en lugar de sentarse y aceptarlo, diga: "No, soy un vencedor y no una víctima. Puede que haya sido derrotado antes, pero el pasado es el pasado. Este es un nuevo día ". No es suficiente solo pensarlo; necesitas escucharlo, porque lo que constantemente nos escuchamos decir que eventualmente creeremos.

Algunas personas viven en un perpetuo estado de crisis financiera. Parece que no pueden pagar sus cuentas, siempre viven "bajo sus circunstancias" y hablan constantemente de la derrota. Si tiene dificultades financieras, recuérdese repetidamente: "Soy la cabeza y no la cola. Prestaré y no pediré prestado. Todo lo que toque prosperará y tendrá éxito ". Soy la cabeza y no la cola. Prestaré y no pediré prestado. Todo lo que toque prosperará ... "Oh, NO, no puedo decir eso", puedes estar pensando. "Nada de eso es cierto en mi vida".

¡Si es cierto! De eso se trata la fe. El mundo dice que necesitas verlo para creerlo, pero Dios dice que debes creer y luego lo verás. Debes hablarlo por fe. Haga una lista de sus metas, sus sueños, las áreas donde desea ver cambios. Confirme sus deseos con las Escrituras, y luego todos los días antes de salir de la casa, diga esas bendiciones en voz alta. Algo sobrenatural sucede cuando dices esas palabras en voz alta.

Quizás luches con la condena por errores pasados. Cada día, audazmente declare: "Yo soy la justicia de Dios en Cristo Jesús. Dios está complacido conmigo Él está de mi lado ". Si dices algo así de manera consistente, la culpa y la condena no se quedarán. Encuentra las Escrituras que se aplican a tu situación y luego declaralas. Esto es especialmente importante en áreas en las que continuamente luchas. No permita que otra palabra crítica salga de su boca sobre usted. En cambio, tómate unos minutos todos los días para bendecir tu vida, para declarar la victoria.

Comprende que no es suficiente evitar decir algo negativo; debes ir a la ofensiva y comenzar a hacer declaraciones positivas sobre tu vida. Recuerde, sus propias palabras tendrán más impacto en su futuro que cualquier cosa que alguien más diga sobre usted. Mi amigo, si haces tu parte y dices palabras de victoria, Dios derramará su favor de maneras nuevas y emocionantes en tu vida, y vivirás la vida abundante que te tiene reservada.

HABLAR LA PALABRA HABLAR RESPUESTAS NO EL PROBLEMA. LA RESPUESTA ESTÁ EN LA PALABRA DE DIOS.

Padre celestial en nombre de tu hijo, Jesús, venimos valientemente al trono agradecidos por el acceso hecho posible por la SANGRE DE JEDUCO. Decretamos y declaramos la salvación del hogar de acuerdo con Hechos 16:31, decretamos que el incrédulo es santificado por el creyente, que estás derramando tu espíritu sobre nuestros hijos y todos los que están conectados con nosotros y comenzarán a declarar su amor por ti y a confesar. que te pertenecen Decretamos y declaramos que nuestros pastores, obispos, apóstoles, profetas son hombres y mujeres íntegros que buscan su rostro, escuchan y hablan su palabra, la sabiduría, el conocimiento, la habilidad y la comprensión son suyos, temen y reverencian su nombre. el ministerio está vivo en su ser, tienen discernimiento, lloran entre el pórtico y el altar en nombre de su pueblo, ustedes son los primeros en sus vidas, los ángeles ministrantes y en guerra los ayudan en cada área de sus vidas. Decretamos y declaramos que el corazón del Presidente está en tus manos, él te reconoce en todos sus sentidos, escucha tu voz y hace lo que es justo a tu vista y no compromete tu palabra, lo bendices a él, a su familia y conoces a todos sus necesidades Decretamos y declaramos que su gabinete, el senado, la cámara de representantes respetarán las leyes morales, se unirán y harán lo que sea correcto para la gente, se preocupan por los pobres, los necesitados, los viudos, los débiles y hacen esos cosas para proteger y satisfacer las necesidades de su gente.

Decretamos y declaramos que aquellos con agendas ocultas serán expuestos y derribados. Decretamos y declaramos que tu sangre cubriendo a nuestra descendencia para que vivan y no mueran, te buscan, te aman, son lo mejor de lo mejor en todo lo que hacen, grande es su paz, desean sabiduría y buscan y entienda que el temor del señor es el comienzo de la sabiduría. Vinculamos el espíritu de asesinato, ira, rabia, violación, violencia y destrucción. Decretamos que el espíritu de amor, compasión, esperanza y perdón se desata en sus vidas. Decretamos y declaramos que Sión despertará, invocamos el espíritu de intercesión, espíritu de oración, mujeres que lloran y lloran, hombres de valor, hombres de mentalidad de Gedeón dispuestos a hacer lo que sea necesario para ganar la batalla espiritual, la generación que ama y obedece, estás marchando de rodillas, levantándote en poder y autoridad, arrebatando las almas de hombres, mujeres, niños y niñas de la mano de Satanás. Decretamos y declaramos que nuestros ojos se están iluminando, nuestra comprensión está aumentando y estamos entrando en un nivel diferente de relación personal con usted y nos estamos posicionando para estar llenos de nuevo con su Espíritu Santo. Decretamos y declaramos que estamos santificados con su palabra y su palabra prospera en nosotros. Decretamos y declaramos que usted es nuestro Dios y nosotros somos su pueblo y siempre nos inclinamos ante usted y le damos su honor, alabanza y gloria debido a su nombre porque todo el poder le pertenece y usted es nuestra expectativa en el nombre de Jesucristo. AMEN AMEN Y AMEN

DECRETO Y DECLARO DESTRUIR LOS PODERES QUE PROMUEVEN LA DESTRUCCIÓN MATRIMONIAL - CLÍNICA MATRIMONIAL ORACIONES PROFÉTICAS

Génesis 2:18 dice: "Y el Señor Dios dijo: No es bueno que el hombre esté solo, le haré una ayuda para él".

Génesis 2: 21-25 dice: "Y el Señor Dios hizo caer un sueño profundo sobre Adán y se durmió; y él tomó una de sus costillas, y cerró la carne en su lugar; 22 Y la costilla, que el Señor Dios había tomado del hombre, hizo una mujer, y la trajo al hombre. 23Y Adán dijo: Esto es ahora hueso de mis huesos, y carne de mi carne: ella será llamada Mujer, porque ella fue quitada del Hombre. 24 Por lo tanto, un hombre deja a su padre ya su madre, y se unirá a su esposa, y serán una sola carne. 25Y estaban ambos desnudos, el hombre y su mujer, y no se avergonzaron ".

Mateo 19: 1-9 dice: "Y sucedió que cuando Jesús terminó estas palabras, se fue de Galilea, y llegó a la región de Judea, al otro lado del Jordán, 2 y grandes multitudes lo seguían, y él los sanó allí. 3Los fariseos también vinieron a él, tentándole y diciéndole: ¿Es lícito al hombre repudiar a su mujer por todas las causas? 4 Y él respondió y les dijo: ¿No habéis leído que el que los hizo al principio, varón y hembra los hizo, 5 y dijo: Por esto el hombre dejará padre y madre , y se unirá a su mujer, y los dos serán una sola carne? Así que no son mas dos, sino una sola carne; por tanto, lo que Dios juntó, no lo separe el hombre.7Y le dicen: ¿Por qué mandó Moisés dar una escritura de divorcio, y dejarla? 8 Y él les dijo: Moisés, por la dureza de tu corazón, te permitió poner lejos de sus esposas: pero desde el principio no fue así. 9Y os digo, que cualquiera que repudia a su mujer, salvo por causa de fornicación, y se casa con otra, comete adulterio; y el que se casa con la repudiada, adultera.

1 Cor. 7:27 dice: "¿Estás atado a una mujer? No busques ser desatado. Eres libre de esposa, no busques esposa".

Malaquías 2: 14-16 dice: "Sin embargo, decís: ¿Por qué? Porque Jehová ha sido testigo entre ti y la mujer de tu juventud, contra la cual has hecho traición, y ella es tu compañera, y la mujer de tu pacto. 15 ¿Y no hizo él uno? ¿Tenía él el residuo del espíritu, y el uno por el otro, para buscar simiente santa? Por lo tanto, pon atención a tu espíritu y no permitas que nadie traicione a la esposa de su juventud. 16Por el Señor Dios de Israel, dice que aborrece el quitar: porque el que cubre la ropa con violencia, dice el SEÑOR de los ejércitos, tenga cuidado con su espíritu, para que no traicione con engaño.

Proverbios 14: 1 dice: "Toda mujer sabia edifica su casa, pero la insensata la derriba con sus manos".

Proverbios 31: 10-12, 23 dice: "¿Quién encontrará mujer virtuosa? Porque su precio es muy superior a los rubíes. 11 El corazón de su marido confía en ella, para que no tenga necesidad de despojo. 12 Ella le trae bien y no mal, todos los días de su vida. 23 Su marido es conocido en las puertas, cuando se sienta entre los ancianos de la tierra ".

Cualquier persona que desee disfrutar de un hogar tranquilo tendrá que comprender el propósito y el plan de Dios para el matrimonio y el hogar. El hogar es una iglesia dentro de una iglesia, una república dentro de una república, un mundo dentro de un mundo. Si las cosas van bien allí, van a la derecha en todas partes. Si las cosas van mal allí, van mal en todas partes. El hogar es la base de la iglesia y el estado. El hogar es la base de la civilización. Cada fase de la vida humana tiene su base en el hogar. Es la guardería y el campo de entrenamiento para toda la humanidad. En estos días, el hogar está bajo ataque serio. El enemigo número uno del diablo es el hogar piadoso. El hogar es por lo tanto un objetivo principal del diablo. El Diablo comenzó su ataque desde el Jardín del Edén. Él ha concentrado las fuerzas destructivas en el hogar. Desafortunadamente, muchos están cumpliendo con las estrategias satánicas en el hogar. Él ha convertido muchos hogares en su casa. Entonces, en estos días, las casas se están desintegrando, la sociedad está cayendo y las vidas se hacen pedazos. Mi oración es que, Dios puede despertar indignación justa dentro de ti por oraciones violentas a través de estas oraciones. El diablo entiende que un matrimonio exitoso depende de dos cosas: encontrar a la persona adecuada y ser la persona adecuada. Estas oraciones evitarán cualquier turbulencia experimentada en su vida marital.

LECTURA BÍBLICA: EFESIOS, 6: 12-22. CONFESIÓN: FILIPENSES, 2:10

DÍA UNO

1. Da Gracias en el nombre del Señor.

2. Confiesa cualquier pecado que pueda oponerse a estas oraciones.

3. Decreto y declaró que arresto el ambiente con la sangre de Jesús y con el fuego del Espíritu Santo en el nombre de Jesucristo.

4. Decreto y declaró que todas las fuerzas ocultas contra el matrimonio que trabajan en contra de mi matrimonio, sean expuestas y sean deshonradas en el nombre de Jesucristo

5. Decreto y declaro que todo poder silencioso que trabaja incansablemente contra mi matrimonio, se expondrá y será deshonrado en el nombre de Jesucristo.

6. Decreto y declaró que libero mi matrimonio de la fuerte presión de los destructores de matrimonio en el nombre de Jesucristo.

7. Decreto y declaró que cada poder alimentando conflictos matrimoniales y hostilidades en mi vida, corta tu fuente de suministro en el nombre de Jesucristo.

8. Declaro que mi matrimonio es un área prohibida para las fuerzas destructoras de matrimonio en el nombre de Jesucristo.

9. Decreto y declaro que cada poder que está ensanchando la brecha de comunicación en mi matrimonio, cae y muere en el nombre de Jesucristo.

10. Decreto y declaro que el enemigo no usará mi matrimonio para obtener promoción en el nombre de Jesucristo.

11. Decreto y declaro que recupero mi matrimonio de cada viaje de destrucción en el nombre de Jesucristo.

12. Decreto y declaro que cada flecha de destrucción presente en mi matrimonio, salta y ve y destruye a tu remitente en el nombre de Jesucristo.

13. Decreto y declaro que recupero todas las oportunidades buenas y divinas que he perdido por el enemigo en mi matrimonio, en el nombre de Jesucristo.

14. Decreto y declaro que cada embargo satánico impuesto a mi matrimonio, recibe el martillo de Dios y te rompes en pedazos en el nombre de Jesucristo.

15. ____ MENCIONE NOMBRE _____ recibe tus sentidos divinos en el nombre de Jesucristo

DÍA DOS

16. Padre, te agradezco por lo que has hecho y lo que vas a hacer en mi vida y matrimonio en el nombre de Jesucristo.

17. Decreto y declaro que cualquier cosa responsable de la demora en mi avance matrimonial, desaparecen por el fuego en el nombre de Jesucristo.

18. Señor Jesús, deja que tu divino SÍ descanse sobre cada deseo en mi corazón en el nombre de Jesucristo.

19. Ángel del Dios viviente, ve y ministra a favor de mí en el corazón de mi esposo en el nombre de Jesucristo.

20. Decreto y declaro, recibo la unción de la restauración divina en el nombre de Jesucristo.

21. Decreto y declaro, ángel que ministras la reconciliación, no fallarás en mi caso en el nombre de Jesucristo.

22. Decreto y declaro, reclamo cada bondad, favor, milagros y avances que se adjunta hoy en el nombre de Jesucristo.

23. Decreto y declaro Oh Señor, deposita en mi vida espiritual un imán que atraiga el favor en el nombre de Jesucristo.

24. Decreto y declaro, froto con la sangre cada impresión negativa sobre mi vida en el corazón y la memoria de cualquier cuerpo en el nombre de Jesucristo

25. 25.Decreto y declaro que el Ángel del Dios viviente, atormenta a la sumisión a todos los perturbadores de mi matrimonio en el nombre de Jesucristo.

26. 26. Decreto y Declaro deje que todas las situaciones trabajen juntas para mi restauración en el nombre de Jesucristo.

27. 27. Decrero y declaro deja que cada persona que está involucrada en mis problemas matrimoniales se conviertan en los vasos de la restauración en el nombre de Jesucristo.

28. 28. Decreto y declaro: Cualquier cosa en mi vida que esté ayudando algún problema en mi vida, reciba el fuego de Dios en el nombre de Jesucristo.

29. 29. (Pon tu mano en tu cabeza) Decreto y declaro que mi vida recibe el toque de Dios en el nombre de Jesucristo.

30. 30. Decreto y declaro: Cualquier problema presente en mi vida salta al fuego ahora en el nombre de Jesucristo.

DÍA TRES

31. Decreto y declaro: destronaré a cada malvado rey reinante en mi matrimonio en el nombre de Jeucristo.

32. Decreto y declaro: corto el control y las manipulaciones de mujeres extrañas de la vida de _________ en el nombre de Jesucristo.

33. Decreto y declaro: Todo mal poder de control remoto trabajando en la vida de _________ recibe el fuego de Dios y ser traicionado en el nombre de Jesucristo.

34. Decreo y declaro tú, ese representante satánico que está entre
    _________ que sea despejado por el torbellino de Dios en el
    nombre de Jesucristo.

35. Decreto y declaro, remuevo mi matrimonio del registro de
    ataques y fracaso en el nombre de Jesucristo.

36. Decreto y declaro que El Padre Señor me permitió comer las
    riquezas de las oraciones durante este programa en el nombre
    de Jesucristo.

37. Decreto y declaro: El nombre de Jesús no fallará en mi caso en
    el nombre de Jesucristo.

38. Decreto y declaro que cada cuerda demoníaca que ata a mi
    matrimonio en una losa de matanza demoníaca, recibe el fuego
    de Dios y te asas en el nombre de Jesucristo.

39. Decreto y declaro, tu poder de destrucción matrimonial, suelta
    tu control sobre mi matrimonio en el nombre de Jesucristo.

40. Decreto y declaro: No me romperé, pero avanzaré en mi
    matrimonio en el nombre de Jesucristo.

41. Yo decreto y declaro, los bromistas satánicos no trabajarán en
    mi contra en mi matrimonio en el nombre de Jesucristo.

42. Decreto y declaro: Toda flecha de destructores matrimoniales,
    regresan a su remitente en el nombre de Jesucristo.

43. Decreto y declaro cada presencia satánica en mi hogar y mi
    matrimonio, desaparecen por fuego en el nombre de Jesucristo.

44. Decreto y declaro: Cualquier agente satánico que esté
    trabajando actualmente en mi foto, salgan y den un salto mortal
    y mueran en el nombre de Jesucristo.

45. Decreto y declaro: Cada bala satánica disparada contra mi
    matrimonio, salgan por fuego y regrese a su remitente en el
    nombre de Jesucristo.

PODER DE ORACIÓN CONTRA EXTRAÑAS MUJERES DE IMÁNES MALIGNOS MARITALES.

Es hora de arremangarse y luchar por su matrimonio para detener las actividades de los intrusos satánicos de cualquier mujer y hombre extraño en su matrimonio. (Lea Job 11: 4-20)

Al abrir tu corazón, el fuego del Espíritu Santo purgara cada imán matrimonial maligno diseñado por el enemigo para arruinar tu matrimonio.

Mateo 19: 6: "Por lo cual ya no son dos, sino una sola carne". Por lo tanto, lo que Dios ha unido, no lo separe el hombre ".

Dios tiene la intención de que un hombre y su esposa vivan juntos en amor y unidad, sin embargo, hay muchas fuerzas que buscan destruir el matrimonio. Estas fuerzas se pueden llamar fuerzas anti-matrimonio. Operan plantando imanes matrimoniales malvados en el hogar.

Dichos imanes incluyen actividades de hombres y mujeres extraños, promiscuidad de cualquiera de las dos partes, actividades de 'Jezabel', enojo y control por parte de suegros impíos. La Biblia dice que Dios luchará por ti.

1. Gracias a Dios porque él va a intervenir en su matrimonio a través de estas oraciones.

2. Decreto y Declaro que destruyo cualquier cosa que se interponga entre mí y mis oraciones ahora, en el nombre de Jesucristo.

3. Decreto y Declaro que la unción para orar hasta el punto de avance en mi matrimonio, desciende sobre mí ahora, en el nombre de Jesucristo.

4. Señor Jesús, te invito a venir en mi ayuda en cada situación difícil en mi matrimonio en el nombre de Jesucristo .

5. Decreto y declaro que todas mis propiedades matrimoniales, sobre las cuales se sentó la mujer extraña, las retiro, en el nombre de Jesucristo.

6. Decreto y Declaro que retiro la paz, la armonía, la unidad, la historia de amor entre mi esposo y la mujer extraña, en el nombre de Jesucristo.

7. Señor Jesús, deja que la extraña e impía historia de amor entre mi esposo y la mujer extraña muera en el nombre de Jesucristo.

8. Decreto y declaro que retiro el favor de mi esposo a la mujer extraña, en el nombre de Jesucristo.

9. Decreto y declaro que me opongo a cada poder de la poligamia, en el nombre de Jesucristo.

10. Decreto y declaro que todas las flechas malignas espirituales disparadas de la mujer extraña presentemente en mi matrimonio, suelta tu control sobre mi matrimonio y vuelve a tu remitente, en el nombre de Jesucristo.

11. Decreto y Declaro deje que la confusión sea la suerte de cada mujer extraña que milita en contra de mi matrimonio en el nombre de Jesucristo.

12. Decreto y declaro deje que la división irreparable sea entre. . . (menciona el nombre de tu esposo). . . (menciona el nombre de la mujer extraña si lo sabes), en el nombre de Jesucristo.

13. Decreto y declaro que el Ángel de Dios, viene enseguida y desconecta la relación entre mi esposo y la mujer extraña, en el nombre de Jesucristo.

14. Decreto y declaro que toda mujer extraña que milita en contra de mi matrimonio, recibe el juicio de Dios, en el nombre de Jesucristo.

15. Decreto y declaro que anulo cada mal juicio que está en mi contra en mi matrimonio, en el nombre de Jesucristo.

16. Decreto y declaro dejen que todos los obstáculos a la manifestación de mi restauración en mi legítimo hogar se aparten de mí y de mi matrimonio, en el nombre de Jesucristo.

17. Decreto y declaro que el León de Judá, consume todos los leones falsos de la extraña mujer que ruge contra mi matrimonio, en el nombre de Jesucristo.

18. Decreto y declaro que el trueno de fuego de Dios, comienza a esparcirse en pedazos, cada fortaleza de la mujer extraña en el corazón de mi esposo, en el nombre de Jesucristo.

19. Decreto y declaro que ustedes demonios que energizan la relación entre mi esposo y cualquier mujer extraña, se vuelven impotentes y se tuestan por el fuego de Dios, en el nombre de Jesucristo.

20. Ángeles del Dios viviente, quita el amor de la mujer extraña por completo del corazón de mi esposo, en el nombre de Jesucristo.

21. Señor Jesús, crea un nuevo corazón en mi esposo en el nombre de Jesucristo.

22. Decreto y declaro que cada puerta abierta que la mujer extraña está usando para ganar terreno en la vida de mi esposo y en mi hogar, recibe la sangre de Jesús y se cierran, en el nombre de Jesucrito.

23. Dios de nuevos comienzos, comienza una cosa nueva en mi vida matrimonial, en el nombre de Jesucristo.

24. La Sangre del Cordero, fluye hacia el fundamento de mi vida conyugal y le da una nueva vida, en el nombre de Jesucristo.

25. Padre, Señor, deja que tu reino se establezca en mi matrimonio, en el nombre de Jesucristo.

26. Oh Señor, crea un muro de fuego entre mi esposo y la mujer extraña, para que puedan ser separados para siempre en el nombre de Jesucristo.

27. Decreto y declaro todo velo malvado que cubre el rostro de mi esposo, recibe el fuego de Dios; y arde en cenizas, en el nombre de Jesucristo todo poderoso.

28. Decreto y declaro que recobro todos mis derechos legales como la mujer de la casa de manos de la mujer extraña, en el nombre de Jesucristo.

29. Decreto y declaro que toda trampa de destrucción hecha contra mi marido por la mujer extraña, fracasan, en el nombre de Jesucristo.

30. Decreto y declaro deja que las piedras del fuego de Dios localicen las cabezas de mis serpientes domésticas, en el nombre de Jesucristo.

31. Decreto y declaro aplasto la cabeza de la serpiente antigua que nos aflige a mí y a mi casa con los zapatos de hierro, en el nombre de Jesucristo.

32. Decreto y declaro que todas las fortalezas de la serpiente y el escorpión en mi casa reciban el trueno de Dios y sean desmanteladas, en el nombre de Jesucristo.

33. Decreto y declaro que toda la habitación de la serpiente y el escorpión en mi casa se vuelva completamente desolada, en el nombre de Jesucristo.

34. Decreto y declaro deja que el trueno y el fuego de Dios expongan todos los lugares secretos de mis enemigos domésticos y consumales a todos, en el nombre de Jesucristo.

35. Decreto y declaro que toda la base legal de la maldad doméstica en mi hogar sea anulada por la sangre de Jesucristo.

36. Decreto y declaro que cada asociación malvada de la serpiente con cualquier miembro de mi familia, se termine ahora, en el nombre de Jesucristo.

37. Decreto y declaro que el custodio de mi casa serpiente y escorpión caiga y muera, en el nombre de Jesucristo.

38. Decreto y declaro que desarmo la cabeza de todo mi Goliat, en el nombre de Jesucristo .

39. Decreto y declaro que todo poder y espíritu a semejanza de las serpientes que me atacan en sueños es sepultado, en el nombre de Jesucristo.

40. Decreto y declaro que toda propiedad del enemigo en cualquier área de la vida, recibe el fuego de Dios y se derrite, en el nombre de Jesucristo.

41. Decreto y declaro que todo desafío de raíz de cualquier depósito de espíritu serpentino en mi cuerpo para ser reorganizado se consume por el fuego de Dios, en el nombre de Jesucristo.

42. Decreto y declaro que vomito el veneno de la serpiente y el escorpión que circulan en mi cuerpo, en el nombre de Jesucristo.

43. Decreto y declaro que toda contaminación serpentina que afecte mi salud sea eliminada de mi sistema por la sangre de Jesucristo.

44. Decreto y declaro que cada herida infligida en mi matrimonio por serpientes domésticas, será sanada por la sangre de Jesucristo.

45. Decreto y declaro que cada serpiente doméstica escupiendo en mis avances, será neutralizada por la sangre de Jesucristo.

46. Decreto y declaro que todo lo bueno en mi vida tragado por la serpiente de la casa, se convirtie en fuego y vomitó en mis manos, en el nombre de Jesucristo.

47. Decreto y declaro que toda cosa buena en mi vida paralizada por el veneno de la serpiente doméstica, recibe la sangre del Cordero en el nombre de Jesucristo.

48. Decreto y declaro que todas las actividades de la serpiente en todas las áreas de la mi vida estén totalmente paralizadas, en el nombre de Jesucristo.

49. Decrero y declaro que ahora en adelante, que ningún enemigo me moleste, porque llevo en mi cuerpo la marca de la sangre del Cordero de Dios en el nombre de Jesucristo.

50. Padre, Señor, te agradezco por restaurar la alegría de mi matrimonio en el nombre de Jesucristo Amén .

ACERCA DEL LIBRO

FELICES PARA SIEMPRE: VIAJE DEL ALTAR

Casi todo en la vida viene con el manual de instrucciones básicas desde los teléfonos celulares que usamos hasta los automóviles que manejamos. Sin embargo, cuando se trata del matrimonio, muchas personas luchan sin la orientación adecuada. Las parejas experimentan dolor y conflictos cuando el amor y la alegría deberían florecer. ¡La buena noticia es que también hay instrucciones para el matrimonio, escritas por Aquel que creó el matrimonio! En *Felices Para Siempre: Viaje Del Altar*, el Dr. Abraham Peters presenta estas instrucciones bíblicas combinadas con:

Uso de historias prácticas de la vida real y aplicación a la vida diaria explicaciones de los roles y responsabilidades que Dios les ha dado a los esposos y esposas, proporcionando respuestas a preguntas comunes sobre el amor piadoso y cómo mostrarlo, liderazgo y sumisión, intimidad y estableciendo una base indestructible para el éxito de su relación en la forma en que Dios pretendía que el matrimonio fuera uno de los mejores regalos de este lado del cielo. En este libro aprenderá cómo hacer que el matrimonio sea grandioso a la manera de Dios, ya sea que se esté preparando para su boda, recién casados, casados o veteranos de matrimonio, aprenderá la receta para una relación sana, alegre y centrada en Cristo. "Él le espetó en el desayuno. Ella trajo a colación un error pasado. Él salió enojado. Ella se fue sin decir adiós" Solo un día en un matrimonio ordinario. Pero ¿y si las cosas pudieran ser diferentes? ¿Qué pasaría si los momentos ordinarios de molestia, conflicto, dolor o indiferencia fría pudieran convertirse en momentos para comprender la increíble agenda de amor de Dios y comenzar algo nuevo? Este profundo libro del Dr. Abraham Peters ofrece una receta simple pero poderosa para cambiar positivamente los matrimonios un momento ordinario a la vez.

El cambio comienza con la comprensión de cómo y por qué los pequeños desacuerdos evolucionan en problemas importantes, dando pasos prácticos para amarse unos a otros de manera más efectiva y aprendiendo a dar esos mismos pasos una y otra vez. Las interacciones que solían convertirse en molestias y peleas sin sentido pueden convertirse en oportunidades para que el amor de Dios se vuelva cada vez más evidente y poderoso. *Felices Para Siempre: Viaje Del Altar* es un libro que combina los principios éticos sociales y cristianos para aplicarlos a los detalles concretos de la vida para que los matrimonios ordinarios puedan volverse extraordinarios utilizando el poder del evangelio y el amor de Jesucristo.

EXPRESIONES DE RECONOCIMIENTO DE GRATITUD

Quisiera expresar mi más profundo agradecimiento a Dios Todopoderoso por la inspiración de Su Espíritu Santo y por la provisión para completar con éxito este libro, y para todos mis alumnos demasiado numerosos como para mencionarlos aquí, que he tenido el privilegio de enseñar y guiar. en las últimas dos décadas, a quien me ofreció la posibilidad de estudiar más y desafiarme a ir más lejos, para dar conferencias exhaustivas, tutoriales y capacitación para el nacimiento de una versión completa de este libro.

Un millón de gracias a mi precioso familia y asociados del ministerio, la familia del Capitán Enrique, Nancy Rosa de Sharon, Henry Champion y Japhet Big Jay Moran, por trabajar incansablemente durante varios meses para asegurar que la edición en español se complete y la tarea se realice con excelencia. . Siempre estoy agradecido por su amor al Señor, su devoción, dedicación y generosidad, los amo a todos y rezo para que Dios los bendiga inmensamente. ¡Tus mejores días aún están por venir y lo mejor está por venir!

Un agradecimiento especial que le doy a mi preciosa mujer maravillosa de Dios y compañera en el ministerio Reverenda, Teresa Yvonne, quien siempre ha sido una animadora, profetisa, inspiración y apoyo constante. También estoy agradecido con los otros miembros de mi familia y los amigos que me han apoyado.

Enormemente en el camino.

Por último, pero no menos importante, muchas gracias a los muchos ministros, predicadores, profetas y apóstoles, quienes han sido una gran bendición para mí durante el transcurso de mi viaje en diferentes momentos y estaciones, en el proceso de escribir este libro. y por todos los que han impactado mi vida, estoy eternamente agradecido.

Para todos los que buscan respuestas y que entrarán en contacto con este libro, les puedo asegurar que es un libro inspirado por el Espíritu Santo y que definitivamente valdrá la pena leerlo, estudiarlo y guardarlo en su biblioteca de referencia para capacitación y capacitación. educación. Consejeras matrimoniales y hogares de ayuda, equipo de los profetas, intercesores proféticos y todos los ministros cristianos. Creo firmemente que hay dones divinos, talentos y potenciales encerrados en ti, que se revelarán y despertarán a medida que estudies este libro en oración con un hambre santa y sed de justicia por las activaciones del precioso Espíritu Santo, prepárate para nuevos canciones que aún compondrá, nuevos libros que creará, nuevos mensajes que predicará y nuevos horizontes que iniciará, prepárese para las nuevas cosas que Dios está a punto de poner en marcha a través de usted. Dios los bendiga a todos.

EL AUTOR, DR. ABRAHAM PETERS

El Dr. Abraham Peters es un apóstol / profeta, un predicador de múltiples talentos, mentor de liderazgo, distinguido autor, educador erudito, consultor y consejero que aborda temas críticos que afectan la gama completa del desarrollo humano, social y espiritual. El tema central de su mensaje es el desarrollo del liderazgo mediante el descubrimiento del destino y el propósito personal y la creación de capacidad mediante la capacitación intensiva de capacitadores y la maximización del potencial individual mediante la transformación del seguidor en líderes eficientes y eficaces; con la misión principal de revivir a los santos y rescatar a los pecadores, tomando la palabra de Dios como la antorcha resplandeciente de la luz del evangelio hacia la oscuridad en todas las comunidades y países del mundo, en un espíritu de amor y excelencia.

Él cree que cumplir el propósito de Dios y mejorar tu vida requiere más que palabras inspiradoras, conceptos religiosos y motivacionales, que demasiados libros te dan grandes ideas pero no te muestran cómo aplicarlos. Lo que necesita y lo que proporciona el Dr. Abraham son pasos prácticos comprobados para las acciones que funcionan, cada uno diseñado para ayudarlo a resolver un problema o desafío específico de la vida. Escribe libros para una variedad de personas hambrientas de crecimiento espiritual, cambio positivo y dispuesto a tomar medidas para que esto suceda, hombres y mujeres que desean mejores relaciones, una mayor confianza, hábitos positivos, un caminar más profundo con Dios y una mejor inteligencia emocional y social. . Lo que hace que los libros del Dr. Abraham Peters sean diferentes es su capacidad para explicar ideas y estrategias complejas de una manera muy sencilla y accesible que puede implementar de inmediato.

El compromiso del Dr. Abraham Peters de enseñar la Palabra de Dios completa lo convierte en un orador y escritor muy solicitado. Su pasión por alcanzar a los creyentes perdidos y alentadores en su fe se demuestra a través de su comunicación fiel de verdades bíblicas sólidas. Se graduó como Doctor en Epidemiólogo y Consultor Público de Salud Global. En el ministerio, obtuvo la licencia de Ministro Ordenado con Doctor en Divinidad en Teología. Él es el Obispo Presidente de Power House de los Ganadores, la Casa de Oración de Todas las Naciones, Prophetic Ministries International.

El Dr. Abraham Peters está desempeñando el papel de un Apóstol / Profeta y está sonando como una voz clara en esta temporada que es hora de que el pueblo de Dios se despierte de su sueño y se duerma a través de las Conferencias del Gran Despertar Proféticas de Oración y Alabanza Conferencias de Fuego. Él tiene y sigue ministrando en Iglesias y Conferencias. Ha publicado varios libros que se destacan por su simplicidad nítida, principios bíblicos equilibrados, espiritualmente sanos y prácticos. Le gusta pasar tiempo con su familia.

Puede conectarse con el Dr. Abraham Peters en la página de Me gusta de Facebook (@Dr. Abraham Peters), Twitter (@ApostleAbPeters), YouTube (@Abraham Peters) y en Instagram (@ApostleDr Ab-Peters). Correo electrónico: abrahampeters@rocketmail.com